音声ダウンロードについて

ご利用の端末（PC、タブレット、スマートフォン）から
URLまたはQRコードを読み込み
ダウンロード専用ページにアクセスしてください。
http://tabitane.com/special/kaiwa_chinese3827/

※詳しいダウンロード方法は専用ページにてご案内しております。
※本サービスは予告なく変更・終了することがございます。予めご了承ください。
※QRコードは株式会社デンソーウェーブの登録商標です。

■音声ダウンロードに関するお問合せ
Email：e-book@rurubu.ne.jp（受付時間：平日10～17時）

目次 Contents

本書の使い方	4

イラスト基本会話　6

使ってみよう! 最初のひと言	6
伝えよう! 自分の気持ち	8
困ったときの緊急会話	10
ボディ・ランゲージ	12
マナー	13
知っておきたい! デジタル機器用語	14

イラスト早わかり　16

観光する	16
移動する	18
食べる	20
泊まる	22
ショッピング	24
エンターテインメント	26
中国の標識	28

基本表現　29

挨拶	30	感謝	33	お詫び	34
呼びかけ	35	肯定・否定	36	聞き返し	38
必要性・義務	39	許可	40	希望	41
依頼	43	質問	44	困ったときの表現	49
便利な表現	50				

場面別会話　51

入国

機内で	52	トランジット	55
フェリーで	56	入国審査	57
荷物引取り	59	税関検査	60
両替	62	案内所	63
空港から市内へ	64		

出国

65

泊まる

ホテルを探す	69	チェックイン	71
案内・手配	76	部屋で	77
朝食	80	ホテル内の施設	82
クリーニング	86	チェックアウト	87
ユースホステルで	89		
中国のホテルいろいろ	72	宿泊カード記入例	73
ホテルロビー	74	ホテルスタッフ	75
部屋の設備	78	ドアプレート	79
ホテルマナー	84		

食べる

案内・探す	92	予約	94
レストランで	96	軽食店・カフェ・屋台で	113
台湾料理	116	台湾屋台のメニュー	118
支払い	119		
知っておきたい中国四大料理	90	レストラン事情	93
メニューを読む	100	老酒(黄酒)と白酒	101
中国料理	102		

移動する

航空予約・リコンファーム	121	チェックイン	126
搭乗案内	128	鉄道	130
長距離バス	134	地下鉄	136
バス	138	タクシー	140
船	142		
空港の仕組み	129		

観光する

観光案内所で	144	観光バス・ツアーを利用する	148
街で	152	観光スポットで	155
写真とビデオ	158		
トイレ事情	147	よく使われる簡体字	154
中国の少数民族	160		

エンターテインメント

劇場に行く	162	ナイトスポットで	168
スポーツを観戦する	170	スポーツをする	172
足裏マッサージ	174	エステ	176
京劇の劇場内部	165	京劇の楽しみ	166
スタジアム	171	足裏マッサージのつぼ(反射区)	175

ショッピング

案内	177	品選び	180
ショッピング単語集	187	支払い	191
カラー・柄のいろいろ	185	衣料品のサイズについて	185
自由市場とバザール	186		

トラブル

紛失・盗難	193	交通事故	197
病気	199	薬を買う	204
身体の部位図解	206		

電話・通信

電話	207	国際電話	210
郵便	211	インターネット	213

コミュニケーション

挨拶をする	214	日本を紹介する	217
世間話をする	220	招待される	222
感激・感動	224	トラブル・しつこく誘われたら	225
学ぶ	226	ファミリー	229

辞書・リファランス   231

日中辞書	232
中日辞書	261
リファランス	288
中国語文法	288
資料・単語編	294
資料・実用編	300
旅の30フレーズ	303

本書の使い方

　本書は、中国語の苦手な人も言葉の壁に突き当たることなく海外旅行を楽しめるよう、旅行中に使える数多くの例文を集めました。『基本表現』では、基本的な挨拶や言い回し、旅行者が頻繁に使う表現、とっさのひとことなどを、『場面別会話』では、出発から帰国まで、旅の中で発生する様々な場面別に会話例をまとめました。時系列に並べてありますので、旅の行程に沿って検索できます。そして巻末の『リファランス』では、言いたい言葉を探すときや、例文の単語を入れ換えて使いたいときに便利な日中辞書、また中国語の単語の意味を調べるのに便利な中日辞書などをまとめました。

8つの"ここが使える"

① 単語を入れ替えて使える

日本語、中国語の本文中のアンダーラインは、入れ替えが可能な箇所です。入れ替える単語は、その後ろの（ ）に入れて示してあるほか、ワードバンク、または巻末の日中辞書などを参考にして下さい。

ホテルリスト（観光パンフレット）はありますか Do you have a hotel list (tourist brochure)?	有 饭店 的 一览表 ヨウ ファンディエン　 イーランビャオ （旅游介绍手册） 吗？ リュヨウジエシャオショウツァー マ

② 重要フレーズが見つけやすい

その場面でいちばん必要なフレーズは、最重要フレーズとして☆マークを付け、赤で囲んであります。

☆ここで予約できますか Can I make a reservation here?	能 在 这里 预约 ノン ザイ ジョーリー ユイユエ

③ 会話形式で覚えやすい

青で示されているフレーズは、相手方の言葉です。対話形式でフレーズを覚えていくのに便利です。

お飲み物が何がいいですか What would you like to drink?	您 想 要 喝 什么 ニン シアン ヤオ ホー シェン

④ 英語と中国語の2つを表示

日本語に対して、中国語訳と同じ意味を持つ英語訳フレーズを付けました。英語が通じるホテルやレストランなどでは、こちらも活用できます。

ここから一番近い地下鉄駅はどこですか Where is the nearest subway station?	离 这里 最近 的 リー ジョーリー ズォイジン 地铁站 在 哪里？ ディティエジャン ザイ ナーリー

⑤ 場面状況を想定できる

〔予約なしで〕〔地図を見せながら〕など、〔 〕付きの部分はその場面状況を示しています。例文を使うときの参考にして下さい。

〔デパートで〕トイレはどこですか Where is the rest room?	厕所 在 哪儿？ ツォスオ ザイ ナール

⑥ 緊急事態に使えるフレーズ

とっさのときに必要なフレーズには❗マークを付け、青で囲んであります。イザというとき、このマークを探せば必要なフレーズがすぐに検索できます。

道に迷ってしまいました I'm lost.	我 迷路 了。 ウオ ミールー ラ
❗ここはどこですか Where am I now?	这儿 是 哪儿？ ジョール シー ナール

⑦ 言い換え単語がすぐに探せる

同義語、反意語、類語は斜線／で区切って示しました。『リファランス』にある反意語の一覧表も参考にして下さい。

頭（胃／歯）が痛いです I have a headache (stomachache/toothache).	头疼 （胃 疼／牙 トウトン ウェイトン ヤー

⑧ 豊富なワードバンク

それぞれの場面で想定される単語をまとめました。文中のアンダーライン部分の入れ替え単語としても活用できます。

ワードバンク			
鉄道駅	火车站 フオ チョ ジャン	地下鉄駅	地铁站 ディ ティエ ジャン	郵便

※本書は2009年に発行された版を改編したものです。

イラスト基本会話とイラスト早わかり

本書では巻頭に中国語の会話や単語をイラスト入りでわかりやすく紹介しています。基本会話は使用頻度の高いものや、とっさの時に役立つ会話を集めています。早わかりは旅先で役立つ情報を集めた「絵解きガイド」です。

● イラスト基本会話

挨拶からはじめる「最初のひと言」、端的に意志を伝える「自分の気持ち」、いざというときに役立つ「緊急会話」、気軽に意志を伝えられる「ボディ・ランゲージ」と旅を楽しむための「マナー」、それに旅先で役立つ「デジタル機器用語」を紹介しています。

● イラスト早わかり

旅先で使ったり目にする言葉・単語を現地で見たままを、ずばりイラストにして紹介しています。指差し確認をしたり、旅先の情報や知識を得る際にも役立つように組み立てています。

発音とフリガナについて

現代の中国語の発音は、"拼音"(ピンイン)とよばれるローマ字によって表記されますが、"拼音"を使いこなすにはある程度の学習を必要とするため、本書では、初心者でもすぐに発音できるように、本文中の中国語に、"拼音"に基づいたカタカナを付けました。中国語には、カタカナでは表現しきれない音や独特の抑揚もあるので、以下の点も踏まえて下さい。

● 母音の発音

単母音には、a(ア)、o(オ)、e(オ/ア)、i(イ)、u(ウ)、ü(ユィ)、er(アル)などがあり、複合母音はこれらの組み合わせのほか、an(アン)、ang(アン)、ian(イェン)、iang(イアン)など多数あります。eはアとオとエの中間のような音で、ここでは(オ)または(ア)とカナを付けました。ü(子音が付くとuと表記)は口の形をユにしたままイと発音する音で、ここでは(ユィ)とカナをふりましたが、2音ではなく、あくまで1音で発音して下さい。erもアとルを同時に発音します。angはアングと言おうとしてグの手前で止めるような音ですが、anと同様に(アン)とカナを付けました。

● 子音の発音

子音にも日本語にはない中国語独特の音があります。zhi(ジー)、chi(チー)、shi(シー)、ri(リー)のzh、ch、sh、rは捲舌音といい、舌を反り上げて発音します。bo(ボー)、po(ポー)のbとpは濁音と清音の区別ではなく、無気音と有気音に区別して発音します。中国語には濁音はありません。

例
10月2日の航空券を1枚予約したいのですが
Wo xiang yu ding yi zhang shi yue er hao de fei ji piao.
我 想 预 订 一 张 10 月 2 号 的 飞 机 票。
ウオ シアン ユィ ティン イー ジャン シー エ アル ハオ ダ フェイ ジィ ピアオ

● 四音

中国語特有のイントネーションを声調といい、標準語には4つの声調、つまり四声があります。中国語はフリガナを棒読みするだけでは通じず、四声を付けることで生きた言葉になってきます。四声の使い分けは次の通りです。

第一声(ˉ) 高く平らにのばし、汽笛の「ポー」のように発音。
第二声(ˊ) しり上がりに「ええっ?」と聞き返すように発音。
第三声(ˇ) 低くおさえながら、後半をわずかに上げ、がっかりしたときの「あーあ」のように発音。
第四声(ˋ) 上から下へ犬の鳴声の「ワン」のように発音。

このほか、声調を付けずに軽く言う軽声があります。「お母さん」と呼びかける"妈妈"(マーマ)の後ろの"妈"がその例です。本書では軽声に○の符号を付けました。

第三声の音が続く場合、前の音が第二声に変化したり、"一"(イー)や"不"(ブー)のように次に続く音によって、四声が変化するものがありますが、本書では実際に変化する四声を付けてあります。

例
あまり高くないみやげを買いたいのですが
Wǒ xiǎng mǎi yí ge bú tài guì de lǐ pǐn.
我 想 买 一 个 不 太 贵 的 礼 品。
ウオ シアン マイ イー グ ブー タイ グイ ダ リー ピン

イラスト基本会話 使ってみよう! ― 最初のひと言 ―

コミュニケーションの第一歩は「あいさつ」から。まずは「おはよう」「こんにちは」「こんばんは」と言ってみましょう。そのあとから、道を尋ねたり、何かをお願いしたり、疑問に答えたりという基本の会話がはじまってきます。

おはよう／こんにちは／こんばんは
你早！／你好！／晚上好！
ニー ザオ／ニー ハオ／ワン シャン ハオ

ごきげんいかがですか?
你身体好吗?
ニー シェン ティ ハオ マ

まあまあです
还可以。
ハイ コォ イー

元気です。ありがとう
很好。谢谢。
ヘン ハオ。シエシエ

あなたはいかがですか?
你呢?
ニー ナ

はじめまして
初次见面。
チュツー ジエンミエン

こちらこそはじめまして
我也初次见面。
ウォ イエ チュツー ジエンミエン

イラスト基本会話 伝えよう! ― 自分の気持ち ―

買物をしたり、レストランで食事をしたりするとき、知り合いと会話をするときなど、自分の気持ちをしっかりと明確に伝えることが必要な場面がいくつも、何回も出てきます。肯定や賛成、否定や拒否、驚き、感心、好き、嫌いなど、自分の今の気持ちを明確に表現する基本的なことばを覚えておくことは、その場の雰囲気をなごやかにしたり、とっさの時に役立つことはもちろん、あとでトラブルになることを防ぐためにも大切です。

伝えよう! 自分の気持ち

すごいや
真棒。
ジェンバン

すてき
很好。
ヘンハオ

やったね
真厉害。
ジェン リーハイ

びっくりした
很吃惊。
ヘンチージン

え、本当?
真的吗?
ジェンダマ

冗談でしょ
开玩笑吧。
カイウンシアオ バ

その通り
是那样的。
シー ナァヤン ダ

なるほど
原来如此。
ユエンライ ルーツ

賛成
同意。
トンイー

反対
不同意。
ブートンイー

いいね〜
真好。
ジェンハオ

あら、まあ
哎呀。
アイヤ

かっこいい
真帅。
ジェンシュアイ

がんばれ
加油。
ジアヨウ

おめでとう
恭喜你。
ゴンシニー

ありがとう
谢谢你。
シエシエニー

とってもうれしい
很高兴。
ヘンガオシン

ちょっと待って
稍等。/等一下。
シャオドン/ドンイーシア

お願いします
拜托你了。
バイトゥオニーラ

OK
好的。
ハオダ

ごめんなさい
抱歉。/对不起。
バオチエン/ドイブーチー

伝えよう！ 自分の気持ち

イラスト基本会話 困ったときの緊急会話

旅先では、どんなに注意していてもアクシデントに見舞われることがあります。助けをよぶときや、不都合な点、お願いしたいことなど、簡単な言葉が話せると、相手に何が緊急なのかすぐに分かってもらえて、救助の時間を短縮することができ、的確な助けを得ることも可能です。

泥棒!
小偷儿!
シアオトウル

火事だ!
着火啦!
ザオホオ ラ

助けて
救人啊!／救命啊!
ジウレン ア／ジウミン ア

財布を盗まれました
钱包被偷了。
チエンバオ ベイ トウ ラ

バッグをなくしました
我丢了包。
ウオ ディウ ラ バオ

熱があります
发烧。
ファシャオ

頭が痛いです
头疼。
トウトン

気分が悪いです
不舒服。
ブーシューフウ

事故にあいました
发生了交通事故。
ファション ラ ジアオトォンシーグウ

救急車を呼んで下さい
请叫救护车。
チン ジアオ ジウフウチョ

警察を呼んで下さい
请叫警察。
チン ジアオ ジンチャー

非常口はどこですか
安全出口在哪里?
アンチュアンチュコウ ザアイ ナーリ

イラスト基本会話 ボディ・ランゲージ

ジェスチャーでコミュニケーションをはかることも有効な手段です。まずは相手からのサインを読み取ることからはじめてみましょう。ボディ・ランゲージを通して旅がいっそう楽しいものになるかもしれません。

ボディ・ランゲージ

よし **好。** ハオ 笑顔を見せながら、体の前で親指を立てます。	いいよ **可以。** コォイー 親指と人さし指で輪をつくります。	やあ **喂。** ウェイ  親しい人同士の軽い挨拶で、片手を上にあげます。
わたし? **我?** ウオ 自分をさすジェスチャーで、指で自分の顔をさします。	ありがとうございます **谢谢。** シエシエ 両手を顔の横で握って前後に動かします。	こっちへ来て **到这边来。** タオ ジョービェン ライ 手のひらを下にして、体の前で上下に動かします。
違う **不对。** ブードゥイ 否定を示す場合、手のひらを顔の前で左右に振ります。	約束します **我保证。** ウオ バオジェン 手のひらを胸にぽんと当てて、軽くうなずきます。	困ったな **麻烦了。** マーファン ラ 指を曲げた手を顔の横に置いて、首をかしげます。

イラスト基本会話 マナー

「郷に入れば郷に従え」ということわざにもあるように、旅行者とはいえ、訪れた国のルールに従うのは当然のことです。最低限のマナーを守って、楽しく旅行を続けましょう。ここでは基本的な中国のマナーを紹介します。

握手をする
初対面の握手は、キチンと握り合い、2、3回上下に振ったらすぐに手を引くのがスマートです。

女性を気軽にほめない
知人の奥さんや恋人を気軽に褒めると、誤解されて相手を怒らせることがあります。

政治や戦争の話はしない
過去に戦争の歴史があり、相手に不愉快な感情を抱かせることにもなるので、避けた方がよいでしょう。

むやみに笑顔を見せない
笑顔はフレンドリーに接する際には必要ですが、過度の笑顔は「ごまかし笑い」にとられることもあります。

食事は誘った方が支払う
中国では「割り勘」の習慣は少ないため、会食の際などは、誘った方が支払うのが一般的です。

食事をごちそうされたらお返しをする
食事に誘われたら、返礼をするのが中国の習慣。その場合は、お返しをした方が支払います。

入口を入るとき、切符を買うときなどは要注意
電車やバス、エレベーターに乗る場合、我先に乗ろうとする人がいるので、転倒などに注意しましょう。

お酒はみんなで飲むもの
お酒の席では、みんなで楽しく談笑するのがマナー。独酌するのも中国では嫌われます。

老人や家族は大切に
電車や地下鉄、バスなどでは、老人や体に不自由がある人には積極的に席を譲るようにしましょう。

イラスト基本会話 知っておきたい！ —デジタル機器用語—

海外旅行にデジタルカメラを持っていったり、宿泊先でパソコンを操作したり、インターネットでメールをチェックし、情報を検索する人が増えています。旅先で役立つ基本的なデジタル機器用語を紹介しましょう。

ノートパソコン
笔记本电脑
ビージィベンディエンチォ

ドラッグ・アンド・ドロップ	拖放 トゥォファン
コピー・アンド・ペースト	复制粘贴 フージージャンティエ
(右・左)クリック	(右・左)点击 (ヨウ・ズォ)ディエンジィ
アイコン	图标 トゥピアオ
壁紙	桌面背景/壁纸 ジュオミエンベイジン/ビージー
アップデート	更新 ゴンシン
OS(オペレーションシステム)	操作系统 ツァオズォオシートン

- 状態表示パネル / 状态显示屏 / ジュアンタイシエンシービン
- 電源スイッチ / 电源开关 / ディエンユアンカイグァン
- DCコネクタ / DC连接器 / ディースィーリエンジェチィ
- キーボード / 键盘 / ジエンバン
- スピーカー / 扬声器 / ヤンションチィ
- パッド／左ボタン／右ボタン / 鼠标垫/左键/右键 / シューピアオディエン/ズォジエン/ヨウジエン
- 液晶ディスプレイ / 液晶显示器 / イエジンシエンシーチィ
- LAN コネクタ / LAN连接器 / ランリエンジェチィ
- USB コネクタ / USB连接器 / ユーエスビーリエンジェチィ
- モジュラージャック / 模数插口 / モーシューチャーコウ
- IEEE394コネクタ / IEEE394连接器 / アイィーイーイーサンジゥスーリエンジェチィ
- CD／DVDドライブ / CD/DVD驱动器 / スィーディー/ディーヴィーティーチュイドンチィ

パソコンに充電したいのですが
我想给电脑充电。
ウォ シアン ゲイ ディエンナォ チョンディエン

メールを送りたいのですが
我想发邮件。
ウォ シアン ファー ヨウジエン

日本語が使えるパソコンはありますか?
有没有能打日语的电脑?
ヨウメイヨウ ノン ダー リーユイ ダ ディエンナォ

無線LANは使えますか?
可以用无线LAN吗?
コォイー ヨン ウーシエン ラン マ

知っておきたい！デジタル機器用語

インターネット
网络
ウンルオ

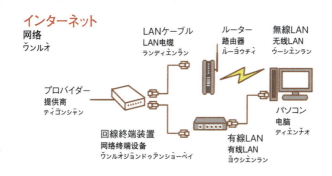

電子メール 电子邮件 ディエンズーヨウジエン	ブログ 博客 ボーコォ
メールアドレス 邮件地址 ヨウジエンディジィ	インターネットオークション 在线拍卖 ザァイシエンパイマイ
音楽配信 音乐发行 インユエファーシン	メーリングリスト 邮件列表 ヨウジエンリエビヤオ
チャット 聊天 リアオティエン	迷惑メール 垃圾邮件 ラージーヨウジエン

デジタルカメラ
数码相机
シューマーシアンジィ

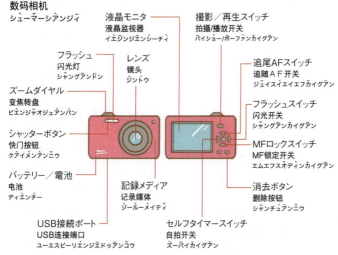

ズームレンズ 变焦镜头 ビエンジアオジントウ	SDメモリーカード SD记忆卡 エスティーシーイーカ
望遠レンズ 摄远镜头 ショーユアンジントウ	メモリースティック 记忆棒 ジーイーバン
広角レンズ 广角镜头 グァンジアオジントウ	コンパクトフラッシュ CF卡 シーエフカ
手ぶれ 抖动 ドゥドン	ピンぼけ 照得模糊 ジャオダモーフ

知っておきたい！デジタル機器用語

イラスト早わかり 観光する

4000年、5000年とも表示される悠久の歴史を今に伝える中国では、まず、古い歴史を訪ねる旅からはじめましょう。その対極にある上海の超近代的なビル群や、驚異の自然美に感動するのも中国の旅の魅力です。

北京　天門
北京　天安门
ベイジン ティエンアンメン

北京　故宮博物院
北京　故宫博物院
ベイジン グーゴンボーウーユアン

北京　万里の長城
北京　长城
ベイジン チャンチョン

上海　浦東
上海　浦东
シャンハイ プドン

西安　秦始皇兵馬俑博物館
西安　秦始皇兵马俑博物馆
シーアン チィンシーホァンビンマーヨンボーウグァン

西蔵　拉薩
西藏　拉萨
シーザン ラーサー

九寨溝
九寨沟
ジウジャイゴウ

雲崗石窟
云冈石窟
ユンガンシークー

胡同
胡同
フートン

近い
近
ジン

現在地
所在地
スォザァイディ

遠い
远
ユアン

博物館はどこですか？
博物馆在哪里？
ボーウーグァン　ザァイ チーリ

地図はありますか?
有没有地图?
ヨウメイヨウ デイトゥ

四合院
四合院
スーフーユアン

博物館
博物馆
ボーウーグアン

動物園
动物园
ドンウーユアン

映画館
电影院
ディエンインユアン

劇場
剧场／戏院
ジュチャン／シーユアン

郵便局
邮局
ヨウジュ

スーパー
超市
チャオシー

コンビニ
便利店
ビエンリーディエン

観光する

時間・方位

5分
5分钟
ウーフェンジョン

10分
10分钟
シーフェンジョン

15分
15分钟
シーウーフェンジョン

北
北(方)
ベイ(フアン)

西
西(方)
シー(フアン)

東
东(方)
ドン(フアン)

南
南(方)
ナン(フアン)

方角

上
上
シャン

真っ直ぐ
直
ジー

向こう側
对面
ドゥイミエン

左
左
ズオ

右
右
ヨウ

突き当たり
尽头
ジントウ

こちら側
这边
ジョービエン

下
下
シア

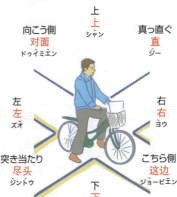

17

イラスト早わかり 移動する

自動車の販売台数世界一を記録した中国の交通事情は、いま、驚異的な変貌を遂げようとしています。なかでも高速鉄道が大都市を中心に路線を延ばし、中国の移動は、年を追って早く便利になっています。

シャトルバス
班车
バンチョ

市内バス
公共汽车/公交车
ゴンゴンチィチョ/ゴンジアオチョ

トロリーバス
电车
ディエンチョ

タクシー
出租汽车／的士
チュズゥチィチョ/ディシ

地下鉄
地铁
ディティエ

列車（中国国鉄）
列车（中国铁路）
リエチョ（ジョングオティエルー）

リニアモーターカー
磁悬浮列车
ツーシュアンフーリエチョ

弾丸列車
高速列车
ガオスゥリエチョ

長距離バス
长途汽车
チャントゥチィチョ

人力三輪車
人力三轮车
レンリーサンルンチョ

待合室
候车室／候机室
ホウチョシー/ホウジィシー

空港
机场
ジィチャン

タクシーはどこで乗れますか？
在哪里能坐出租汽车？
ザァイ チーリ ノン ズオ チュズゥチィチョ

空港までいくらですか?
到机场要多少钱?
ダオ ジィチャン ヤオ ドゥオシャオチエン

鉄道駅
火车站
フオチョジャン

地下鉄入口
地铁入口
ディティエルゥコウ

人数

1人
一个人
イーグレン

2人
两个人
リャングレン

大勢
很多人
ヘンドゥオレン

バス停
公共汽车站
ゴンゴンチィチョジャン

タクシー乗り場
出租汽车站／的士站
チュズゥチィチョジャン／ディシジャン

3人
三个人
サンガレン

4人
四个人
スーガレン

徒歩
徒步
トゥブー

何番線から発車しますか
从几号线发车?
ツォン ジーハオシエン ファチョ

ここで降ります
在这里下车。
ザアイ ジョーリ シアチョ

荷物
行李
シンリ

移動する

イラスト早わかり 食べる

世界の津々浦々、どこに行っても食べることができると言われるのが中国料理。手のこんだ高級レストランの、見た目も美しい贅沢な料理から、路地に立つ屋台のシンプルなメニューまで、中国料理を味わい尽くしましょう。

中国料理店
中餐厅
ジョンツァンテイン

西洋料理店
西餐厅
シーツァンテイン

小吃店
小吃店
シャオチーディエン

屋台
摊子
タンズ

ファストフード
快餐
クァイツァン

茶館
茶馆
チャグァン

カフェ
咖啡厅
カフェイティン

広東料理
粤菜
ユエツツァイ

北京料理
京菜
ジンツァイ

上海料理
沪菜
フウツァイ

四川料理
川菜
チュアンツァイ

薬膳
药膳
ヤオシャン

メニューを下さい
请给我菜单。
チン ゲイウォ ツァイダン

精進料理
素菜
スウツァイ

麺
面条
ミェンティアオ

点心
点心
ティエンシン

ウェイトレス
服务员
フーウーユアン

椅子
椅子
イーズ

箸
筷子
クァイズ

カップ
杯子
ベイズ

ワイングラス
酒杯
ジゥベイ

ナイフ
餐刀
ツァンタオ

スプーン
汤匙
タンチー

フォーク
叉子
チャーズ

皿
碟子／盘子
ティエズ／パンズ

デザート
甜食／甜点
ティエンシー／ティエンティエン

スープ
汤
タン

水
水
シュイ

コーヒー
咖啡
カフェイ

清涼飲料水
软饮料
ルアンインリャオ

ビール
啤酒
ピージゥ

食べる

ワイン
葡萄酒
プータオジゥ

ウィスキー
威士忌
ウェイシージィ

紹興酒
绍兴酒
シャオシンジゥ

白酒
白酒
バイジゥ

香辛料と味覚

熱い
烫
タン

冷たい
凉
リャン

しょっぱい
咸
シェン

辛い
辣
ラー

甘い
甜
ティエン

塩
盐
イェン

砂糖
糖
タン

コショウ
胡椒
フージャオ

お勘定をお願いします
请算账（结帐）。
チン スゥンジャン（ジエジャン）

イラスト早わかり 泊まる

北京や上海などの大都市や、西安、桂林などの観光都市では、世界規模のチェーンホテルから格安のホテルまで、数・質とも充実していて、旅のスタイルに合わせて、さまざまなホテルを選択することができます。

ホテル
饭店
ファンティエン

古民家旅館
客栈
コォジャン

受付
登记处/接待处
ドンジイチュ/ジエダイチュ

コンシェルジェ
礼宾部
リーピンブー

会計
收款处
ショウクアンチュ

両替
兑换
ドゥイホアン

パスポート
护照
フゥジャオ

明細書
帐单/明细单
ジャンダン/ミンシーダン

地図はありますか？
有没有地图？
ヨウメイヨウ ディトゥ

ツイン
双人
シュアンレン

シングル
单人
ダンレン

日本語のツアーを紹介してください
请给我介绍日语旅游团。
チン ゲイ ウォ ジエシャオ リーユイ リュヨウ トゥアン

部屋にかぎを忘れました
我把钥匙忘在房间了。
ウオ バー ヤオシ ワン ザイ ファンジエン ラ

インターネットはできますか？
能上网吗？
ノン シャン ウン マ

バスタブ
浴缸
ユイガン

エアコン
空调
コンティアオ

テレビ
电视(机)
ティエンシー(ジイ)

電話
电话
ティエンホア

ドライヤー
吹风机
チュイフォンジイ

トイレットペーパー
手纸/卫生纸
ショウジー/ウェイションジー

モーニングコール
叫早服务
ジャオザオフーウー

ルームサービス
送餐服务
ソンツァンフーウー

泊まる

ミネラルウォーター
矿泉水
クァンチュアンシュイ

貴重品
贵重物品
グイジョンウーピン

この近くにおいしいレストランはありますか？
这附近有没有味道好的餐厅？
ジョーフージン ヨウメイヨウ ウェイダオハオダ ツァンティン

シャワーのお湯が出ません
淋浴没有热水。
リンユイ メイヨウ ローシュイ

イラスト早わかり ショッピング

悠久の歴史を誇る中国は、各地に自慢の伝統工芸品やさまざまな特産品があります。友誼商店や専門店など、古くからある商店はもちろん、デパートやスーパー、コンビニ、自由市場、バザールなどを訪ねてみましょう。

デパート
商场
シャンチャン

ショッピングモール
购物中心
ゴウウージョンシン

友誼商店
友谊商店
ヨウイーシャンディエン

文物商店
文物商店
ウェンウーシャンディエン

食品市場
食品市场
シーピンシーチャン

スーパーマーケット
超市／超级市场
チャオシー／チャオジイシーチャン

骨董品店
古玩店／古董店
グウワンディエン／グウドンディエン

書店
书店
シューディエン

布地店
布市场
ブウシーチャン

自由市場
自由市场
ズーヨウシーチャン

店内で

高い
贵
グイ

安い
便宜
ピエンイ

大きい
大
ター

小さい
小
シァオ

筆と硯を買いたいのですが
我想买毛笔和砚台。
ウオ シアン マイ マオビー フー イェンタイ

茶藝館 **茶艺馆** チャイーグァン	茶葉 **茶叶** チャイェ	茶器 **茶具** チャジュ	漢方薬店 **中药店** ジョンヤオディエン
景徳鎮 **景德镇** ジンドージェン	チャイナドレス **旗袍** チィパオ	布靴 **布鞋** ブゥシェ	刺繍 **刺绣** ツーシゥ
楽器 **乐器** ユエチィ	箸 **筷子** クァイズ	扇子 **扇子** シャンズ	文房四宝 **文房四宝** ウェンファンスーバオ
切り紙 **剪纸** ジェンジー	印鑑 **印章／图章** インジャン／トゥジャン	文革グッズ **文化大革命时代的商品** ウェンホアダーゴーミンシーダイダシャンピン	パンダグッズ **熊猫商品** ションマオシャンピン

ショッピング

月餅
月饼
ユエビン

いくらですか？
多少钱？
ドゥオシャオチェン

安くしてください
便宜一点吧。
ピェンイ イーディエン バ

クレジットカードは使えますか？
可以使用信用卡吗？
コォイー シーヨン シンヨンカ マ

25

イラスト早わかり エンターテインメント

京劇や雑技など、中国には古い伝統を今に伝える伝統劇や舞踊、エンターテインメントが観光客用に毎日公演されています。また、早朝に街角の公園に行くと、決まって太極拳やダンスに興じる市民の姿が見られます。

エンターテインメント

京劇
京剧
ジンジュ

昆劇
昆剧
クンジュ

越劇
越剧
ユエジュ

隈取り
脸谱
リェンプゥ

京劇愛好家クラブ
京剧愛好家社団
ジンジュアイハオジャーショートゥアン

雑技
杂技
ザアジィ

口技(ものまね)
口技
コウジィ

カンフー
武术／功夫
ウーシュウ／ゴンフゥ

太極拳
太极拳
タイジィチュアン

フォークダンス
集体舞
ジーティーウー

トランプ
扑克
プゥコォ

バドミントン
羽毛球
ユイマオチウ

上海雑伎を見たいのですが?

我想看<u>上海杂技</u>。
ウオ シアン カン <u>シャンハイザアジィ</u>

ここで上演される京劇は何ですか?
在这里上演的京剧是什么?
ザアイ ジョーリ シャンイェンダ ジンジュシー シェンモ

古典楽器演奏
古典乐器演奏
グーティエンユエチイイェンゾウ

黄山ハイキング
黄山郊游
ホアンシャンジャオヨウ

上海老年ジャズバンド
和平老年爵士乐团
フーピンラオニェンジュエシーユエトゥァン

鳥鳴き声合わせ(闘鳥)
逗鸟
ドウニャオ

闘鶏
斗鸡
ドウジイ

エステ
美容
メイロン

足裏マッサージ
足部按摩
ズゥブーアンモー

射撃
射击
ショージニ

エンターテインメント

遊覧船
游船
ヨウチュアン

春節
春节
チュンジェ

今人気のある映画は?
现在最红的电影是什么?
シェンザァイ ズゥイホンダ ディエンイン シーシェンモ

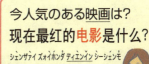

端午節
端午节
ドゥアンウージエ

中秋節
中秋节
ジョンチゥジェ

まだ切符は手に入りますか?
还能买到票吗?
ハイノン マイダオ ピアオ マ

イラスト早わかり 中国の標識

漢字が使用される中国では、馴染みのある文字を見かける一方で、もとの字体とはかなり異なった簡体字に出会って、皆目意味の分からない標識も少なくありません。街で見かける標識、看板などのいくつかを紹介しましょう。

中国国鉄
中国铁路
ジョングオティエルー

列車行き先表示
到车目的地标志
ダオチョムーディビヤオジィ

地下鉄（北京）
地铁（北京）
ディティエ（ベイジン）

地下鉄（上海）
地铁（上海）
ディティエ（シャンハイ）

パトカー
警车
ジンチョ

救急車
救护车
ジウフウチョ

北京交通カード
北京交通卡
ベイジンジャオトンカ

ポスト
邮筒／信筒
ヨウトォン／シントォン

信号止まれ
红灯
ホンドン

信号進め
绿灯
リュドン

歩行者道路
人行横道
レンシンヘンダオ

切符売り場
售票处
ショウピヤオチュ

営業時間
营业时间
インイエシージエン

ホテル
旅馆
リュイグァン

公衆電話
公用电话
ゴンヨンティエンホア

交差点
十字路口／交叉口
シースールーコウ／ジアオチャコウ

道路名
路名
ルーミン

住居表示
住宅标志
ジュージャイビヤオジィ

ドアに寄りかからないこと
不要靠近门
ブーヤオ カオジン メン

ドア開閉注意
注意开关门
ジューイー カイグァン メン

押す
推／按
トォイ／アン

引く
拉
ラー

公衆トイレ
公厕／公共厕所
ゴンツォ／ゴンゴンツォスォ

有料トイレ
收费厕所
ショウフェイツォスォ

ゴミ箱
垃圾箱
ラージィシァン

基本表現

挨拶	30
感謝	33
お詫び	34
呼びかけ	35
肯定・否定	36
聞き返し	38
必要性・義務	39
許可	40
希望	41
依頼	43
質問	44
困ったときの表現	49
便利な表現	50

こんにちは Kon-nichiwa / Hello.

你好！／您好！
ニーハオ　　ニンハオ

　「こんにちは」の一言からコミュニケーションは始まります。飛行機で、ホテルで、レストランで、ショップで、街なかで、どこにいてもまずは相手に挨拶の言葉を伝えましょう。朝昼晩の区別なく使われる"你好"のほか、「おはよう」"你早"、「こんばんは」は"晩上好"と、時間帯によって使い分ける言い方もあります。目上の人には"您好"、"您早"と言えばもっと丁寧になります。別れるときには、"再见"が一般的です。辞去するときは「失礼します」にあたる"我走了"も使えます。夜であれば「おやすみなさい」"晩安"などと言って別れます。

你早！（您早！）
你好！（您好！）
晩上好！

バリエーション会話

おはよう／おはようございます Ohayo./Ohayo gozaimasu. Good morning.	你早！／您早！ ニーザオ　ニンザオ
こんにちは Kon-nichiwa. Hello./Good afternoon.	你好！／您好！ ニーハオ　ニンハオ
こんばんは Kombanwa. Good evening.	晩上好！ ワンシャンハオ
おやすみなさい Oyasumi nasai. Good night.	晩安！ ワンアン
さようなら Sayonara. Good bye.	再见！ ザイジエン
では、また明日（後ほど） Dewa, mata ashita (nochihodo). See you tomorrow (later).	明天（一会儿）见！ ミンティエン　イーホァル　ジエン
では、失礼します Dewa, shitsurei shimasu. All right then. Good-bye.	那么，我走了！ ナーモ　ウォ　ゾウ　ラ

お元気ですか Ogenki desuka? How are you?
你（您）身体好吗?
ニー ニン シェンティ ハオ マ

"你好"も、もともとは「お元気ですか」という意味ですが、「体の調子は？」という意味を強調したいときは"你（您）身体好吗？"と尋ねてみましょう。このように聞かれたら、「元気です。ありがとう」"很好,谢谢。"と答え、さらに「あなたは？」"你（您）呢？"と聞き返したりします。

別れ際には、相手を見送る「気をつけて」"慢走！"、旅行者には"一路平安！"の一言を添えてみるのもよいでしょう。

您身体好吗?
好,谢谢。您呢?
很好。

バリエーション会話

お元気ですか Ogenki desuka? How are you?	你（您）身体好吗? ニー ニン シェンティ ハオ マ
元気です。ありがとう Genki desu. Arigato. Fine. Thank you.	很好，谢谢。 ヘン ハオ シエシエ
あなたの方はいかがですか Anatano ho wa ikaga desuka? And you?	你（您）呢? ニー ニン ナ
まあまあです Maa maa desu. So-so.	还可以 ハイ コォイー
好調です Kocho desu. Fine.	很好。 ヘン ハオ
気をつけて Ki wo tsukete. Take care.	慢走！ マンゾウ
よいご旅行を Yoi goryoko wo. Have a nice trip.	一路平安！ イールーピンアン

私の名前は〜です

Watashino namae wa ~ desu.
My name is ~.

我 叫〜。

ウォ ジアオ

　人と人とが初めて会ったときも"你好"から始まります。自己紹介は、"我叫〜"のあとに姓名を続けます。相手には、"您贵姓？"と、敬語にあたる"您"や"贵"を使って姓を尋ねますが、目下の人には、"你叫什么名字？"と尋ねてもよいでしょう。知人を紹介するときは、「この方は〜」の意味を込めて"这位是〜"と言い、「〜さんです」は男性なら"〜先生"、女性なら年配者には"〜女士"、若い女性には"〜小姐"と敬称をつけます。初対面の挨拶「はじめまして、よろしくお願いします」"初次见面，请多关照"は日本ほど決まり文句のように使うわけではありません。

这位是田中女士。

初次见面，请多关照。

バリエーション会話

私の名前は〜です Watashino namae wa ~ desu. My name is ~.	我 叫 〜。 ウォ ジアオ
あなたのお名前は？ Anatano onamae wa? May I have your name?	您 贵姓？ ニン グイシン
何というお名前？ Nantoiu onamae? What's your name?	你 叫 什么 名字？ ニー ジアオ シェンモ ミンズ
この人は〜さんです Kono hitowa ~ san desu. This is Mr. (Ms.) ~.	这位 是 〜 先生 ジョーウェイ シー　　シェンション （女士／小姐）。 ニュシー　シアオジエ
はじめまして、よろしくお願いします Hajime mashite, yoroshiku onegai shimasu. Nice to meet you./How do you do?	初次 见面，请 多 关照。 チューツー ジェンミェン チン ドゥオ グアンジャオ
またお会いしましょう Mata oai shimasho. See you again.	希望 我们 能 再 见面。 シーワン ウォメン ノン ザァイ ジェンミェン
またね Matane. See you.	下次 见！ シアツー ジェン

ありがとう Arigato / Thank you.

谢谢。
シェ シェ

　「こんにちは」とともに旅行中最もたいせつなのが「ありがとう」の挨拶です。感謝の気持ちを"谢谢"と言って伝えましょう。「あなた」を意識した"谢谢你"も使われます。"谢谢您"と言えばさらに丁寧になります。「ありがとう」と言われたときに、「どういたしまして」"不客气"と一言返すのは日本と同様です。この「どういたしまして」にはさまざまな言い方がありますが、まずひとつのパターンを覚えておけばいいでしょう。

基本表現　感謝

ありがとう

谢谢。

バリエーション会話

ありがとう Arigato. Thank you.	谢谢。 シェシェ
ありがとうございます Arigato gozaimasu. Thank you very much.	谢谢 你 （您）。 シェシェ ニー ニン
ご親切、感謝します Goshinsetsu, kansha shimasu. Thank you for your kindness.	谢谢 你 （您）的 好意。 シェシェ ニー ニン ダ ハオイー
いろいろお世話になりました Iroiro osewa ni nari mashita. Thank you for your help.	真 给 您 添 麻烦 了。 ジェン ゲイ ニン ティエン マーファン ラ
どういたしまして Doitashi mashite. You're welcome.	不客气。 ブーコォチィ
いいんですよ Iin desuyo. No problem./It's OK./Never mind.	没 什么。／没 关系。 メイ シェンモ　メイ グアンシ
ご苦労さまでした Gokuro sama deshita. Take care.	辛苦 了。 シンクゥ ラ

ごめんなさい Gomen nasai / I'm sorry.

対不起。
ドゥイ プ チィ

相手に迷惑をかけてしまったとき、申し訳ない気持ちを表す言葉です。人に話しかけたり、ものを頼むときの「すみません」とは違いますが、広範囲に使えます。また「きまりが悪い」という意味の"不好意思"もお詫びの言葉としてよく使われます。もっと丁寧に詫びるときは、"真対不起"、"实在抱歉"などの表現もあります。「ごめんなさい」と言われたときには、「いいえ、いいんですよ」"没什么"などと返します。

対不起, 让您久等了。
没事儿。

バリエーション会話

ごめんなさい Gomen nasai. I'm sorry.	対不起。 ドゥイプチィ
遅れてごめんなさい Okurete gomen nasai. I'm sorry I'm late.	很 対不起, 我 来 晩 了。 ヘン ドゥイプチィ ウオ ライ ウン ラ
お待たせしてごめんなさい Omatase shite gomen nasai. I'm sorry to have kept you waiting.	対不起, 让 你 (您) 久等 了。 ドゥイプチィ ラン ニー ニン ジゥドン ラ
席を間違えてごめんなさい Seki wo machigaete gomen nasai. Sorry for taking your seat.	不好意思, 弄错 座位 了。 ブーハオイース ノンツオ ズオウェイラ
本当にごめんなさい Hontoni gomen nasai. I'm terribly sorry.	真 対不起。／ 实在 抱歉。 ジェン ドゥイプチィ　シーザァイ バオチェン
いえ、いいんですよ Ie, iin desuyo. That's all right.	没 什么。／ 没 事儿。 メイ シェンモ　メイ シアル

すみません Sumimasen / Excuse me.

劳驾。
ラォ ジア

　人に呼びかけるときに使います。道をあけてもらったり、ものを頼むときの「ちょとすみませんが」というニュアンスです。ほかに「お手数ですが」"麻烦你"も人に頼みごとをするときの便利な呼びかけです。ものを尋ねるときはまず"请问"と呼びかけて、質問に入ります。電話で呼びかける「もしもし」にあたるのは"喂"です。"喂"（ウェイ）の声調は本来第四声ですが、電話の場合は第二声で発音されることもよくあります。またこの"喂"は電話以外にも人を呼びとめる言葉として使われますが、ややぶっきらぼうな感じを与えるので、誰に対しても使えるわけではありません。

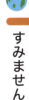

バリエーション会話

何かご用ですか Nanika goyo desuka? May I help you?	有 什 么 事 吗? ヨウ シェンモ シー マ
ちょっとお願いしたいのですが Chotto onegai shitai no desuga. Could you do me a favor?	麻烦 你, 请 帮忙 一下。 マーファン ニー チン バンマン イーシア
すみません、通して下さい Sumimasen. Toshite kudasai. Excuse me. Let me pass, please.	劳驾, 请 让 我 过去 一下。 ラオジア チン ラン ウオ グオチュー イーシア
お尋ねしてよろしいですか Otazune shite yoroshii desuka? May I ask you something?	麻烦 你, 问 一下 可以 吗? マーファン ニー ウェン イーシア コオイー マ
すみません、どなたかいらっしゃいますか Sumimasen, donataka irasshai masuka? Hello, is anybody here?	请问, 有 人 在 吗? チンウェン ヨウ レン ザァイマ
もしもしフロントですか Moshimoshi furonto desuka? Hello, is this the reception desk?	喂, 是 总台 吗? ウェイ シー ゾォンタイ マ

はい・いいえ Hai/Iie Yes./No.

是。／不是。 対。／不対。
シー ブーシー ドゥイ ブードゥイ

「はい」"是"と「いいえ」"不是"をはっきりと述べることは、旅行中とても大事なことです。あいまいな返事はトラブルにもつながります。短い言葉ですが、きちんと意志を伝えましょう。「～ですか？」"是不是"という問いには"是"または"不是"で答えます。"対不対"はもともとは正しいかどうかという問いですが、"是不是"よりも気軽に使われます。この問いに対しては、同じ「はい」「いいえ」でも、「その通りです」を意味する"対"、「違います」の意味を込めた"不対"で答えます。また「いいです」の意味で「はい」と答える時は"好"を使ってみましょう。

「わかりました」には、「理解した」「了解した」"懂了"、「はっきりわかった」"明白了"、「知った」"知道了"などの使い分けがあります。「わかりません」は"不懂"、"不明白"、"不知道"となります。

否定と拒絶を伝える言葉「～したくありません」"不想"、「～は嫌いです」"不喜欢"はしっかりと相手の目をみて伝えましょう。

バリエーション会話

これは甘いのですか Kore wa amai no desuka? Is this sweet?	这是不是甜的? ジョー シーブシー ティエンダ
はい、そうです Hai, so desu. Yes, it is.	是。 シー
はい、お願いします Hai, onegai shimasu. Yes, please.	好，拜托 了。 ハオ バイトゥオラ
そう（正しい）ですか So (Tadashii) desuka? Is that right?	对不对? ドゥイブドゥイ
いいえ、違います Iie, chigai masu. No, it isn't.	不对。 ブードゥイ

是第一次来北京吗?

不是。

それは間違っています Sore wa machigatte imasu. That's not true.	那 不对。 ナー ブードゥイ
いいえ、そうは思いません Iie, so wa omoi masen. No, I don't think so.	不,我 不 那样 想。 ブー ウォ ブー ナーヤン シアン
いいえ、結構です Iie, kekko desu. No, thank you.	不用,谢谢。 ブーヨン シェシェ
わかりました Wakari mashita. I understand.	懂 了。／明白 了。／知道 了。 ドン ラ ミンパイ ラ ジーダオ ラ
わかりません Wakari masen. I don't understand.	不懂。／不 明白。 ブードン ブー ミンパイ
おっしゃることがわかりません Ossharu koto ga wakari masen. I can't understand you.	你 (您) 说 的 我 不 明白。 ニー ニン シュオタ ウォ ブー ミンパイ
知りません Shiri masen. I don't know.	不 知道。 ブー ジーダオ
よく聞き取れません Yoku kikitore masen. I can't hear you.	听不 清楚。 ティンブ チンチュ
帰りたくありません Kaeritaku ari masen. I don't want to leave.	不想 回去。 ブーシアン ホォイチュー
それは嫌いです Sore wa kirai desu. I don't like it.	我 不 喜欢。 ウォ ブー シーホアン
そうすることはできません So suru koto wa deki masen. I can't do that.	不能 那样 做。 ブーノン ナーヤン ズオ
中国語は話せません Chugoku go wa hanase masen. I can't speak Chinese.	不会 说 汉语。 ブーホォイ シュオ ハンユイ

基本表現 肯定・否定

はい・いいえ

37

基本表現 聞き返し

何? Nani? / Pardon?
什么? シェンモ

相手の言葉が聞き取れないときには、積極的に聞き返して、理解するように努めましょう。相手に気を遣って分かったふりをしていては、かえって誤解を生じるもととなります。中国人の話し方は、日本人にとっては、とてもはやく感じます。聞き取れなければ、「分かりません」"听不懂"、「もう一度言って下さい」"请再说一遍"、「ゆっくり言って下さい」"请慢点儿说"と言って、聞き返しましょう。

バリエーション会話

え？なんと言ったのですか E? Nanto itta no desuka? Excuse me?/Pardon?	你（您）说 什么? ニー ニン シュオ シェンモ
分かりません Wakari masen. I don't understand.	听不懂。 ティンブドン
聞こえません Kikoe masen. I can't hear you.	听不见。 ティンブジエン
もう一度言って下さい Moichido itte kudasai. Please say it again.	请 再 说 一遍。 チン ザァイ シュオ イービエン
もっとゆっくり言って下さい Motto yukkuri itte kudasai. Please speak more slowly.	请 慢 点儿 说。 チン マン ディアル シュオ
それはどういう意味ですか Sore wa doiu imi desuka? What does that mean?	那 是 什么 意思? ナー シー シェンモ イース
今言ったことを書いてもらえますか Imaitta koto wo kaite morae masuka? Could you write down what you said?	你（您）说 的 给 我 写 一下 好 吗? ニー ニン シュオダ ゲイ ウォ シエ イーシア ハオ マ
本当? Honto? Really?	真 的 吗? ジェンダ マ

～しなければなりません
~ shinakereba narimasen
I have to ~.

我 得～。
ウオ　ディ

「～しなければなりません」という表現は、自分の予定を相手に伝えたいときなどに便利です。"我得"の後にしなければならない動作を示す言葉を続けます。この"得"は、"要"や義務的なニュアンスの濃い"该"（ガイ）、"应该"などと置き換えてもかまいません。また少しかたい言い回しになりますが、"必须"、"需要"なども「しなければならない」気持ちがはっきりと伝わる表現です。否定形で、「～しなくてもよい」と言うときは、"不得～"（ブーディ）ではなく、"不必～"（ブービー）、"不用～"を使います。"不要"は「～してはいけない」、「欲しくない」、"不该"（ブーガイ）は「～すべきではない」という意味になります。

我得走了。

バリエーション会話

9時までにそこに着かなければなりません Kuji made ni soko ni tsukanakereba narimasen. I must get there by nine o'clock.	九点 我 得 到 那里。 ジウティエン ウオ ディ タオ ナーリ
明朝早くホテルを発たなければなりません Myocho hayaku hoteru wo tatanakereba narimasen. I have to leave the hotel early tomorrow morning.	明天 早上 必须 很 早 从 饭店 出发。 ミンティエン ザオシャン ビーシュー ヘン ザオ ツォン ファンディエン チュファ
あなたが謝るべきです Anata ga ayamaru beki desu. You should apologize.	你 应该 道歉。 ニー インガイ ダオチエン
席を予約する必要がありますか Seki wo yoyaku suru hitsuyo ga arimasuka? Do I have to reserve a table?	需要 预订 座位 吗? シューヤオ ユィディン ズオウェイ マ
何時に来なければなりませんか Nanji ni konakereba nari masenka? By what time do I have to come?	要 几点 来? ヤオ ジィティエン ライ
その列車に乗る必要はありません Sono ressha ni noru hitsuyo wa arimasen. You don't have to take that train.	不用 坐 那 趟 列车。 ブーヨン ズオ ナー タン リエチョ
その窓を開けてはいけません Sono mado wo akete wa ikemasen. You must not open the window.	不要 打开 那个 窗户。 ブーヤオ ダーカイ ナーグ チュアンフゥ

〜してもいいですか ~ shitemo ii desuka? May I ~?

可以（〜）吗?

知らない土地でどのようにふるまってよいのか疑問を感じたら、誤解やトラブルを避けるためにも、「〜してもいいですか」"可以〜吗?"と尋ねてみましょう。語尾に疑問を示す"吗"をつける言い方のほかに、"可不可以〜"と、肯定の"可（以）"、否定の"不可以"（ブー コォ イー）を並べる尋ね方もあります。また先にしたいことを言ってから、"可以吗?"と許可を求める言葉を添えてもよいでしょう。人からこのように聞かれたら、「いいですよ」"可以"、「だめです」"不可以"、"不行"（ブー シン）などと答えます。

バリエーション会話

ここでたばこを吸ってもいいですか Koko de tabako wo sutte mo ii desuka? May I smoke here?	这里 可以 吸烟 吗?
ここに座ってもいいですか Koko ni suwatte mo ii desuka? May I sit here?	这里 可以 坐 吗?
窓を開けてもいいですか Mado wo aketemo ii desuka? May I open the window?	可不可以 打开 窗户?
部屋を見せてもらえますか Heya wo misete morae masuka? Can I see the room?	让 我 看看 房间，可以 吗?
この電話を使ってもいいですか Kono denwa wo tsukatte mo ii desuka? May I use this telephone?	用 一下 这个 电话，可以 吗?
カードで支払ってもいいですか Kaado de shiharatte mo ii desuka? Can I pay by credit card?	用 卡 付款，可以 吗?
ちょっとお聞きしてもいいですか Chotto okiki shitemo ii desuka? May I ask something?	请问 一下，可以 吗?

～が欲しいのですが

~ ga hoshii no desuga
I want ~. / I'd like ~.

我要～。
ウオ ヤオ

人にものを求めるとき、「～が欲しい」"我要～"というストレートな表現を覚えておきましょう。欲しいものが物（名詞）である場合は、"我要"の次に、その物にあたる中国語を置きます。それが目の前にある場合には、指して「これ」"这个"や「あれ」"那个"を使うとよいでしょう。"我想要～"と言えば少し控え目な求め方になります。レストランなどで、食べ物をオーダーするときには、「～を持ってきて下さい」の意味で"请拿＋名詞＋来～"も使います。「～を下さい」"请给我～"という言い方はP43で学びましょう。

我要一杯水。
您要喝什么？

バリエーション会話

水を1杯欲しいのですが Mizu wo ippai hoshii no desuga. I want a glass of water.	我 要 一杯 水。 ウオ ヤオ イーベイ シュイ
これ（あれ）が欲しいのですが Kore (Are) ga hoshii no desuga. I want this one (that one).	我 要 这个 （那个）。 ウオ ヤオ ジョーグ ナーグ
領収書が欲しいのですが Ryoshusho ga hoshii no desuga. I want to have a receipt.	我 要 发票。 ウオ ヤオ ファピアオ
毛布をいただきたいのですが Mofu wo itadakitai no desuga. Can I have a blanket?	我 想 要 毛毯。 ウオ シアン ヤオ マオタン
何か飲みものを欲しいのですが Nanika nomimono wo hoshii no desuga. I'd like something to drink.	请 拿 一杯 饮料 来。 チン ナー イーベイ インリアオ ライ

～したいのですが ~ shitai no desuga
I want to ~.

我想～。
ウォ シアン

求める対象が物ではなく、動作である場合は、"想"や"要"の次に動詞を置いて、「～したい」"我想～"、"我要～"と言います。相手に許可を求める場合は最後に"好吗？"、"可以吗？"と軽く添えれば、「～のですが」というニュアンスが生きてきます。

我想去火车站。

バリエーション会話

観光ツアーに参加したいのですが Kanko tsua ni sanka shitai no desuga. I want to join a sightseeing tour.	我 想 参加 一个 旅游团。 ウォ シアン ツァンジア イーグ リュヨウトゥアン
このはがきを日本に送りたいのですが Kono hagaki wo nihon ni okuritai no desuga. I want to send this postcard to Japan.	我 想 把 这 张 明信片 ウォ シアン バー ジョー ジャン ミンシンピェン 寄到 日本 去。 ジィダオ リーベン チュー
あなたと一緒に行きたいのですが Anata to issho ni ikitai no desuga. I want to go with you.	我 想 跟 你 一起 去， ウォ シアン ゲン ニー イーチィ チュー 好 吗？ ハオ マ
～駅に行きたいのですが ~eki ni ikitai no desuga. I would like to go to the ~ station.	我 想 去 ～火车站。 ウォ シアン チュー フオチョジャン
彼から私あてに電話してほしいのですが Karekara watashi ateni denwa shite hoshii no desuga. I'd like him to call me back.	我 想 让 他 给 我 打 ウォ シアン ラン ター ゲイ ウォ ダー 个 电话。 グ ディエンホア
荷物を預かっていただきたいのですが Nimotsu wo azukatte itadakitai no desuga. Would you keep this baggage, please?	我 想 寄存 行李，可以 吗？ ウォ シアン ジィツン シンリ コォイー マ
切符をキャンセルしたいのですが Kippu wo kyanseru shitai no desuga. I'd like to cancel my ticket.	我 要 退票。 ウォ ヤオ トォイピアオ

～をお願いします　~ wo onegai shimasu / ~, please.
请～。
チン

　人に何かを頼むときや勧めるときの丁寧な表現で、「どうぞ」という意味が込められます。欲しい物を頼むときには、「私に～を下さい」"请给我～"という言い方が最も便利です。旅行中の各場面ではストレートな「欲しい」という表現よりこちらの方が使いやすいでしょう。
　「～をして下さい」「～していただけますか」と頼むときには"请"の次に相手に求める動作を続けます。人に何かを勧めるときも、"请"の後にその動作を示す動詞がきます。

请给我套餐。

バリエーション会話

定食をお願いします Teishoku wo onegai shimasu. Set menu, please.	请 给 我 套餐。 チン ゲイ ウォ タオツァン
切符を2枚下さい Kippu wo nimai kudasai. Two tickets, please.	请 给 我 两张 票。 チン ゲイ ウォ リアンジャン ピアオ
お勘定をお願いします Okanjo wo onegai shimasu. Check, please.	请 结帐。 チン ジエジャン
駅までの道を教えていただけますか Ekimade no michi wo oshiete itadakemasuka? Could you please tell me how to get to the station?	请 告诉 我 怎么 去 火车站。 チン ガオスウ ウォ ゼンモ チュー フオチョジャン
ショーウインドーにあるバッグを見せていただけますか Sho-uindo ni aru baggu wo misete itadakemasuka? Could you show me the bag in the shop window?	请 给 我 看 一下 橱窗 チン ゲイ ウォ カン イーシア チュチュアン 里 的 包, 好 吗? リ ダ バオ ハオ マ
どうぞお入り下さい Dozo ohairi kudasai. Please, come in.	请进。 チンジン

～はありますか

~ wa arimasuka?
Do you have ~?

有～吗？／有没有～？
(ヨウ マ ／ ヨウ メイ ヨウ)

　"有"は「持っている」、「ある」、「いる」など所有や存在を表す動詞として広く使われます。ホテル、商店、レストランなどで、部屋や、買いたいもの、食べたいものがあるかどうかを尋ねるときには、"有～吗？"または"有没有？"と言ってみましょう。旅行中、さまざまな場面でこれらの質問を口にする機会があるはずです。

バリエーション会話

ペンをお持ちですか Pen wo omochi desuka? Do you have a pen?	您 有 笔 吗? ニン ヨウ ビー マ
日本語の新聞はありますか Nihon-go no shimbun wa arimasuka? Do you have any Japanese newspapers?	有 日语 的 报纸 吗? ヨウ リーユイ タ バオジー マ
名産品は置いていますか Meisanhin wa oite imasuka? Do you have any souvenirs?	有没有 土特产? ヨウメイヨウ トゥトーチャン
もっと大きいのはありますか Motto okiino wa arimasuka? Do you have a larger one?	有没有 再 大 一点 的? ヨウメイヨウ ザァイ ター イーティエン ダ
(空き)部屋はありますか (Aki) Heya wa arimasuka? Are there any rooms available?	有 (空) 房间 吗? ヨウ コン ファンジエン マ
ここに警察署はありますか Koko ni keisatsusho wa arimasuka? Is there a police station here?	这里 有 公安局 吗? ジョーリ ヨウ ゴンアンジュ マ
この席は空いていますか Kono seki wa aite imasuka? Is this seat free?	这个 座位 有 人 吗? ジョーグ ズオウェイ ヨウ レン マ

いくらですか Ikura desuka? How much ~?

多少钱?
ドゥオシャオチエン

　「いくらですか」"多少钱?"の表現は、旅行中、最もよく使われるものでしょう。"多少～?"は分量や程度がどのくらいかを尋ねるときに用います。「何時間」"多少时间?"、「何メートル」"多少公尺?"（ドゥオシャオ ゴン チー）などと尋ねます。"多"の次に他の形容詞を付けた"多长?"（ドゥオチャン）"多重?""多大?"も時間や空間の長さ、重さ、年齢などを尋ねる表現です。また10ぐらいまでの数を想定して「いくつ」と尋ねるときには、"几"を使います。たとえば子供に年齢を尋ねる場合は、"几岁?"と言います。

バリエーション会話

それはいくらですか Sore wa ikura desuka? How much is it?	那个　多少　钱? ナーグ　ドゥオシャオ　チエン
駅までどのくらい（時間）かかりますか Eki made donokurai kakari masuka? How long does it take to the station?	到　火车站　要　多少　时间? ダオ　フオチョジャン　ヤオ　ドゥオシャオ　シージエン
駅までどのくらい（距離）ありますか Eki made donokurai arimasuka? How far is it to the station?	到　火车站　有　多远? ダオ　フオチョジャン　ヨウ　ドゥオユアン
この荷物はどのくらいの重さですか Kono nimotsu wa donokurai no omosa desuka? How heavy is this baggage?	这件　行李　有　多重? ジョージエン　シンリ　ヨウ　ドゥオジョン
おいくつですか（大人の年齢） Oikutsu desuka? How old are you?	您　多大　年纪　了? ニン　ドゥオダー　ニエンジィ　ラ
今年いくつですか（子供の年齢） Kotoshi ikutsu desuka? How old are you?	今年　几岁　了? ジンニエン　ジィスイ　ラ

どこ・誰・いつ・何・なぜ
Doko/Dare/Itsu/Nani/Naze
Where / Who / When / What / Why

哪里・哪儿／谁／什么时候／什么／为什么
ナーリ　ナール　シェイ　シェンモ シー ホウ　シェンモ　ウェイシェンモ

　旅行中「どこ」「誰」などの疑問を持つ場面はひんぱんにあります。このときは、疑問詞を使って質問してみましょう。「どこ」"哪里？"または"哪儿？"、「誰」"谁？"、「何」"什么？"、「いつ」"什么时候？"、「なぜ」"为什么？"などはたいせつな表現なので、ぜひ覚えて下さい。「何時ですか」は、"几点钟？"という決まった表現を用います。後の"钟"は省略してもかまいません。この他の疑問詞として「どの」「どれ」"哪个"も必要な表現なので覚えておきましょう。なお中国語の疑問詞は、英語のように常に文頭にくるわけではありません。疑問詞を使った疑問文の語順は基本的に肯定文と同じです。下のバリエーション会話の疑問詞の位置に、その答にあたる単語を入れてみると、そのまま肯定文になるのです。

バリエーション会話

トイレはどこですか Toire wa doko desuka? Where is the restroom?	厕所　在　哪里？ ツォスオ ザァイ ナーリ
ここはどこですか Koko wa doko desuka? Where is here?	这里　是　什么地方？ ジョーリ シー シェンモディファン
この絵はどこで見られますか Kono e wa dokode mirare masuka? Where can I see this picture?	在　哪里　能　看　这幅　画？ ザァイ ナーリ ノン カン ジョーフー ホア
あの人は誰ですか Ano hito wa dare desuka? Who is he (she)?	那个　人　是　谁？ ナーグ レン シー シェイ
誰が担当の方ですか Dare ga tanto no kata desuka? Who is the person in charge?	谁　是　负责人？ シェイ シー フーゾーレン
これは何ですか Kore wa nan desuka? What is this?	这　是　什么？ ジョー シー シェンモ

これはどういう意味ですか Kore wa doyu imi desuka? What does this mean?	这 是 什么 意思? ジョー シー シェンモ イース
あのビルは何ですか Ano biru wa nan desuka? What is that building?	那 是 什么 大楼? ナー シー シェンモ ダーロウ
これは何に使うのですか Kore wa nani ni tsukau no desuka? What is this for?	这 是 干 什么 用 的? ジョー シー ガン シェンモ ヨン ダ
これはいつ建てられたものですか Kore wa itsu taterareta mono desuka? When is this built?	这 是 什么 时候 建造 的? ジョー シー シェンモ シーホウ ジェンザオ ダ
いつ開きますか Itsu hiraki masuka? When does it open?	什么 时候 开门? シェンモ シーホウ カイメン
(店などの) 休みはいつですか Yasumi wa itsu desuka? When is it closed?	什么 时候 休息? シェンモ シーホウ シィウシ
なぜ列車は遅れているのですか Naze ressha wa okurete iruno desuka? Why is the train delayed?	为什么 列车 晚点 了? ウェイシェンモ リェチョ ワンディエン ラ
なぜ閉まっているのですか Naze shimatte iruno desuka? Why is it closed?	为什么 关着 门 呢? ウェイシェンモ グァンジョ メン ナ
今、何時ですか Ima, nanji desuka? What time is it now?	现在 几点钟? シェンザァイ ジィディエンジョン
明日は何時に出かけますか Ashita wa nanji ni dekake masuka? What time are you leaving tomorrow?	明天 几点 出门? ミンティエン ジィディエン チュメン
どのバスに乗ったらいいですか Dono basu ni nottara ii desuka? Which bus should I take?	应该 坐 几路 公共汽车? インガイ ズオ ジィルー ゴンゴンチィチョ
どれにしますか Dore ni shimasuka? Which do you like?	你 要 哪个? ニー ヤオ ナーグ

基本表現 質問③

どこ・誰・いつ・何・なぜ

どのように Donoyoni How ~?

怎 么～?
ゼン モ

「どのようにしたらいいですか」"怎么办?" など、方法を尋ねる表現も知っておくと便利です。"怎么"の次に動作を表す言葉をつけますが、これだけではややぶっきらぼうな尋ね方になります。語尾に"好呢"や"呢"を添えて語感をやわらげる言い方も覚えておきましょう。また「どうですか」と尋ねるときは"怎么样"という表現を使います。

到北京饭店怎么走?

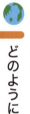

どのように

バリエーション会話

あかりはどうやってつけるのですか Akari wa douyatte tsukeruno desuka? How can I turn on the light?	怎么 开灯? ゼンモ カイドン
北京饭店へはどうやって行くのですか Pekin hanten e wa doyatte iku no desuka? How can I get to Beijing Hotel?	到 北京饭店 怎么 走? ダオ ベイジンファンディエン ゼンモ ゾウ
この料理はどうやって食べるのですか Kono ryori wa doyatte taberuno desuka? How should I eat this?	这个 菜 怎么 吃 好 呢? ジョーグ ツァイ ゼンモ チー ハオ ナ
電話はどうやってかけるのですか Denwa wa doyatte kakeruno desuka? How can I make a phone call?	怎么 打 电话? ゼンモ ダー ディエンホア
どのようにしたらいいですか Donoyoni shitara iidesuka? What should I do?	怎么 办? ゼンモ バン
どう行くのですか Do iku no desuka? How can I go there?	怎么 走? ゼンモ ゾウ
この字はどう発音するのですか Kono ji wa do hatsuon suru no desuka? How do you pronounce this?	这个 字 怎么 发音 呢? ジョーグ ズー ゼンモ ファイン ナ
このようにしたらどうですか Konoyoni shitara dodesuka? I suggest you doing this.	这么 做 怎么样? ジョーモ ズオ ゼンモヤン

困っています
Komatte imasu
I have a problem.

没办法。
メイ バン ファ

旅先で困ったことにぶつかったら、とにかくそばにいる人に困っていることを伝えましょう。そこから解決の糸口を探ってみることです。あいまいな表現はトラブルのもとになるので、簡単ではっきりとした表現をマスターして下さい。（→トラブルP193〜）

我迷路了。

バリエーション会話

手伝って下さい Tetsudatte kudasai. Please help me.	帮帮 我。 バン バン ウオ
やめて下さい Yamete kudasai. Stop it.	住手！ ジューショウ
警察を呼んで下さい Keisatsu wo yonde kudasai. Please call the police.	请 叫 警察。 チン ジアオ ジンチャ
バッグをとられました Baggu wo torare mashita. I've had my bag stolen.	包 被 抢 了。 バオ ベイ チアン ラ
財布をなくしました Saifu wo nakushi mashita. I've lost my purse.	我 丢了 钱包。 ウオ ディウラ チエンバオ
具合が悪いのですが Guai ga warui no desuga. I feel sick.	我 身体 不 舒服。 ウオ シェンティ ブー シューフ
荷物が見つからないのですが Nimotsu ga mitsukaranai no desuga. I can't find my baggage.	行李 找不到 了。 シンリ ジャオブダオ ラ
道に迷っています Michi ni mayotte imasu. I'm lost.	我 迷路 了。 ウオ ミールー ラ

基本表現　困ったときの表現

困っています

できるだけ・もっと / 尽量／更／再

Dekirudake/Motto as ~ as possible/more~
ジン リアン　ゴン　ザァイ

比較表現や、話をつなぐときの接続詞なども覚えておくと、自分の意志をより正確に伝え、会話の幅を広げることができます。

できるだけ早く（遅く） dekirudake hayaku (osoku) as soon (late) as possible	尽量　早　（晩）一些 ジンリアン ザォ　ウン　イーシエ
できるだけ速く（ゆっくり） dekirudake hayaku (yukkuri) as fast (slow) as possible	尽量　快　（慢）一些 ジンリアン クアイ　マン　イーシエ
できるだけ多く（少なく） dekirudake oku (sukunaku) as much (little) as possible	尽量　多　（少）一些 ジンリアン ドゥオ　シャオ　イーシエ
できるだけ安く dekirudake yasuku as cheap as possible	尽量　便宜 ジンリアン ピエンイ
もっと小さい（大きい） motto chiisai (okii) smaller (bigger/larger)	更　小　（大） ゴン シャオ　ダー
もっと長い（短い） motto nagai (mijikai) longer (shorter)	更　长　（短） ゴン チャン　ドゥアン
もっと多く（少なく） motto oku (sukunaku) more (less)	更　多　（少） ゴン ドゥオ　シャオ
もう一度／もう一つ moichido / mohitotsu once more/one more	再　一次／再　一个 ザァイ イーツー　ザァイ イーグ

話をつなぐ言葉

言い換えれば	换句话说 ホアンジュ ホアシュオ	あいにく	不巧 ブー チアオ	あるいは	或者 フォ ジョー
とにかく	总之 ゾンジー	たとえば	比方说 ビー ファン シュオ	ええと	这个 ジョー グ
実は	实际上 シー ジィ シャン	あらあら	哎呀 アイ ヤー	とは言え	虽然 スイ ラン
さて／それでは	那么 ナー モ	このように	这样 ジョー ヤン	また／さらに	还有 ハイ ヨウ
もし	如果 ルゥ グオ	本当？	真的？ ジェン ダ	しかし	但是 ダン シー
つまり	就是说 ジウ シー シュオ	まず	首先 ショウ シエン	結局は	结果 ジエ グオ
したがって	因此 イン ツー	もちろん	当然 ダン ラン	だから	所以 スオ イー

場面別会話

入国	52
出国	65
泊まる	69
食べる	90
移動する	121
観光する	144
エンターテインメント	162
ショッピング	177
トラブル	193
電話・通信	207
コミュニケーション	214

入国 / Immigration / 入境

機内で In Flight　　　在机舱内

　日本からの便では外国の航空会社でもほとんど日本語を話す乗務員が乗っていますが、中国の国内線では日本語は通じないので、中国語でのやりとりも頭に入れておきましょう。機内の座席は通常、機首に向かって左側からA、B、C……、前から1、2、3……となっています。座席の肘掛け周辺には音楽や映画用のイヤホーンの差し込み、チャンネル、ボリュームスイッチ、読書灯、客室乗務員呼び出しボタンなどがついています。座席前のポケットに収納されている雑誌や冊子には、機内設備の使い方や機内で放映される映画の紹介、機内販売の免税品についてや非常時の案内などが載っています。ベルト着用のサインが出たらベルトを着用します。国際線は機内で入国カードが配られるので、到着までに記入しておきましょう。

機内で

★ (搭乗券を見せて）私の席はどこですか Where is my seat?	我 的 座位 在 哪里? ウオ タ ズオウェイ ザァイ ナーリ	
ちょっと通して下さい May I go through?	请 让 我 过去 一下。 チン ラン ウオ グオチュー イーシア	
荷物はここに置いていいですか Can I put my baggage here?	行李 放 在 这里 可以 吗? シンリ ファン ザァイ ジョーリ コォイー マ	
日本語の新聞（雑誌）はありますか Do you have any Japanese newspapers (magazines)?	有 日语 的 报纸 （杂志） 吗? ヨウ リーユイ タ バオジー ザァシー マ	
お飲み物は何がいいですか What would you like to drink?	您 想 要 喝 什么? ニン シアン ヤオ ホー シェンモ	
どんな飲み物がありますか What kind of drinks do you have?	有 些 什么 饮料? ヨウ シエ シェンモ インリアオ	
ビールを下さい Beer, please.	请 给 我 啤酒。 チン ゲイ ウオ ビージウ	
お食事は牛肉、鶏肉、魚のどれがよろしいですか Which would you like for dinner, beef, chicken or fish?	请问 牛肉、 鸡肉、 鱼， 您 喜欢 吃 哪个? チンウェン ニウロウ ジィロウ ユイ ニン シーホアン チー ナーグ	
牛肉をお願いします Beef, please.	请 给 我 牛肉。 チン ゲイ ウオ ニウロウ	

トイレはどこですか Where is the rest room?	厕所 在 哪里? ツォスゥ ザァイ チーリ
(通路側の席の人に) すみません。 (トイレに行くのに) ちょっと出させていただけますか Excuse me. May I go through?	对不起。请 让 我 出去 ドゥイブチィ チン ラン ウォ チューチュー 一下, 好 吗? イーシア ハオ マ
★ (後ろの席の人に) シートを倒してもいいですか May I recline my seat?	我 把 靠背 放倒 可以 吗? ウォ バー カオベイ ファンダオ コォイー マ
このフライトは定刻に着きますか Will this flight get there on time?	这次 航班 正点 到达 吗? ジョーツー ハンバン ジョンディエン ダオダー マ
この書類の書き方を教えて下さい Could you tell me how to fill in this form?	请 告诉 我 这份 表格 チン ガオスゥ ウォ ジョーフェン ビアオゴー 怎么 填。 ゼンモ ティエン

機内座席

- 座席のひじ掛けには、読書灯や乗務員呼び出しボタンなどがあります。
- テーブルは、さまざまなタイプがありますが、離着陸時は元に戻します。

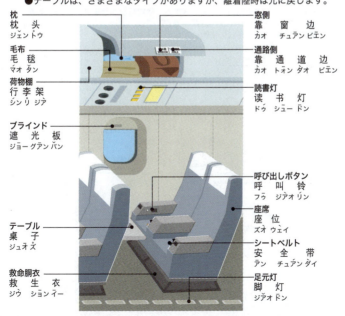

枕 / 枕头 / ジェントゥ
毛布 / 毛毯 / マオタン
荷物棚 / 行李架 / シンリジア
ブラインド / 遮光板 / ジョーグアンバン
テーブル / 桌子 / ジュオズ
救命胴衣 / 救生衣 / ジウションイー
窓側 / 靠窗边 / カオチュアンビエン
通路側 / 靠通道边 / カオトォンダオビエン
読書灯 / 读书灯 / ドゥシュードン
呼び出しボタン / 呼叫铃 / フゥジアオリン
座席 / 座位 / ズオウェイ
シートベルト / 安全带 / アンチュアンダイ
足元灯 / 脚灯 / ジアオドン

入国

寒い（暑い）のですが I feel cold (hot).	我 觉得 有点 冷 （热）。 ウォ ジュエタ ヨウディエン ロン　　ロー
少し気分が悪いのです。何か薬を下さい I don't feel well. Can I have some medicine?	我 有 一点 不 舒服。给 ウォ ヨウ イーディエン ブー シューフ ゲイ 我 些 药, 好 吗? ウォ シエ ヤオ ハオ マ

ワードバンク

座席番号	座 位 号 码 ズオ ウェイ ハオ マー	航空券	（飞）机 票 フェイ ジィ ピアオ	搭乗券	登 机 牌 ドン ジィ パイ
機内持ち込み手荷物	随 身 行 李 スイ シェン シン リ	預け入れ 手荷物引換証		托 运 行 李 牌 トゥオユン シン リ パイ	
預け入れ手荷物	托 运 行 李 トゥオユン シン リ	離陸	起 飞 チイ フェイ		
着陸	着 陆 ジュオルー	シートベルト着用		系 好 安 全 带 ジィ ハオ アン チュアン ダイ	
フライト (便)	航班／班机 ハンバン バン ジィ	空港	机 场 ジィ チャン	時差	时 差 シー チャ

機内トイレ

機内で

- トイレのドアを閉め、鍵を下ろすと、室内灯がつきます。
- 灰皿はあってもトイレ内は禁煙です。
- 次の人のためにきれいに使いましょう。

54

トランジット Transit 转机

利用する飛行機が直行便ではなく、途中ほかの都市に寄港する場合、いったん飛行機から降りて、待合室で待つことがあります（トランジット）。その飛行機に乗ってきた人には、降りたところでトランジット・パス（通過券）［转机票 ジュアンジィピアオ］が渡されます。これは機内に戻るときに必要です。あとは再搭乗のアナウンスを待ちます。待合室を使わず機内待機になる便もあります。また、国内線や、違う航空会社の便に乗り換えて目的地へ向かう場合（トランスファー）、空港によっては搭乗ターミナルが違うこともあるので注意が必要です。

この空港にはどのくらいとまりますか How long will we stop here?	在 这个 机场 停留 多久?
待合室に免税品店はありますか Are there any duty-free shops in the waiting area?	候机室 里 有 免税店 吗?
私は北京へ行く乗継ぎ客です I'm in transit to Beijing.	我 是 转机 去 北京 的 旅客。
中国国際航空の便に乗ります I'm on Air China's flight.	我 坐 中国国际航空公司 的 航班。
中国国際航空の乗継ぎカウンターはどこですか How can I get to the connecting flight counter of Air China?	换乘 中国国际航空公司 的 班机 去 哪个 办票处?
中国国際航空の搭乗ゲートはどこですか Where is the boarding gate for Air China?	中国国际航空公司 的 登机口 在 哪里?
搭乗手続きはどこでするのですか Where can I check in?	登机手续 在 哪里 办?
予約は東京で確認してあります The reservation was confirmed in Tokyo.	我 的 预订 在 东京 已经 确认 了。
手荷物預かり所はどこですか Where can I check my baggage?	行李寄存处 在 哪里?

フェリーで On the Ferry　　　　　　　　　　　　渡轮上

　日本から中国へはフェリーで行くこともできます。客室は貴賓室から低料金の大部屋まで揃い、レストランや風呂も備えられています。飛行機は早くて便利ですが、大海原を越えるのんびりとした船の旅には、また格別な味わいがあります。時間的余裕があれば、たまには船で入国するのもよいでしょう。
　到着港での入国手続きは飛行機の場合と変わりありません。

(乗船時に) 私の船室はどこですか Where is my cabin?	我 的 房间 在 哪里？ ウオ タ ファンジエン ザァイ ナーリ
この上のデッキです Your cabin is at upper deck.	在 这 上面 的 甲板 上。 ザァイ ジョー シャンミエン ダ ジアバン シャン
大部屋の中は自由席ですか Is it free seating in the large cabin?	大房间 里 是 散席 的 吗？ ターファンジエン リ シー サンシー ダ マ
私の寝具はどれですか Where are my bedclothes?	我 的 寝具 是 哪个？ ウオ タ チンジュ シー ナーグ
食堂 (バー) はありますか Is there a dining room (bar)?	有 餐厅 (酒吧) 吗？ ヨウ ツァンティン ジウバー マ
何時から開いていますか What time does it open?	几点 开门？ ジィディエン カイメン
少し船酔いして気分が悪いのですが I'm seasick. I don't feel well.	我 有点 晕船，不 舒服。 ウオ ヨウディエン ユンチュアン ブー シューフ
船内に売店はありますか Is there a shop on this ship?	船上 有 小卖部 吗？ チュアンシャン ヨウ シアオマイブー マ
上海には何時に着きますか What time will we arrive in Shanghai?	几点 到 上海？ ジィディエン ダオ シャンハイ
上海の天候はどうですか How is the weather in Shanghai?	上海 的 天气 怎么样？ シャンハイ ダ ティエンチィ ゼンモヤン
下船は何時になりますか What time will we leave the ship?	几点 下船？ ジィディエン シアチュアン

ワードバンク

フェリー	渡轮 ドゥ ルン	船室	客舱 コォ ツァン	乗船券	船票 チュアン ピアオ
デッキ	甲板 ジア バン	自由席	散席 サン シー	寝具	寝具 チン ジュ
下船	下船 シア チュアン	水中翼船	水翼船 シュイ イー チュアン		

入国審査 Passport Control　　　　入境审查

　到着したら、到着［到达 ダオダー］の標示に従って進みます。空港での手続きは、検疫［卫生检疫］、入国審査［入境审查］、税関検査［海关审查 ハイグアンシェンチャ］の順に行われます。検疫は、検疫カード［入境健康检疫申明卡］を提出します。入国審査では、外国人［外国人］の列に並び、パスポート［护照］と入国カード［入境登记卡］を提示します。審査が終わるとパスポートを返してくれます。

パスポートを見せて下さい May I see your passport, please?	请 出示 护照。 チン チューシー フゥジャオ
はい、これです Yes, here it is.	好，给 您。 ハオ ゲイ ニン
団体旅行のメンバーですか Are you on a group tour?	您 是 团体旅行 的 成员 吗? ニン シー トゥアンティリュシン ダ チョンユアン マ
いいえ、個人旅行です No, I'm traveling independently.	不是，是 个人旅行。 ブーシー シー ゴーレンリュシン
旅行の目的は何ですか What's the purpose of your visit?	旅行 目的 是 什么? リュシン ムゥディ シー シェンモ
観光（商用）です Sightseeing (Business).	观光 （商务）。 グアングアン シャンウー
★ 上海には何日滞在しますか How long will you be staying in Shanghai?	在 上海 逗留 几天? ザタイ シャンハイ ドウリィウ ジィティエン
5日間滞在します Five days.	逗留 五天。 ドウリィウ ウーティエン
乗継ぎをするだけです I'm just on a connecting flight.	我 只是 转机。 ウォ ジーシー ジュアンジィ
今晩のフライトで北京へ行きます I'm leaving for Beijing tonight.	我 坐 今晚 的 航班 去 北京。 ウォ ズオ ジンウァン ダ ハンバン チュー ベイジン
どこに滞在しますか Where are you staying?	住 什么 地方? ジュー シェンモ ディファン
長富宮飯店 に泊まります I'll be staying at Hotel Changfugong.	住 长富宫饭店。 ジュー チャンフーゴンファンディエン

入国

帰りの航空券はありますか Do you have a return ticket?	有 回程 的 机票 吗? ヨウ ホォイチョンダ ジィピアオ マ
結構です。 Good.	没 问题。 メイ ウェンティ

すみません。よくわかりません I'm sorry. I don't understand.	对不起，我 不太 懂。 ドゥイブチィ ウオ ブータイ ドン
もう一度ゆっくり話して下さい Could you speak more slowly, please?	请 慢 一点 再 说 チン マン イーディエン ザイ シュオ 一遍，好 吗? イービエン ハオ マ
ここに日本語（英語）を話す人はいませんか Does anyone here speak Japanese (English)?	这里 有人 会 说 日语 ジョーリ ヨウレン ホォイ シュオ リーユイ （英语）吗? インユイ マ

入国審査

ワードバンク

検疫カード	入境健康检疫申明卡 ルゥ ジン ジエン カン ジエン イー シェン ミン カ	入国カード	入境登记卡 ルゥ ジン ドン ジィ カ
入国管理	入境管理 ルゥ ジン グアン リー 入国审查 入境审查 ルゥ ジン シェン チャ	ビザ（査証）	签证 チエン ジョン
パスポート（旅券）	护照 フゥ ジャオ	サイン（署名）签名 チエン ミン	目的地	目的地 ムゥ ティ ティ
検疫	卫生检疫 ウェイ ション ジエン イー	有効/無効 有效/无效 ヨウ シアオ ウー シアオ	日本人	日本人 リー ベン レン
居住者/非居住者	居民/非居民 ジュ ミン フェイ ジュ ミン	滞在予定期間 预定逗留期间 ユィ ディン ドウ リィウ チィ ジエン		
外国人	外国人 ウィ グオ レン	入国目的 入境目的 ルゥ ジン ムゥ ティ	観光	观光 グアン グアン

荷物引取り Baggage Claim　　　　取行李

入国

　入国審査が終わったら、荷物引取り［取行李 チュシンリ］の標示に従って進みます。機内預け入れ手荷物は、乗ってきた便の航空会社名と便名が表示されたターンテーブルに出てくるので、その周りで待ちます。スーツケースなどは似たようなものが多いので、何か目印になるものをつけておくとよいでしょう。日本の住所と名前を漢字かローマ字で書いた名札をつけておくと便利です。

荷物が破損しています My baggage is damaged.	我 的 行李 被 损坏 了。 ウオ タ シンリ ベイ スンホアイラ
荷物が見つかりません I can't find my baggage.	我 的 行李 找不到 了。 ウオ タ シンリ ジャオブダオ ラ
手荷物引換証はこれです Here is my claim tag.	这 是 我 的 行李牌。 ジョー シー ウオ タ シンリパイ
大型の革のスーツケース（ボストンバッグ）で名札がついています。色は紺色です It is a large leather suitcase (overnight bag) with my name tag. It's dark blue.	是 带 有 我 的 姓名牌 シー タイ ヨウ ウオ タ シンミンパイ 的 大 的 皮箱 (旅行袋), タ ター タ ピーシエン リュシンダイ 颜色 是 深蓝色 的。 イェンソー シー シエンランソー タ
私のホテルはここです This is my hotel.	这 是 我 住 的 饭店。 ジョー シー ウオ ジュー タ ファンディエン
とりあえず必要な物を購入したいのでその代金をもらえますか I'd like to purchase what I need for the night. Will you reimburse me for it?	我 想 暂且 先 买 一些 ウオ シアン ザンチエ シエン マイ イーシエ 必要 的 用品, 你们 能 ピーヤオ タ ヨンピン ニーメン ノン 支付 费用 吗? ジーフー フェイヨン マ
そちらの連絡先を教えて下さい Please tell me your contact address.	请 告诉 我 您 的 地址。 チン ガオスゥ ウオ ニン タ ディジー

荷物引取り

税関検査 Customs　　　　　　　　　海关检查

　荷物を受け取ったら税関［海关］へ進みます。申告が必要なものを携行している人のみ、機内または空港にある書類にあらかじめ記入します。税関では、申告が必要な人は赤い通路へ、申告が不要な人は緑の通路へ進みます。高額なカメラやビデオでも、個人使用のもので持ち帰るなら課税されることはありません。

　入国手続きはこれで終了しますが、空港によっては、ロビーへの出口で荷物とクレームタッグの照合が行われるので、クレームタッグは無くさないように。

税関申告書の用紙を下さい I'd like to have a customs declaration card.	请 给 我 チン ゲイ ウォ 海关行李申报单　　的 表格。 ハイグァンシンリシェンバオダン ダ　ビアオゴー
特別に申告するものはありますか Do you have anything to declare?	有 什么 要 申报 的 东西 ヨウ シェンモ ヤオ シェンバオダ ドンシ 吗? マ
このバッグを開けて下さい Please open this bag.	请 把 这个 包 打开 一下。 チン バー ジョーグ バオ ダーカイ イーシア
これらは何ですか What are these?	这些 东西 是 什么? ジョーシエ ドンシ シー シェンモ
それは私の身の回りの品です These are for my personal use.	这 是 我 的 随身用品。 ジョーシー ウォ ダ スイシェンヨンビン
これは友人へのみやげです These are gifts for my friends.	这 是 送 朋友 的 礼品。 ジョーシー ソン ポンヨウ ダ リーピン
これは日本へ持ち帰るみやげです This is a souvenir that I'm taking to Japan.	这 是 我 要 带回 日本 ジョーシー ウォ ヤオ ダイホイ リーベン 的 礼品。 ダ リーピン
このカメラは私が使っているものです This camera is for my personal use.	这个 照相机 是 我 自己 ジョーグ ジャオシアンジィ シー ウォ ズージィ 正在 使用 的。 ジョンザイ シーヨン ダ
酒やたばこを持っていますか Do you have any liquor or cigarettes?	您 携带 了 酒 和 香烟 ニン シエダイ ラ ジウ ホー シアンイェン 吗? マ
ウイスキーを <u>3本</u> 持っています Yes, I have <u>three bottles</u> of whisky.	带 了 三瓶 威士忌。 ダイ ラ サンピン ウェイシージィ

これは課税となります You'll have to pay duty on this.	这件　东西　要　上税。 ジョージエン ドンシ　ヤオ　シャンシュイ	
ほかに荷物はありますか Do you have any other baggage?	还有　其它　行李　吗? ハイヨウ チィター シンリ　マ	
いいえ。私の荷物はこれで全部です No. That's all.	没有　了。我的　行李　都 メイヨウ ラ　ウオ タ　シンリ　ドウ 在　这里。 ザアイ ジョーリ	
結構です。この申告書を出口の係官に渡して下さい O.K. Please give this declaration card to that officer at the exit.	行　了。把　这张　申报单 シン ラ　バー ジョージャン シェンバオダン 给　出口　的　管理人员。 ゲイ チュコウ ダ　グアンリーレンユアン	

入国

税関検査

ワードバンク

税関申告書	海关行李申报单 ハイ グアンシン リ シェン バオ タン	免税／課税	免　税／上　税 ミエン シュイ シャン シュイ
申告	申报 シェン バオ	免税品	免税品 ミエン シュイ ピン	酒	酒 ジウ
たばこ	香烟 シアン イエン	葉巻	雪茄 シュエ ジア	香水	香水 シアン シュイ
持ち込み禁止品	禁止携帯入境物品 ジン シー シエタイ ルゥ ジン ウー ピン	友人へのみやげ	送朋友的礼品 ソン ポン ヨウ タ リー ピン
遺失物相談所	失物招领处 シー ウー ジャオ リン チュ	通貨申告	货币申报 フォ ビー シェン バオ	現金	现金 シエン ジン
トラベラーズチェック	旅行支票 リュ シン シー ピアオ	スーツケース	行李箱 シン リ シアン	カメラ	照相机 ジャオ シアン ジィ
ビデオカメラ	摄像机 ショー シアン ジィ	パソコン	个人电脑 コン ジェー レン ティエンナオ	検疫	卫生检疫 ウェイ ション ジエン イー
植物／動物	植物／动物 ジーウー ドンウー	漢方薬	中药 ジョン ヤオ	常用薬	常备药 チャンベイ ヤオ

両替 Exchange 　　　　　　　　　　兌換

　空港に着いたら、交通費などすぐ必要になるお金を人民元に両替しておきましょう。ロビーの両替所で、両替証明書に名前、金額を記入し外貨とともに渡すと、人民元と両替証明書の控えをくれます。両替証明書の控えは出国時の再両替の際に提示を求められるので保管しておきましょう。クレジットカードを利用し ATM で現地通貨を調達することも可能です。

両替所はどこですか Where can I change money?	请问，兑换处　在 哪里？ チンウェン ドゥイホアンチュ ザァイ チーリ
銀行の営業時間は何時までですか How late is the bank open?	银行　的　营业时间　到 几点？ インハン ダ インイエシージエン ダオ ジィディエン
これを人民元に交換して下さい Can you change this into RMB?	请　把　这些　换成　　人民币。 チン バー ジョーシエ ホアンチョン レンミンビー
為替レートはどのくらいですか What is the exchange rate?	外汇牌价　是 多少？ ウイホォイパイジア シー ドゥオシャオ
(札を渡して)これを細かくして下さい May I have some change?	请　换成　零钱。 チン ホアンチョン リンチエン
このカードは ATM で使えますか Can I use this card at an ATM?	这张　卡　在　ATM 机 ジョージャン カ ザァイ エイティーエムジィ 上　能　用　吗？ シャン ノン ヨン マ
両替証明書の控えを下さい May I have a receipt?	请 给　我　外汇兑换 チン ゲイ ウォ ウイホォイドゥイホアン 证明书　的　存根。 ジョンミンシュー ダ ツンゲン
小銭も混ぜて下さい I'd like some small change.	请 找　一些　零钱。 チン ジャオ イーシエ リンチエン
計算が違っていませんか Is there a mistake in this bill?	您　是不是　算错　了？ ニン シーブシー スゥンツォ ラ

ワードバンク

両替所	兑换处 ドゥイ ホアン チュ	外貨交換証明書	外汇兑换证明书 ウイ ホォイドゥイ ホアン ジョン ミン シュー		
サイン	签字／签名 チエン ズー　チエン ミン	紙幣	纸币 ジー ビー	小切手	支票 ジー ピアオ
現金	现金 シエン ジン	硬貨	硬币 イン ビー	小銭	零钱 リン チエン
交換率	兑换率 ドゥイ ホアン リュ	手数料	手续费 ショウ シュー フェイ		

案内所 Information　　　　　　　　　　　问讯处

　国際空港の到着ロビーには案内所があり、観光やホテルについての問い合わせに応じています。ホテルのパンフレットなども揃えているので、情報を集めておきましょう。このほかにホテル専用のカウンターもあり、料金に応じてホテルを紹介しています。宿泊料の割引もあるので、ホテルを予約していない場合は利用価値大です。

ホテルリスト（観光パンフレット）はありますか Do you have a hotel list (tourist brochure)?	有 饭店 的 一览表 （旅游介绍手册） 吗?
市内地図をもらえますか May I have a city map?	请 给 我 一份 市内地图。
空港バス（タクシー）の乗り場はどこですか Where is the bus stop (taxi stand)?	民航班车 （出租汽车） 站 在 哪里?
市の中心までタクシー代はいくらくらいですか How much does it cost to get to the city center by taxi?	出租汽车 到 市中心 大概 要 多少 钱?
和平飯店へ行くシャトルバスはどこで乗れますか Where can I get the shuttle bus for the Peace Hotel?	去 和平饭店 的 酒店班车 在 哪里 坐?
ここでホテルの予約ができますか Can I reserve a hotel here?	在 这里 可以 预订 饭店 吗?
市内のホテルを予約して下さい Could you reserve a hotel in the city?	请 给 我 预订 市内饭店。

ワードバンク

案内所	问讯处	リニア・モーターカー乗り場	磁悬浮列车车站
空港バス乗り場	民航班车站	ホテル・カウンター	饭店服务台
観光パンフレット	旅游介绍手册	タクシー乗り場	出租汽车站
（ホテルの）予約	预订	トイレ	厕所
エスカレーター	自动扶梯		

空港から市内へ To the City　　从机场到市内

　北京、上海の空港から市内へは、タクシーのほか、空港バスやホテル・シャトルバスの路線が多数あり、上海ではリニア・モーターカーも運行しています。その他の空港からもタクシーと民航の空港バスが走っています。それぞれ特徴があるので、所要時間や料金を考えて利用しましょう。タクシーは料金を確認してから乗車する方が安心です。

★ 市内までどのくらいで行けますか（時間） How long does it take to get to the city center?	到　市内　要　多少　时间？ ダオ　シーネイ　ヤオ　ドゥオシャオ　シージエン
チケットはどこで買うのですか Where can I buy a ticket?	车票　在　哪里　买？ チョピアオ　ザァイ　チーリ　マイ
カートはどこにありますか Where are the baggage carts?	哪里　有　行李小推车？ チーリ　ヨウ　シンリシアオトォイチョ
ポーターを探しています I'm looking for a porter.	我　在　找　行李搬运员。 ウォ　ザァイ　ジャオ　シンリバンユンユアン
市内へ行くバスはどれですか Which bus goes to the city center?	哪辆　是　去　市内　的　民航班车？ チーリアン　シー　チュー　シーネイ　ダ　ミンハンバンチョ
この荷物を<u>タクシー（バス）乗り場</u>まで運んで下さい Please take this baggage to the <u>taxi stand (bus stop)</u>.	请　把　这件　行李　搬运　到　出租汽车　站（民航班车　站）。 チン　バー　ジョージエン　シンリ　バンユン　ダオ　チュズウチィチョ　ジャン　ミンハンバンチョ　ジャン
荷物をトランクに入れて下さい Please put my baggage in the trunk.	请　把　行李　放到　车后箱　里　去。 チン　バー　シンリ　ファンダオ　チョホウシアン　リ　チュー
<u>シャングリラホテル</u>へ行って下さい Please take me to the <u>Shangri-la Hotel</u>.	去　香格里拉饭店。 チュー　シアンゴーリーラーファンディエン

ワードバンク

チップ	小费 シアオ フェイ	カート	行李小推车 シン リ シアオトォイチョ	切符売り場	售票处 ショウ ピアオ チュ
時刻表	时刻表 シー コォ ビアオ	料金	费用 フェイヨン	運転手	司机 スー ジィ
交通渋滞	交通阻塞 ジアオトォンズウ ソー	出発時間	出发时间 チュ ファ シージエン	到着時間	到达时间 ダオ ダー シー ジエン

出国
Departure

帰国便は帰国日が決まったら、早めに予約を入れておきましょう。空港には出発の 2 時間前には着くようにし、チェックインをします。以前は出発時刻の 72 時間前までに予約の再確認（リコンファーム）をする必要がありましたが、今ではほとんどなくなりました。ただ、航空会社によってはまだ必要なところもあるので、予約時に確認しておくとよいでしょう。

飛行機を予約する　Reservation　　　订机票

中国国際航空ですか？ Hello. Is this Air China?	喂！是 ウェイ　シー 中国国际航空公司　吗？ ジョングオグオジィハンコンゴンスー　マ
東京行きを予約したいのですが I'd like to reserve a seat for Tokyo.	我 想 订 飞往 东京 的 ウオ シアン ディン フェイウン ドンジン ダ 机票。 ジィピアオ
エコノミー（ビジネス）クラスでお願いします Economy (Business) class, please.	请 给 我 订 经济舱 チン ゲイ ウオ ディン ジンジィツァン （公务舱）。 ゴンウーツァン
航空券をお持ちですか Do you have a ticket?	您 有 机票 吗？ ニン ヨウ ジィピアオ マ
はい／いいえ Yes./No.	有。／没有。 ヨウ　　メイヨウ
6月10日をお願いします I'd like a flight on June 10th.	请 给 我 订 6月10号 的。 チン ゲイ ウオ ディン リィユエシーハオ ダ
まだ空席はあります We still have empty seats.	还有 空位。 ハイヨウ コンウェイ
あいにくこのフライトは満席です Sorry, but this flight is full.	对不起，那次 班机 已经 ドゥイブチィ ナーツー バンジィ イージン 满员 了。 マンユアン ラ
予約できる一番早い便をお願いします I'd like to reserve the next flight I can catch, please.	我 想 预订 有 空 座位 ウオ シアン ユィディン ヨウ コン ズオウェイ 的 最早 班机。 ダ ズイザオ バンジィ

出国

飛行機を予約する

6月12日のフライトでお取りできます I can reserve a flight on June 12.	能订到 6月12号 的航班。
それを予約して下さい Could you reserve a seat for me?	那就订这个班机。
お名前をどうぞ。 May I have your name, please.	您贵姓?
はい。名前は山下一郎。つづりは ICHIRO YAMASHITA です My name is Ichiro Yamashita. I, C, H, I, R, O, Y, A, M, A, S, H, I, T, A.	名字是山下一郎。英语拼法是 ICHIRO YAMASHITA。
便名と出発の時間を教えて下さい What is the flight number and departure time?	请告诉我航班号和出发时间。
36便、10時20分発です Flight number 36, and the departure time is ten twenty.	36航班,十点二十分 起飞。
わかりました。ありがとう All right. Thank you.	好的,谢谢。
⚠ 予約を取り消して下さい Could you cancel my reservation?	请把我的预订取消。

予約の再確認をする　Reconfirmation　确认预订

飛行機の予約を再確認したいのですが I'd like to reconfirm my flight.	我想确认一下飞机航班。
名前は山下一郎、6月10日のCA925便、東京行きです My name is Ichiro Yamashita. My flight number is CA925 for Tokyo on June 10th.	名字是山下一郎,6月10号, CA925 飞往东京的航班。

6月10日、CA925便東京行きは、再確認できました O.K. CA925 for Tokyo, June 10th is reconfirmed.	6月10号，CA925飞往东京的航班，确认好了。

空港でチェックイン　Check-in / 在机场办登机手续

中国国際航空のカウンターはどこですか Where is the Air China counter?	中国国际航空公司的办票处在哪里？
925便の東京行きに乗ります I'll be on flight 925 for Tokyo.	坐飞往东京的925航班。
窓側（通路側）の席にして下さい I'd like to have a window (aisle) seat.	请给我订靠窗（靠通道）的座位。
友人と隣合せの席にして下さい I'd like to sit with my friend.	最好能跟朋友并排坐。
前方（後方）の席がいいのですが I prefer to sit in the front (back) of the plane.	我想坐前面（后面）。
他人からの預かり物はありませんか Has anyone given you anything to carry on board?	有别人托带的东西吗？
いいえ。何もありません No, they haven't.	什么都没有。
搭乗ゲートはどこですか Where is the boarding gate?	登机口在哪里？
搭乗開始は何時ですか What time do you start boarding?	请问，几点开始登机？
この便は定刻に出発しますか Will this flight leave on schedule?	这次航班正点起飞吗？

出国

ワードバンク

国際線	国际航班 グオ ジィ ハン バン	国内線	国内航班 グオ ネイ ハン バン
乗客	旅客 リュ コォ	出発ロビー	起飞候机厅 チィ フェイ ホウ ジィ テイン
空港税	机场建设费 ジィ チャン ジエン ショー フェイ	タックス・リファンド	免税款偿还 ミエン シュイ クアン チャン ホアン
搭乗ゲート	登机口 ドン ジィ コウ	こわれ物	易碎物品 イー スイ ウー ピン
直行便	直达航班 ジー ダー ハン バン	再両替	再兑换 ザイ ドゥイ ホアン
別送手荷物	另托行李 リン トゥオ シン リ	出国カード	出境登记卡 チュ ジン ドン ジィ カ
機内持ち込み手荷物	随身行李 スイ シェン シン リ		

空港でチェックイン

泊まる Accommodation

ホテルを探す Looking for a Hotel　　找饭店

　ホテルを現地で探す場合は、空港の観光案内所やホテル・カウンター、市内の旅行会社などで聞いてみましょう。これらの窓口では、予算や希望に沿ってホテルを紹介してくれます。観光シーズンを除けば、直接希望するホテルへ行っても部屋が取れることもあるでしょう。とはいえ、できれば最初の１泊ぐらいは、日本出発前に予約しておきたいものです。料金の安さだけで決めると、立地や治安の悪いこともあるので注意が必要です。一般の旅行者なら、市の中心部に近い中級以上のホテルが無難です。

ホテル（ユースホステル）リストはありますか Do you have a list of hotels (youth hostels)?	有 饭店 （青年旅社）的 一览表 吗?
市の中心部にあるホテルを紹介して下さい Could you recommend a hotel in the city center?	请 介绍 在 市中心 的 饭店。
駅に近いホテルがいいのですが I'd like to stay at a hotel near the station.	我 想要 离 火车站 近 的 饭店。
ここでホテル（ユースホステル）の予約ができますか Can I make hotel (youth hostel) reservations here?	这里 能 预订 饭店（青年旅社）吗?
今晩予約をしたいのですが I'd like to make reservations for tonight.	我 想 预订 今天 晚上 的。
空き部屋はありますか Can I get a room for tonight?	有 空房间 吗?
バス（シャワー）付きの部屋をお願いします I'd like a room with a bath (shower).	我 想 订 带 浴缸 （淋浴） 的 房间。

泊まる

部屋代はいくらですか	How much is the room charge?	房费 是 多少？ ファンフェイ シー ドゥオシャオ
1泊 400元以下のホテルはありますか	Is there a hotel which costs under 400 Kuai a night?	有 一天 四百 块 以下 的 饭店 吗？ ヨウ イーティエン スーバイ クアイ イーシア ダ ファンディエン マ
ツインルーム をお願いします	I'd like a twin room.	我 要 双人房。 ウオ ヤオ シュアンレンファン
サービス料は込みですか	Does it include the service charge?	包括 服务费 吗？ バオクオ フーウーフェイ マ
朝食は付いていますか	Is breakfast included?	带 早餐 吗？ ダイ ザオツァン マ
連泊すると安くなりますか	Is there a discount for staying several days?	连续 住 能 便宜 吗？ リエンシュー ジュー ノン ピエンイ マ

ホテルを探す

ほかのホテルを紹介して下さい	Can you recommend another hotel?	请 给 我 介绍 其他 的 饭店。 チン ゲイ ウオ ジエシャオ チーター ダ ファンディエン
もっと安いホテルはありませんか	Do you know any cheaper hotels?	还 有没有 更 便宜 的 饭店？ ハイ ヨウメイヨウ ゴン ピエンイ ダ ファンディエン
そのホテルまでどうやって行くのですか	How can I get there?	去 这个 饭店 怎么 走？ チュー ジョーグ ファンディエン ゼンモ ゾウ

ワードバンク

(部屋の) 予約 — 预订 ユィ ティン	スタンダードルーム — 标准间 ビアオジュンジエン	シングルルーム — 单人房 タン レン ファン
ツイン／ダブルルーム — 双人房 シュアン レン ファン		エキストラベッド — 加床 ジア チュアン
オフシーズン割引 — 淡季打折 ダン ジイ ダー ジョー	エアコン付き — 带空调 ダイ コン ティアオ	
バスタブ付き — 带浴缸 ダイ ユィ ガン	シャワー付き — 带淋浴 ダイ リン ユィ	市の中心部 — 市中心 シー ジョン シン
山が見える部屋 — 能看见山的房间 ノン カン ジエンシャン ダ ファン ジエン	眺めのよい部屋 — 外景好的房间 ウイ ジン ハオ ダ ファン ジエン	

チェックイン Check-in　　　　　　　住宿登记

　チェックインの時刻は、正午前後、午後2時くらいからなど、ホテルによりまちまちです。到着が夜遅くなる場合は、予約が取り消されることもあるので、あらかじめホテルに到着時刻を伝えておきます。部屋のタイプ、料金などはチェックインのときに確認しましょう。チェックインの際には、宿泊カードに記入し、現金支払いの場合は前金［押金］の支払い、クレジットカードによる支払いならその提示が必要です。前金の領収書と部屋番号を書いたゲストカード、鍵などを受け取って部屋へ向かいます。

泊まる / チェックイン

チェックインをお願いします Check in, please.	请 办理 住宿登记。 チン バンリー ジュースウドンジィ
★ 私の名前は高井太郎です My name is Taro Takai.	我 的 名字 叫 高井太郎。 ウォ ダ ミンズ ジアオ ガオジンタイラン
これが確認書です Here is my confirmation slip.	这 是 订房 确认单。 ジョー シー ディンファン チュエレンダン
日本で予約しました I made a reservation in Japan.	在 日本 预订 的。 ザティ リーベン ユイディン ダ
静かな部屋をお願いします I'd like a quiet room.	要 一个 比较 安静 的 房间。 ヤオ イーグ ビージアオ アンジン ダ ファンジエン
湖（山）側の部屋をお願いします I'd like a room facing the lake (mountain).	请 给 我 靠湖（山）的 房间。 チン ゲイ ウォ カオ フゥ シャン ダ ファンジエン
眺めのいい（民家様式の）部屋をお願いします I'd like a room with a nice view (with an old private house style).	请 给 我 外景 好（民家样式）的 房间。 チン ゲイ ウォ ウイジン ハオ ミンジァ ヤンシー ダ ファンジエン
クレジットカードは使えますか Do you accept credit cards?	可以 使用 信用卡 吗? コォイー シーヨン シンヨンカ マ
部屋を見せて下さい May I see the room?	让 我 看 一下 房间。 ラン ウォ カン イーシァ ファンジエン
お湯は1日中使えますか Is hot water available at any time?	全天 都 有 热水 吗? チュアンティエンドウ ヨウ ローシュイ マ
この部屋は気に入りません I don't like this room.	我 不 喜欢 这个 房间。 ウォ ブー シーホァン ジョーグ ファンジエン

泊まる

この部屋にします I'll take this room.	就定这个房间了。 ジウ ディン ジョーグ ファンジェン ラ
今から部屋を使えますか Could I use the room right away?	现在就可以用这个房间吗? シエンザァイ ジウ コォイー ヨン ジョーグ ファンジェン マ
宿泊カードに記入して下さい Would you fill in this registration form?	请填一下住宿登记表。 チン ティエン イーシア ジュースゥドンジィビアオ
荷物を部屋に運んでもらえますか Would you have my baggage sent up?	能帮我把行李搬到房间吗? ノン バン ウォ バー シンリ バンダオ ファンジェン マ
貴重品を預かってもらえますか Can you keep my valuables?	可以寄存贵重物品吗? コォイー ジィツン グイジョンウービン マ

チェックイン

到着が遅くなりますが、予約はそのままにして下さい I'll be arriving late, but please keep my reservation.	到达时间要晚一些, 请保留我的预订。 タオター シージエン ヤオ ワン イーシエ チン バオリィウ ウォ タ ユィディン
もっと大きな (よい／安い) 部屋はありませんか Do you have anything bigger (better/cheaper)?	有更大 (好／便宜) 的房间吗? ヨウ ゴン ダー ハオ ピエンイ タ ファンジェン マ

中国のホテルいろいろ

高級ホテルは"饭店"(ファンディエン)、"宾馆"(ビングアン)、"酒店"(ジウディエン)などとよばれます。近年は国内資本の施設に加えて外資系が次々に進出し、利用しやすくなってきました。フロントでは英語が通じ、一部には日本語が通じるホテルもあります。デラックスな高層建築のホテル以外に、北京なら伝統住宅を改造した四合院様式のホテル、上海なら租界建築をいかしたレトロな洋館ホテル、雲南の麗江ではナシ族の民家様式を取り入れた宿舎など、その街ならではの味わい深い施設もあります。また、エコノミータイプでは、"招待所"(ジャオ ダイ スォ)、"客栈"(コォ ジャン)とよばれる施設があり、スタンダードルームのほか、1ベッド単位で泊まれるドミトリーも備えています。近年はユースホステル［青年旅社 チン ニエン リュショー］も各地に登場してきました (P89参照)。ホテルのグレードは、国家旅游局により、5つ星から1つ星までランクづけされています。

宿泊カード記入例

※ホテルによっては、パスポートを提示すると係の人が書いてくれることもあります。

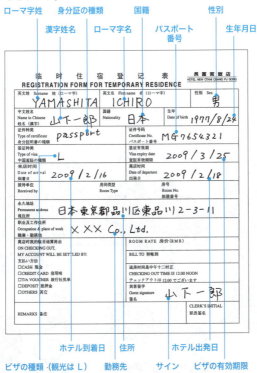

泊まる / チェックイン

ワードバンク

受付	登記 ドン ジィ	支配人 ジン リー	経理 ジン リー	セーフティボックス	保険箱 バオ シェン シアン
会計	付款 フー クアン	現金 シェン ジン	現金 シェン ジン	クレジットカード	信用卡 シン ヨン カ
前金	押金 ヤー ジン	領収書	发票／收据 フェ ピアオ ショウ ジュ	勘定書	帳単 ジャン タン
宿泊カード	住宿登記表 ジュースウ ドン ジィ ビアオ	ルームメイド	客房服务员 コ ファン フー ウー ユアン	クローク	寄存处 ジィ ツン チュ
荷物	行李 シン リ	貴重品	贵重物品 グイ ジョン ウー ピン	ゲストカード	房卡 ファン カ

ホテルスタッフ

- **フロント** 总台 (ゾォンタイ)
  - ○受付／レセプション 登记处 (ドンジィチュ)／接待处 (ジエダイチュ)
    レジストレーション登記 (ドンジィ) ともいい、宿泊客のチェックインの登録やルームキーの受渡しなどを行います。
  - ○会計係 收款处 (ショウクァンチュ)
    宿泊料金の精算や両替、セーフティ・ボックスの管理などを行います。
  - ○インフォメーション 咨询 (ヌーシュン)
    劇場、レストランの案内・予約、またホテルに届いた手紙やメッセージを扱います。
- **ポーター** 行李搬运员 (シンリバンユンユアン)
  ホテルに着いた車から荷物をフロントまで運んでくれます。
- **ドアマン** 门卫 (メンウェイ)
  ホテルの入口に立って、宿泊客を迎えます。
- **ベルボーイ** 服务生 (フーウーション)
  ロビーと部屋の間の荷物の運搬やその他の雑用をこなします。
- **ベルキャプテン** 服务生领班 (フーウーションリンバン)
  ベルボーイを統括する責任者。荷物の運搬やタクシーの手配を行うほか、コンシェルジュのいないホテルでは、劇場やレストランの予約などいろいろな相談にのってくれます。
- **コンシェルジュ** 礼宾部 (リービンブー)
  ベルキャプテン、ベルボーイ、インフォメーションを兼ねた存在で、芝居やコンサートなどの予約や切符の手配、ショッピング、レストランなどの案内、観光ツアーの予約から荷物の運搬の手配まで、あらゆることを扱います。
- **ルームメイド** 客房服务员 (コォファンフーウーユアン)
  ベッドメイキングや部屋の掃除などをしてくれます。
- **ボーイ** 大堂服务生 (ダータンフーウーション)
  ルームサービスを運んでくれるほか、いろいろな雑用をしてくれます。

案内・手配 Hotel Services　　　各种服务

　ホテル内の施設や設備、サービスはチェックイン時に確認しておきます。細かい点は、部屋に置いてあるサービス・ディレクトリーを見ておきましょう。ほとんどのことはフロント［总台］で手配してくれますが、古いタイプのホテルでは各階の"服务台"（フーウータイ）が対応する場合もあります。

日本語（英語）を話せる人はいますか Is there anyone who speaks Japanese (English)?	有 会 说 日语（英语）的人 吗? ヨウ ホォイ シュオ リーユィ インユィ ダ レン マ
レストランはどこにありますか Where is the restaurant?	餐厅 在 哪里? ツァンティン ザアイ チーリ
朝食は何時からですか When do you start serving breakfast?	早餐 几点 开始? ザォツァン ジィディエン カイシー
このホテルの住所を書いたカードを下さい Can I have a card with the hotel's address?	请 给 我 写 有 这个 饭店 地址 的 卡片。 チン ゲイ ウォ シエ ヨウ ジョーグ ファンディエン ディシー ダ カピエン
私あての手紙（伝言）が届いていますか Are there any letters (messages) for me?	有 我 的 信（留言）吗? ヨウ ウォ ダ シン リィウイェン マ
この手紙を航空（船）便で出して下さい Please send this letter by air (sea) mail.	请 用 航空（船运）邮件 寄 这封 信。 チン ヨン ハンコン チュアンユン ヨウジエン ジィ ジョーフォン シン
観光ツアーのパンフレットはありますか Do you have a sightseeing bus brochure?	有 旅游团 的 介绍手册 吗? ヨウ リュヨウトゥアン ダ ジエシャオショウツォ マ

部屋で In the Room　　　在房间

　部屋に着いたら、荷物を持ってきてくれたベルボーイに、設備の分からない点などを聞いてみます。中国ではチップの習慣がとくにないので、この場合のチップは個々に判断すればよいでしょう。在室中は鍵をかけ、ノックをされてもむやみにドアを開けず、相手を確認してからにしましょう。会話もなるべくチェーンをかけたままやりとりする方が無難です。なお最近はオートロック式のドアが増えているので、部屋を離れるときは鍵を忘れずに。平均的なスタンダードルームにはP78のような設備が備わり、さらにお茶セット、ミニバー、アメニティグッズなどが用意されています。

こちら316号室ですが、毛布を持ってきて下さい This is room 316. I'd like a blanket, please.	我是316号房间，请给我送一条毛毯来。
★ モーニングコールをお願いします I'd like a wake-up call, please.	请早上打电话叫醒我。
7時にお願いします At seven o'clock tomorrow morning, please.	请七点叫我。
ルームサービスはありますか Do you have room service?	有送餐服务吗?
コーヒーをお願いします I'd like some coffee, please.	我要咖啡。
どのくらい時間がかかりますか How long does it take?	要多长时间?
できるだけ早くお願いします As soon as possible, please.	请尽量快一点儿。
どちらさまですか Who is it?	是哪位?
ちょっと待って下さい Just a moment, please.	请等一下。
何も頼んでいません I didn't order anything.	什么也没要。
! この部屋はうるさいのですが This room is noisy.	这房间有点吵。

ワードバンク

暖房	暖气 ヌアン チィ	冷房	冷气 ロン チィ	歯ブラシ	牙刷 ヤー シュア
バスタオル	浴巾 ユイ ジン	トイレットペーパー		手紙／衛生紙 ショウ ジー／ウェイション ジー	
石けん	肥皂 フェイ ザオ	鍵	钥匙 ヤオ シ	ポット	热水壶 ロー シュイ フゥ
湯飲み	茶杯 チャ ベイ	グラス	玻璃杯 ボー リ ベイ	緑茶	绿茶 リュ チャ
紅茶	红茶 ホン チャ	お湯	开水 カイ シュイ	ミネラルウォーター	矿泉水 クアン チュアン シュイ
水	水 シュイ	故障	故障 グゥ ジャン	電話使用説明書	电话指南 ディエンホア ジー ナン

部屋の設備

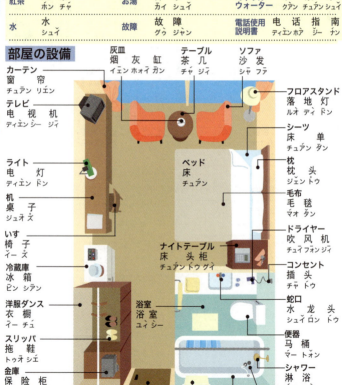

- カーテン 窗帘 チュアン リェン
- テレビ 电视机 ディエン シー ジィ
- ライト 电灯 ディエン ドン
- 机 桌子 ジュオ ズ
- いす 椅子 イー ズ
- 冷蔵庫 冰箱 ビン シァン
- 洋服ダンス 衣橱 イー チュ
- スリッパ 拖鞋 トゥオ シエ
- 金庫 保险柜 バオ シエングイ
- 灰皿 烟灰缸 イェン ホォイ ガン
- テーブル 茶几 チャ ジィ
- ナイトテーブル 床头柜 チュアントゥグイ
- 浴室 浴室 ユィ シー
- ドア 门 メン
- タオル 毛巾 マオ ジン
- バスタブ 浴缸 ユィ ガン
- 栓 塞子 サイ ズ
- ソファ 沙发 シャ ファ
- フロアスタンド 落地灯 ルオ ディ ドン
- シーツ 床单 チュアン ダン
- 枕 枕头 ジェン トウ
- 毛布 毛毯 マオ タン
- ドライヤー 吹风机 チュイ フォン ジィ
- コンセント 插头 チャ トウ
- 蛇口 水龙头 シュイ ロン トウ
- 便器 马桶 マー トォン
- シャワー 淋浴 リン ユィ
- ベッド 床 チュアン

● 貴重品は、部屋の金庫かフロントのセーフティ・ボックスに入れます。
● 冷蔵庫の中は、基本的に有料です。チェックアウト時に支払います。

<u>エアコン</u>がこわれています The <u>air-conditioner</u> doesn't work.	空调　坏　了。 コンティアオ　ホアイ　ラ
部屋の電気がつきません The light doesn't work.	房间　的　灯　不亮。 ファンジエン　ダ　ドン　ブーリアン
お湯が出ないのですが There's no hot water.	没有　热水。 メイヨウ　ローシュイ
トイレが流れません The toilet doesn't flush.	厕所　不　出　水。 ツォスオ　ブー　チュ　シュイ
部屋に鍵を置き忘れました I left the room key in my room.	我　把　钥匙　忘　在　房间　了。 ウォ　バー　ヤオシ　ウン　ザァイ　ファンジエン　ラ
部屋の掃除が済んでいません My room hasn't been cleaned yet.	房间　还　没有　打扫。 ファンジエン　ハイ　メイヨウ　ダーサオ
<u>タオル</u>がないのですが I cannot find a <u>towel</u>.	没有　毛巾。 メイヨウ　マオジン
シーツの交換は不要です There is no need to change the sheet.	不用　换　床单。 ブーヨン　ホアン　チュアンダン
部屋を換えて下さい Would you give me a different room?	我　想　换　房间，可以　吗? ウォ　シアン　ホアン　ファンジエン　コォイー　マ

ドアプレート

朝食オーダーは、締め切り時間までにドアノブにかけておきます。朝遅くまで寝ていたい時も同様にドアプレートをかけます。

部屋を掃除して下さい

起こさないで下さい

ルーム・サービス

朝食 Breakfast　　　　早餐

　大きなホテルにはレストランが何カ所もありますが、朝食時に営業しているのは、通常そのうちの１カ所だけです。宿泊料に朝食代が含まれている場合は、チェックインのときに朝食券をくれるので、忘れずにレストランに持っていきましょう。なお朝食が付いていない場合もかなりあります。ホテルの朝食は、ビュッフェ・スタイル、オーダー式、定食式などがあります。メニューは中国風なら粥、饅頭、ピータン、野菜炒め、漬物など。洋食では、パン、玉子、ハム、デザートなどです。ルームサービスで食事がとれる場合は、部屋にメニューとオーダー・カードが用意されているので、前日の決められた時間までにオーダーしておきます。

部屋で　In the Room　　　　在房間

明日の朝食を 3 人分オーダーしたいのですが I'd like to order breakfast for three for tomorrow.	我想订明天 三个人的早餐。
何になさいますか What would you like to have?	请问，您想要点什么？
オレンジジュース、玉子は２個、両面焼きで、ハムとフライドポテトを付けて下さい。それから、コーヒーもお願いします。 I'd like orange juice, two eggs, over easy, with ham and French fries, and coffee, please.	橙汁、两个双面煎鸡蛋、带西式火腿、薯条、还有咖啡。
7 時にお願いします At seven o'clock, please.	请在七点送来。
314 号室の山下です It's for Yamashita in room 314.	我是 314 房的山下。

レストランで　At the Restaurant　　　　在餐厅

おはようございます。メニューをどうぞ Good morning. Here's a menu, sir (ma'am).	早上好。请看菜单。
お部屋番号は何番ですか What is your room number?	请问您是几号房间？
お粥、蒸し饅頭、ピータン、それとウーロン茶を下さい I'd like a bowl of rice gruel, some steamed buns, pidans, and oolong tea, please.	请给我粥、馒头、皮蛋、还有乌龙茶。

泊まる

お粥は白粥とトウモロコシ粥がありますが We have rice gruel and corn gruel. Which would you like?	有　白粥　和　玉米粥。 ヨウ　バイジョウ ホー　ユィミジョウ
白粥がいいです Rice gruel, please.	请　给　我　白粥。 チン　ゲイ　ウォ　バイジョウ
ジュースは何がありますか What kind of juice do you have?	有　什么　果汁? ヨウ　シェンモ　グォジー
では、オレンジジュースを下さい I'd like an orange juice, please.	那　给　我　橙汁　吧。 ナー　ゲイ　ウォ　チョンジー パ
豆乳もお持ちしましょうか Would you like some soymilk, too?	豆浆　也　要　吗? ドゥジァン イエ　ヤォ　マ
はい、お願いします Yes, please.	要，谢谢。 ヤォ　シエシエ
ご自由におとりください Please help yourself.	请　自己　随便　拿。 チン ズージィ スイビェン ナー
! 朝食が来ていません。早くして下さい My breakfast still hasn't arrived. Please bring it right away.	早餐　还　没有　来。请　快　一点　来。 ザオツァン ハイ メイヨウ ライ チン クァイ イーディェン ライ

朝食

ワードバンク

肉饅	肉包子 ロウ バオ ズ	花形蒸し饅	花卷儿 ホア ジュアル	漬物	咸菜 シェン ツァイ
目玉焼き	煎鸡蛋 ジェン ジィ ダン	いり玉子	炒蛋 チャオ ダン	ゆで玉子	煮蛋 ジュー ダン
半熟/固ゆで	半熟／煮熟的 バン シュー ジュー シュー タ	クロワッサン		羊角面包 ヤン ジアオ ミェン バオ	
トースト	烤面包 カオ ミェン バオ	コーヒー	咖啡 カ フェイ	紅茶	红茶 ホン チャ
牛乳	牛奶 ニゥ ナイ	ジュース	果汁 グォ シー	ヨーグルト	酸奶 スァン ナイ
バター	黄油 ホアン ヨウ	ジャム	果酱 グォ ジァン	マーマレード	桔子果酱 ジュズ グォ ジァン
温かい	热的 ロー タ	冷たい	冷的 ロン タ	朝食券	早餐券 ザオ ツァン チュアン
ビュッフェ (バイキング)	自助餐 ズー ジュー ツァン	定食	套餐 タオ ツァン	朝の飲茶	早茶 ザオ チャ

ホテル内の施設 Hotel Facilities　　　饭店内设施

ホテルにはさまざまな施設が備わっています。よく調べて活用しましょう。美容院は予約が必要な場合もあります。ビジネスセンターでは、ファックス、コピーサービス、パソコン利用、飛行機や列車の予約を扱うほか、ホテルによっては国際宅急便も受け付けています。プールやジムは通常宿泊客はよい条件で利用できます。

美容院・理髪店 Hair Salon/Barbershop　　　美容院・理发店

今日の午後（午前）、美容院を予約できますか Can I make an appointment at the hair salon this afternoon (morning)?	今天　下午（上午）能预约美容院 吗? ジンティエン シアウー シャンウー ノン ユィユエ メイロンユアン マ
今日、夕方5時に予約したいのですが I'd like to make an appointment for five p.m. today.	我 想 预约 今天 傍晚 五点。 ウォ シアン ユィユエ ジンティエン バンウン ウーティエン
シャンプーとカット（セット）をお願いします Shampoo and cut (set), please.	我 要 洗头 理发（作头发）。 ウォ ヤオ シートウ リーファ ズオトウファ
3センチくらい切って下さい Cut it just three centimeters, please.	请 剪 三公分 左右。 チン ジエン サンゴンフェン ズオヨウ
軽く（きつく）パーマをかけて下さい A soft (tight) permanent, please.	请 烫得 轻 （重）一点ル。 チン タンダ チン ジョン イーディアル
髭剃りをお願いします Shave, please.	请 刮 一下 胡子。 チン グア イーシア フーズ
後ろ（横／上）をもう少し切って下さい A little more off the back (sides/top).	后面（两侧／上面）再 剪 一点。 ホウミエン リアンツォ シャンミエンザイ ジエン イーディエン

その他 The Others　　　其他

日本へファクシミリを送りたいのですが I'd like to send a fax to Japan.	我 想 发 传真 到 日本。 ウォ シアン ファ チュアンジェン ダオ リーベン
航空券の予約をお願いします I'd like to make a reservation of airplane seats.	请 给 我 预订 机票。 チン ゲイ ウォ ユィディン ジイピアオ

西安行きを <u>3</u> 枚です。<u>明日</u>がよいのですが Three tickets to Xi'an, please. Is that all right for <u>tomorrow</u>?	三张　去　西安　的　票。要 サンジャン チュー シーアン ダ ピアオ ヤオ 明天　的。 ミンティエン ダ	
インターネットは使えますか Can I use Internet?	能　上　网　吗? ノン シャン ウン マ	
<u>プール</u>（ジム/ライブラリー）を利用したいのですが I'd like to use the <u>swimming pool</u> (gym/library).	我　想　去　游泳池 ウオ シアン チュー ヨウヨンチー (健身房/　图书馆)。 ジエンシェンファン トゥシューグアン	
<u>タオル</u>（靴/水着/用具）を貸してもらえますか Could I rent <u>a towel</u> (shoes/a swim trunks (男) swimsuit (女)/an equipment)?	能　借　一下　毛巾　(鞋/ ノン ジエ イーシア マオジン シエ 游泳衣/　用品) 吗? ヨウヨンイー ヨンピン マ	
ホテル内に<u>水</u>が買えるところはありますか？ Where can I buy <u>water</u> in this hotel?	饭店　里　有　卖　水　的 ファンディエン リ ヨウ マイ シュイ ダ 地方　吗? ディファン マ	
マッサージをお願いしたいのですが I'd like to have a therapeutic massage.	我　想　请人　按摩。 ウオ シアン チン レン アンモー	
腰の調子が悪いのです Something is wrong with my <u>back</u>.	腰　不　舒服。 ヤオ ブー シューフ	
レンタサイクルを借りたいのですが I'd like to rent a bicycle.	我　想　租　自行车。 ウオ シアン ズゥ ズーシンチョ	

ワードバンク

ブロー	吹风 チュイ フォン	パーマ	烫发 タン ファ	セット	作头发 ズオ トゥ ファ
前髪	刘海儿 リィウ ハアル	分け目	分缝儿 フェン フォオル	ウェーブ	波浪形 ポー ラン シン
カラーリング	染发 ラン ファ	ストレート	直发 ジー ファ	ボブ	短发 ドゥアン ファ
レイヤー	削发 シアオ ファ	ランドリー	洗衣房 シーイー ファン	ビジネスセンター	商务中心 シャンウー ジョンシン
ショッピングモール	购物中心 ゴウ ウー ジョンシン	チケットセンター		票务中心 ピアオ ウー ジョンシン
インターネット	因特网 イントー ウン	サウナ	桑拿 サン ナー	テニスコート	网球场 ウン チウ チャン

泊まる

ホテル内の施設

ホテルマナー

■スリッパ、寝間着は室内だけ
ホテルは、部屋の中を除けば街中と同じ公共のスペースですから、廊下などを寝間着姿やスリッパのまま歩くのはマナー違反です。

■シャワーカーテンはバスタブの中に
バスルームにはトイレ、化粧台とともにバスタブがあります。シャワーカーテンは、裾をバスタブの内側に入れて、水が飛び散らないようにします。

■足元にはバスマットを敷いて
バスタブの縁にかかっているバスマットは、タオルでできているのは足ふき用、ゴムのマットはバスタブの中に敷くすべりどめです。吸盤の付いている方が下になります。

■ドアロックは厳重に
在室中も、ドアのロックはしっかりとかけましょう。押込み強盗などに備え、ドア・チェーンもかけて、ノックされても相手を確認してから開けるようにします。

■貴重品はフロントへ
貴重品は部屋に置かず、ホテルのセーフティボックスに預けるようにしましょう。

■オートロックに注意
ホテルの客室のドアはほとんどオートロックなので、鍵を部屋に置いたまま外に出ると、締め出されてしまうので注意して下さい。締め出された場合には、客室係かフロントに頼んで開けてもらいます。

■ドアプレートを有効活用
遅くまで寝ていたいときは、ドアの外側に"请勿打扰"の札をかけておきます。また、部屋を掃除してほしいときは"请即打扫"の札をかけます（→P79）。

クリーニング Cleaning　　　　　　　　　　洗衣

　ホテルに滞在中、クリーニングを頼みたいときは、クローゼットなどにある袋に名前、ルームナンバー、内容を書いて、フロントまたはランドリー・サービスに電話して取りに来てもらいます。通常、朝出せば当日中、午後以降なら翌日仕上がります。頼むときに仕上がりの時間を確認しておきましょう。料金はチェックアウト時に精算されます。また、下着などは入浴の後に洗って浴室に干しておくとよいでしょう。

この衣類を洗濯して（アイロンをかけて）ほしいのですが I'd like these clothes cleaned (pressed).	请把这件衣服洗（熨）一下。 チン バー ジョージエン イーフ シー（ユン）イーシア
いつ仕上がりますか When will it be ready?	什么时候能洗好? シェンモ シーホウ ノン シーハオ
今晩（明日）までに必要なのですが I need it tonight (tomorrow).	今晚（明天）要用。 ジンウン ミンティエン ヤオ ヨン
私の洗濯物はできましたか Is my laundry ready?	我的衣服洗好了吗? ウオ タ イーフ シーハオ ラ マ
このシミを取って下さい Can you get this stain out?	请洗去这个污迹。 チン シーチュー ジョーク ウージィ
⚠ 洗濯物が戻らないのですが I'm still waiting for my laundry.	送洗的衣服还没回来。 ソン シー タ イーフ ハイメイ ホイライ
⚠ これは私のものではありません This is not mine.	这不是我的衣服。 ジョー ブーシー ウオ タ イーフ
⚠ 1つ足りないのですが There's one piece missing.	少了一件。 シャオ ラ イージエン

ワードバンク

ワイシャツ	衬衫 チェン シャン	ズボン	裤子 クウ ズ	上着	上衣 シャン イー
スーツ（背広上下）	西服 シー フー	ブレザー	西装夹克 シー ジョアンジア コォ	ベスト	背心／马甲 ベイ シン マー ジア
ブラウス	女罩衫 ニュ ジャオシャン	スカート	裙子 チュンズ	ワンピース	连衣裙 リエンイー チュン
コート	大衣 ダー イー	セーター	毛衣 マオ イー	ジーパン	牛仔裤 ニウ ザァイ クゥ
靴下	袜子 ウー ズ	ドライクリーニング	干洗 ガン シー	のり	浆糊 ジエン フゥ

チェックアウト Check-out　　　退房

　早朝出発の場合は、なるべく前夜に荷造りをしておくとよいでしょう。タクシーの手配や、空港バスの時刻調べも前日に済ませておくとスムーズに出発できます。ホテルのシャトルバスが利用できる場合も、通常は前日までに申し込みます。部屋を出るときは忘れ物がないかどうか、もう一度確認しましょう。とくにセーフティボックスに入れた貴重品を忘れないように。チェックアウトの後、次の目的地への移動までに時間があるときは、荷物だけホテルに預けておくこともできます。

チェックアウトは何時ですか When is check-out time?	几点　退房？
チェックアウトの時間を延長できますか Can I extend the check-out time?	退房　时间　可以　推迟吗？
（ベルキャプテンに）荷物をロビーまで降ろしてほしいのですが Could you bring my baggage down to the lobby?	请把　行李　搬到　楼下大厅。
出発は <u>8</u> 時です The departure time is <u>eight</u> o'clock.	八点　出发。
荷物は <u>3</u> 個です I have <u>three</u> pieces of baggage.	三件　行李。
1日早く発ちたいのですが I'd like to leave one day earlier.	我　想　提前　一天　出发。
チェックアウトをお願いします I'd like to check out.	我　要　退房。
★ この荷物を <u>5</u> 時まで預かってもらえますか Could you keep my baggage until <u>five</u> o'clock?	这　行李　能　寄存　到五点　吗？
ミニバーのコーラを <u>1</u> 本飲みました I had <u>a</u> Coke in the mini-bar.	喝了　小酒吧　的　一瓶可乐。
現金で払います I'd like to pay in cash.	用　现金　付款。

泊まる

クレジットカードでお願いします I'd like to pay by credit card.	请用信用卡付款。
トラベラーズチェックは使えますか Do you accept traveler's checks?	可以用旅行支票付款吗?
預けた貴重品を出したいのですが I'd like my valuables back.	我想取寄存的贵重物品。
列車の時刻表はありますか Do you have a train timetable?	有列车时刻表吗?
タクシーを呼んで下さい Could you call a taxi for me?	请叫一辆出租汽车。
もう1泊したいのですが I'd like to stay one more night.	我想再住一天。

チェックアウト

計算違いがあるようです I think there is a mistake in this bill.	计算好像有错。
ミニバー(ルームサービス)は利用していません I didn't use the mini-bar (room service).	没有用过小酒吧(送餐服务)。
部屋に忘れ物をしました I left something in my room.	我把东西忘在房间里了。

ワードバンク

室料	房费	税金	税金	サービス料	服务费
金額	金额	合計	总计	飲食代	餐饮费
クリーニング代	洗衣费	ルームサービス代	送餐服务费		
市内通話	市内电话	長距離通話	长途电话		
電話代	电话费	領収書	发票/收据	勘定書	帐单

ユースホステルで At the Youth Hostel　　　青年旅社

泊まる

　ユースホステルは割安な料金で、若者の強い味方です。たいがい1室に2段ベッドが並ぶドミトリーがあり、ここでは部屋ではなく、ベッドを借りることになります。このほか一般的なツインルームも利用できます。ユースホステルは、料金が安いうえに、自炊や洗濯機の使用が可能で、旅行客同士の情報交換も活発に行われるなど、一般のホテルにはないさまざまな利点をそなえています。ただし相部屋では、無用なトラブルを防ぐため、貴重品の管理は各自で充分に気をつけましょう。

★	今晩、ベッドは空いていますか I'd like to stay here tonight. Do you have a bed available?	今晩 有 空 床位 吗？ ジンウン ヨウ コン チュアンウェイ マ
	1ベッドいくらですか How much for a bed?	一张 床 多少 钱？ イージャン チュアン ドゥオシャオ チエン
	会員証を持っていないのですが I don't have a membership card.	我 没有 会员证。 ウォ メイヨウ ホォイユアンジョン
	会員ですが、割引はありますか Do you have reduced rates for members?	我 是 会员，能 打折 吗？ ウォ シー ホォイユアン ノン ダージョー マ
	門限は何時までですか What time does the front door close?	几点 关门？ ジィディエン グァンメン
★	チェックイン(チェックアウト)は何時までですか By what time should I check in (check out)?	住宿登记（退房）到 几点？ ジュースゥドンジィ トォイファン ダオ ジィディエン
	バスルームはどこですか Where is the bathroom?	浴室 在 哪里？ ユィシー ザァイチーリ
	洗濯機を借りられますか Can I use a washing machine?	能 借 洗衣机 吗？ ノン ジエ シーイージィ マ
	今晩、風呂かシャワーは使えますか May I use the bathroom or shower tonight?	今晩 能 用 浴缸 或是 ジンウン ノン ヨン ユィガン フオシー 淋浴 吗？ リンユィ マ

ユースホステルで

ワードバンク

ドミトリー	多人房 ドゥオレン ファン	相部屋	共用房间 ゴン ヨン ファンジエン
共同シャワー	公用淋浴 ゴン ヨン リン ユィ	共同トイレ	公用厕所 ゴン ヨン ツォ スォ

食べる
Meals
吃饭

知っておきたい中国四大料理

中国大陸の東西南北にはそれぞれの風土に合った豊かな食文化が伝わっています。それは北の北京料理、東の上海料理、南の広東料理、西の四川料理の4種類に大別されます。味付けでは「南淡、北咸、東酸、西辣」つまり南は淡白、北は塩辛さ、東は酸味、西はピリッとした辛さが際立っています。このほかの地域でも、西安や東北の餃子、内モンゴルからシルクロードにかけての羊肉料理など各地に特徴的な郷土の味があります。

北京料理　京菜　ジンツァイ

千年の王都に育まれた北京料理は、山東料理をベースに各地の味がミックスされたものです。イスラム教徒により広まった羊肉のしゃぶしゃぶやジンギスカン、明の永楽帝の遷都とともに南京から伝えられたという北京ダック、東北出身の清王室の伝統を受け継ぐ宮廷料理などがその代表です。庶民の味覚では、水餃子をはじめとする粉食文化も多彩です。

北京ダック　北京烤鴨　ベイジンカォヤー
皮つき肉をそいで食べる北京名物

しゃぶしゃぶ　涮羊肉　シュアンヤンロウ
ごく薄くスライスした羊肉を使った冬場の鍋

宮廷料理　宮廷菜　ゴンティンツァイ
宮廷宴席料理の満漢全席は満漢両民族の料理216種で構成

上海料理　沪菜　フウツァイ

長江（揚子江）下流域の肥沃な地、江蘇と浙江の料理が集大成されたものです。淡水の魚やエビを材料とし、甘酢味の濃いものから素材の風味を生かしたものまで、味付けは多様です。名物料理は大閘蟹とよばれる上海ガニで、旬は秋。カニみそ微妙な味を生かしたメニューもいろいろあります。このほか小籠包や点心も上海の味覚として欠かせません。

上海ガニ　大閘蟹　ダージャシエ
旧暦9月はメス、10月はオスが美味

魚の甘酢あん　松鼠桂魚　ソンシューグイユイ
蘇州名物のケツ魚のあんかけ

スープ入り蒸し饅　小笼包　シアオロンバオ
せいろ蒸しの一口肉饅

広東料理　粤菜 ユエツァイ

中国の南の玄関口として古くから交易が栄えた広東には、豊富な食材が集まり、「食は広州に在り」といわれる文化が花開きました。フカヒレ、アワビなどの魚介を駆使した海鮮料理から、子豚の丸焼き、山海の幸を集めたスープ、さらには飲茶の点心まで、あらゆる材料を洗練された調理法で上品な味に仕上げます。高級ホテルならまず専門店が入っています。

(上)アワビの姿煮 蚝皇原汁鲜鲍鱼 ハオホアンユアンジーシェンバオユイ
(下右)フカヒレスープ 鱼翅汤 ユイチィタン
広東料理を代表する海鮮メニュー

冬瓜スープ 冬瓜盅 ドングアジョン
目でも楽しめる具だくさんのスープ

エビ蒸し餃子 水晶虾餃 シュイジンアジアオ
点心は広東料理の定番

飲茶(ヤムチャ)は中国料理のミニ宇宙

お気に入りのお茶と、小さなせいろを数個並べて、新聞を読んだり、おしゃべりをしながら点心をつまむ。中国料理の迫力に圧倒されて胃袋が疲れたら、こんな気楽な飲茶がおすすめです。普通の中国料理は少人数では品数が限られますが、小盛りの点心なら多くの種類を食べられます。豊富な食材をコンパクトに包んだ点心で、膨大な中国食世界のミニチュアを楽しんでみるのもいいでしょう。昔ながらの広東料理店では、朝は早茶、昼は午茶、午後は下午茶を味わえます。

四川料理　川菜 チュテンツァイ

内陸部の成都を中心とする四川盆地は「天府の国」とよばれ、農産物の豊かなところです。冬寒く夏蒸し暑い気候から、唐辛子や山椒などの香辛料を多用した料理が発達しました。おなじみの麻婆豆腐もその一つです。辛さと熱さで汗が吹き出る四川鍋や、おこげ料理も名物です。四川小吃とよばれるスナックはバリエーションが多く、担担麺などが有名です。

四川鍋 四川火鍋 スーチュアンフオグオ
唐辛子入りの辛いスープのしゃぶしゃぶ

麻婆豆腐 麻婆豆腐 マーボードウフ
四川スパイスの洗礼はまずこの一皿から

おこげのあんかけ 鍋粑 グオバー
おこげに海鮮の具をかけた高級料理

食べる

知っておきたい中国四大料理

案内・探す Information　　　介绍・问讯

　前もってガイドブックなどでレストランをチェックするか、ホテルのフロントで聞いてみるとよいでしょう。街を歩きながら探す場合は、混んでいるかどうかが、おいしくて、料金もリーズナブルな店を選ぶポイントです。営業時間は一般に昼と夜に限られますが、庶民的な店では終日オープンのところもあります。人気のあるレストランは予約をしてから出かける方が無難です。

★ この近くのおいしいレストランを教えて下さい Could you recommend a nice restaurant near here?	请问，这　附近　有没有 チンウェン ジョー フージン ヨウメイヨウ 味道　好　的　餐厅？ ウェイダオ ハオ ダ　ツァンティン
★ この土地の名物料理が食べたいのですが I'd like to have some local food.	我　很　想　尝尝　本地 的 ウォ ヘン シアン チャンチャン ベンディ ダ 风味。 フォンウェイ
あまり高くないレストランがいいです I want a restaurant with reasonable prices.	最　好　是　便宜　一点　的 ズォイ ハオ シー ビエンイ イーディエンダ 餐厅。 ツァンティン
静かな（賑やかな）雰囲気のレストランがいいです I prefer a quiet (lively) restaurant.	我　喜欢　比较　安静　（热闹） ウォ シーホアン ビージアオ アンジン ローナオ 的　餐厅。 ダ ツァンティン
レストランが多いのはどのあたりですか Where is the main area for restaurants?	请问，哪个　地方　餐厅 チンウェン ナーグ ディファン ツァンティン 比较　多？ ビージアオ ドゥオ
子供を連れて行けるレストランはありますか Is there any restaurant where I can go with my children?	有　能　带　孩子　去　的 ヨウ ノン ダイ ハイズ チュー ダ 餐厅　吗？ ツァンティン マ
遅くまで開いているレストランはありますか Do you know of any restaurants that are open late?	有　营业　到　晚　一些　的 ヨウ インイエ ダオ ウン イーシエ ダ 餐厅　吗？ ツァンティン マ
営業時間を教えて下さい What is the business hour?	请　告诉　我　营业时间。 チン ガオスゥ ウォ インイエシージエン
軽く食べられるレストランはありますか Are there any restaurants that serve light meals?	有　小吃店　吗？ ヨウ シアオチーディエン マ

小吃店で軽く食べたいのですが Are there any snack bar that serve light meals?	我 想 在 小吃店 稍 吃 一点。	
評判のよい広東料理店を教えて下さい Will you recommend a restaurant where we can enjoy a good Guangdong food?	请 告诉 我 受 欢迎 的 粤菜馆。	
手ごろでおいしい朝の飲茶の店を教えて下さい Will you recommend a good Dim Sum restaurant?	请 告诉 我 好吃、价格适中 的 吃 广东早茶 的 餐厅。	

ワードバンク

レストラン	餐厅／餐馆／菜馆／饭庄／酒家／饭店				
中国料理店	中餐厅	軽食堂	小吃店	中国料理	中国菜
郷土料理	家乡菜	西洋料理	西餐	フランス料理	法国菜
イタリア料理	意大利菜		イスラム料理	清真菜	
日本料理	日本菜	営業時間	营业时间		

レストラン事情

　北京や上海などの大都市では四大料理の各専門レストランのほか、外国料理店も集まっています。"粤菜馆"といえば広東料理店のことで、高級ホテルには必ずといえるほど備わっています。地方では、こうした専門店が少ないかわりに、その土地ならではの郷土料理を味わうことができます。また豚肉を食べないイスラム教徒の住む地域には羊肉中心のレストランがあり、"清真"の看板がその目印です。

予約 Reservation　　预订

レストランに予約を入れるときは、時間、人数、名前をはっきりと告げます。また、支払いにカードが使えるかなども予約のときに聞いておくと安心です。席の希望（窓ぎわなど）も予約のときに頼んでおきましょう。予算を伝えて、メニューをアレンジしてもらうことも可能です。小人数の場合は、老舗の有名店でもたいがい予約なしで入れます。

予約が必要ですか Do I need a reservation?	需要 预订 吗? シューヤオ ユィディン マ
ここで予約をしてもらえますか Could you make a reservation for me?	可以 在 这里 预订 吗? コォイー ザイ ジョーリ ユィディン マ
★ 今晩7時に6人で予約したいのですが I'd like to reserve a table for six at seven tonight.	我 想 预订 晚上 七点 六个 人 的 座位。 ウォ シアン ユィディン ワンシャン チィディエン リィウ レン ダ ズオウェイ
全員一緒の席でお願いします We'd like to have a table together.	请 给 我 安排 坐 在 一起。 チン ゲイ ウォ アンパイ ズオ ザイ イーチィ
あいにく本日はたいへん込んでおります I'm sorry. We have so many guests this evening.	对不起，今天 满座。 ドゥイブチィ ジンティエン マンズオ
どのくらい待ちますか How long is the wait?	要 等 多长 时间? ヤオ ドン ドゥオチャン シージエン
何時なら席をとれますか What time can we reserve a table?	几点 才 有 座位? ジィディエン ツァイ ヨウ ズオウェイ
遅い時間でもいいのですが We don't mind if it's late.	晚 一些 也 行。 ワン イーシエ イエ シン
ラストオーダーは何時ですか When does the kitchen close?	最后 点菜 是 几点? ズォイホウ ディエンツァイ シー ジィディエン
9時ならとれますが Nine o'clock should be O.K.	九点 能 有 座位。 ジウディエン ノン ヨウ ズオウェイ
個室はありますか Do you have a private room?	有 包间 吗? ヨウ バオジエン マ
禁煙席はありますか Is there a nonsmoking section?	有 禁烟席 吗? ヨウ ジンイエンシー マ
窓ぎわの席はとれますか Can I have a table by the window?	有 窗边 的 座位 吗? ヨウ チュアンビエンダ ズオウェイ マ

はい、大丈夫です。お名前を It's O.K. Your name, please.	可以，没问题。您贵姓? コォイー メイ ウェンティ ニン グイシン
山下です。ホリデイ・インホテルに滞在しています。 My name is Yamashita. I'm staying at Holiday Inn Hotel.	我是山下。我住在假日酒店。 ウォ シー シャンシア ウォ ジューザアイ ジアリージウディエン
1卓400元でお願いします Could you please arrange us a meal for 400 Kuai?	请安排一桌四百块的菜。 チン アンパイ イージュオ スー バイクアイ ダ ツァイ
服装のきまりはありますか Do you have a dress code?	服装有什么规定吗? フージョアン ヨウ シェンモ グイティン マ
そこへはどうやって行くのですか How can I get there?	去那里怎么走? チューナーリ ゼンモ ゾウ
車椅子で入れますか Is it wheelchair accessible?	轮椅能进去吗? ルンイー ノン ジンチュー マ
子供連れでも大丈夫ですか Can we go with children?	带孩子去也行吗? ダイ ハイズ チューイエ シン マ
ベジタリアンメニューはありますか Do you have a menu for vegetarians?	有素食吗? ヨウ スゥシー マ
8時に予約した佐藤です。すみません。予約を取り消したいのですが I had a reservation for eight o'clock under the name of Sato, but unfortunately, I have to cancel it.	我叫佐藤，八点订了座。对不起，我想取消预订。 ウォ ジアオ ズオトン バーディエン ディン ラ ズオ ドゥイプチィ ウォ シアン チューシアオ ユィディン
予約の人数を変更したいのですが I'd like to change the number of people of the reservation.	我想更改一下预订的座位数。 ウォ シアン ゴンガイ イーシア ユィディン ダ ズオウェイシュー
4名を6名に変更して下さい。 Please change it from four to six people.	请把四个人改成六个人。 チン バー スーグ レン ガイチョン リィウグ レン
予約時間に遅れそうです We're afraid we'll be late.	可能会比预订的时间迟到一些。 コォノン ホォイビー ユィディン ダ シージエン チーダオ イーシエ

食べる

予約

レストランで At the Restaurant 在餐厅

レストランに到着したら、予約している場合は、入口でその旨と名前を告げて案内を待ちます。予約したときの人数や予算が合っているかどうか、念のために確認しましょう。予約をせずに行って席が取れない場合は、待ち時間を聞いてみましょう。なお貴賓用の席を希望すれば、待たずに座れることもあります。席に着いたら、ウェイター[服务员 フー ウー ユアン]がまずお茶や飲み物のオーダーを取りにきます。

着席 Taking a Seat 入座

今晩は。予約してある田中です Good evening. I have a reservation. My name is Tanaka.	晚上 好，我 叫 田中， ワンシャン ハオ ウオ ジアオ ティエンジョン 已经 预订 了 桌子。 イージン ユィディン ラ ジュオズ
窓ぎわの席をお願いします I'd like a table by the window.	请 安排 一个 靠 窗户 チン アンパイ イーグ カオ チュアンフゥ 的 桌子。 ダ ジュオズ
すみの席がよいのですが Can we have a table in the corner?	我 想 要 靠 墙角 的 ウオ シアンヤオ カオ チアンジアオ ダ 座位。 ズオウェイ

予約なしの場合 Without a Reservation 在没有预订情况下

今晩は。3人ですが席はありますか Good evening. Do you have a table for three?	晚上 好。有 三个 人 的 ワンシャン ハオ ヨウ サング レン ダ 位子 吗？ ウェイズ マ
あいにく満席なのでお待ち願うことになりますが We are full now. Could you wait for a while?	对不起，已经 座满 了，请 ドゥイブチィ イージン ズオマン ラ チン 您 等 一会儿。 ニン ドン イーホォアル
どのくらい待ちますか How long do we have to wait?	要 等 多长 时间？ ヤオ ドン ドゥオチャン シージエン
30分ほどで席が空くと思います I think we can get you a table in 30 minutes.	再 过 三十分钟， 大概 会 ザイグオ サンシーフェンジョン ダーガイ ホォイ 有 座位。 ヨウ ズオウェイ
では待ちます All right. We'll wait.	那好，我们 等 一会儿。 ナーハオ ウオメン ドン イーホォアル

またにします We'll come back later.	下次 再 来 吧。 シアツー ザァイライ パ

オーダー Ordering 点菜

★ メニューを下さい May I have a menu, please?	请 给 我 菜单。 チン ゲイ ウォ ツァイダン
★ 注文をお願いします May I order, please?	我 要 点菜。 ウォ ヤオ ディエンツァイ
日本語（英語）のメニューはありますか Do you have a menu in Japanese (English)?	有 日语 (英语) 的 菜单 吗? ヨウ リーユィ インユィ ダ ツァイダン マ
お茶は何になさいますか What kind of tea do you want?	您 喝 什么 茶? ニン ホー シェンモ チャ
どんなお茶がありますか What kind of tea do you have?	这里 有 什么 茶? ジョーリ ヨウ シェンモ チャ
ジャスミン茶、緑茶、ウーロン茶、菊花茶があります We have jasmine tea, green tea, oolong tea and chrysanthemum tea.	有 茉莉花茶、 绿茶、乌龙茶、 菊花茶。 ヨウ モーリーホアチャ リュチャ ウーロンチャ ジュホアチャ
菊花茶を下さい Chrysanthemum tea, please.	请 给 我 菊花茶。 チン ゲイ ウォ ジュホアチャ
手ごろで味のよいお茶を選んで下さい Could you recommend some good tea?	请 推荐 价格适中、味道好 的 茶。 チン トォイジエン ジアゴーシージョン ウェイダオハオ ダ チャ
紹興酒はグラスで注文できますか May I order a glass of Shaoxing jiu?	绍兴酒 可以 按 杯 点 吗? シャオシンジウ コォイー アン ベイ ディエン マ
おすすめの料理はどれですか What do you recommend?	您 有 什么 推荐 的 菜 吗? ニン ヨウ シェンモ トォイジエン ダ ツァイ マ
これは何ですか What is this?	这 是 什么? ジョー シー シェンモ
セットメニューはありますか Do you have a table d'hôte menu?	有 套餐 吗? ヨウ タオツァン マ
土地の名物料理はありますか Do you have local dishes?	有没有 本地 的 风味? ヨウメイヨウ ベンディ ダ フォンウェイ

食べる

レストランで

食べる / レストランで

何か早くできるものはありますか	Do you have anything ready quickly?	有没有什么马上就能上的菜?
あれと同じ料理を下さい	Can I have the same dish as that?	我想要和那个一样的菜。
(メニューを指して) これを下さい	I'd like this.	我要这个。
ダイエット中なんですが	I'm on a diet.	为了减肥，我在节食。
脂肪 (塩/砂糖) を含むものは食べられないのです	I have to avoid food containing fat (salt/sugar).	我不能吃带脂肪 (含盐/含糖) 太多的东西。
あまり辛くしないで下さい	Can you make it mild?	不要太辣了。

食事中 During Dinner 正在吃饭

塩 (コショウ) をとって下さい	Could you pass me the salt (pepper)?	请递给我盐 (胡椒)。
ミネラルウォーターを下さい	May I have a bottle of mineral water?	请给我矿泉水。
炭酸なし (入り) のものをお願いします	Uncarbonated (Carbonated) mineral water, please.	请给我没有 (有) 碳酸的。

ご飯のおかわりを下さい May I have some more rice, please?	请 再来 一碗 米饭。 チン ザイライ イーウン ミーファン
食べ方を教えて下さい Could you tell me how to eat this?	请 教 给 我 怎么 吃。 チン ジャオ ゲイ ウォ ゼンモ チー
とてもおいしいです This is very good.	很 好吃。 ヘン ハオチー
小皿を下さい May I have small dishes, please?	请 拿 来 小碟子。 チン チー ライ シアオディエズ
(大皿の料理を) 各自に取り分けて下さい Will you serve us, please?	请 把 它 分成 小碟子。 チン バー ター フェンチョン シアオディエズ
(デザートに) 果物をもらえますか Can I have some fruit for dessert?	能 要 些 水果 吗? ノン ヤオ シエ シュイグオ マ
(追加注文をするのに) メニューをいただけますか Menu, please.	请 给 我 菜单。 チン ゲイ ウォ ツァイダン
何か甘いものを下さい Can I have some sweet?	请 拿 些 甜点。 チン チー シエ ティエンディエン
点心はコースに含まれているのですか Is the snack included in this meal?	套餐 里 有 点心 吗? タオツァン リー ヨウ ディエンシン マ
杏仁豆腐 (プリン) をお願いします Almond flavored jelly (Pudding), please.	请 给 我 杏仁豆腐 (布丁)。 チン ゲイ ウォ シンレンドウフ ブーディン
(同席の人に) たばこを吸ってもいいですか May I smoke?	我 能 抽烟 吗? ウォ ノン チョウイエン マ
料理を持ち帰ってもいいですか Can I take this food home?	菜 可以 打包 吗? ツァイ コォイー ダーバオ マ
料理がまだ来ません Our order hasn't come yet.	我们 的 菜 还没 上。 ウォメン ダ ツァイ ハイメイ シャン
これはあまり火が通っていません This food is not heated enough.	这个 菜 没有 烧熟。 ジョーグ ツァイ メイヨウ シャオシュー
これは私が注文したものではありません I didn't order this.	这 不是 我 点 的 菜。 ジョー ブーシー ウォ ディエン ダ ツァイ
取り皿をとりかえて下さい Please bring us new dishes.	请 给 我们 换 一下 碟子。 チン ゲイ ウォメン ホアン イーシア ディエズ

食べる

レストランで

メニューを読む

メニュー（菜単）の配列はさまざまですが、素材別になっているのが一般的です。前菜から始まり、メインディッシュ（主菜）となる魚介類や牛豚肉類、鶏・アヒル類、さらに豆腐・野菜類、スープ、麺飯類、デザートなどの順に並んでいます。料理名は主に素材、下ごしらえの形状、調理法、味付け（P116～118参照）などから構成されているので、一字一字読み解けば、料理がある程度イメージできます。

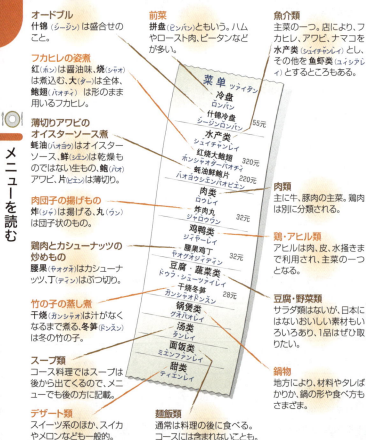

オードブル
什錦（シージン）は盛合せのこと。

フカヒレの姿煮
紅（ホン）は醤油味、燒（シャオ）は煮込む、大（ター）は全体、鮑翅（バオチー）は形のまま用いるフカヒレ。

**薄切りアワビの
オイスターソース煮**
蚝油（バオヨウ）はオイスターソース、鮮（シェン）は乾燥ものではない生もの、鮑（バオ）アワビ、片（ピエン）は薄切り。

肉団子の揚げもの
炸（ジャ）は揚げる、丸（ウン）は団子状のもの。

**鶏肉とカシューナッツの
炒めもの**
腰果（ヤオグオ）はカシューナッツ、丁（ディン）はぶつ切り。

竹の子の蒸し煮
干焼（ガンシャオ）は汁がなくなるまで煮る、冬笋（ドンスン）は冬の竹の子。

スープ類
コース料理ではスープは後から出てくるので、メニューでも後の方に記載。

デザート類
スイーツ系のほか、スイカやメロンなども一般的。

前菜
拼盘（ピンパン）ともいう。ハムやロースト肉、ピータンなどが多い。

麺飯類
通常は料理の後に食べる。コースには含まれないことも。

魚介類
主菜の一つ。店により、フカヒレ、アワビ、ナマコを水产类（シュイチャンレイ）とし、その他を魚虾类（ユイシテレイ）とするところもある。

肉類
主に牛、豚肉の主菜。鶏肉は別に分類される。

鶏・アヒル類
アヒルは肉、皮、水掻きまで利用され、主菜の一つとなる。

豆腐・野菜類
サラダ類はないが、日本にはないおいしい素材もいろいろあり、1品はぜひ取りたい。

鍋物
地方により、材料やタレばかりか、鍋の形や食べ方もさまざま。

酒類 酒类 ジウレイ

老酒 ラオジウ ラオチュウ	白酒 バイジウ パイチュウ	紹興酒 シャオシンジウ 紹興酒
山东黄酒 シャンドンホアンジウ 山東黄酒	福建老酒 フージエンラオジウ 薬用の黄酒	高粱酒 ガオリアンジウ コーリャン酒
汾酒 フェンジウ	竹叶青酒 ジューイエチンジウ 山西杏花村の薬酒	茅台酒 マオタイジウ マオタイ酒
五粮液／剑南春 ウーリアンイエ／ジエンナンチュン 四川の蒸留酒		西凤酒 シーフォンジウ 陕西の蒸留酒
古井贡酒 グゥジンゴンジウ 安徽の蒸留酒	洋河大曲 ヤンホーダーチュー 江蘇の蒸留酒	二锅头 アルグオトウ 北京の蒸留酒
五加皮酒 ウージアピージウ 天津の薬用酒	啤酒 ピージウ ビール	青岛啤酒 チンダオピージウ チンタオビール
鲜啤酒 シエンピージウ 生ビール	威士忌 ウェイシージィ ウィスキー	白兰地 バイランディ ブランデー
红(白)葡萄酒 ホンバイプゥタオジウ 赤(白)ワイン	桂花陈酒 グイホアチェンジウ キンモクセイの花をひたした白ワイン	
香槟酒 シテンビンジウ シャンペン		

前菜類 冷盘 ロンパン

什锦冷盘 シージンロンパン オードブル	凉拌海蜇 リアンバンハイジョー クラゲ酢	叉烧肉 チャシャオロウ 焼き豚
五色拼盘 ウーソーピンパン 五種類の前菜盛り合わせ	蒜泥白肉 スワンニーバイロウ ゆで豚のニンニクソース	
白灼虾 バイジュオシア ゆでエビ	棒棒鸡 バンバンジィ バンバンジー	皮蛋 ピーダン ピータン
糖醋皮蛋 タンツウピーダン ピータンの甘酢あんかけ	怪味鸡块 グアイウェイジィクアイ ヒナ鶏の水煮	
凉拌茄子 リアンバンチエズ ナスの酢油あえ	辣白菜 ラーバイツァイ 白菜の唐辛子漬け	

老酒（黄酒）と白酒

　広い中国では土地ごとにお酒の種類が豊富です。ビールやワインもありますが、代表的な中国酒といえばやはり老酒（黄酒ともいう）と白酒でしょう。老酒とは米やキビを原料とする醸造酒で、特に浙江省紹興産の紹興酒が有名です。なかでも花彫酒、加飯酒、女児紅などが折り紙付きの銘酒といわれます。酒精度は16度くらいで日本酒に近く、お燗か常温かはお好み次第。白酒とは大麦、小麦、コーリャンなどを原料とする蒸留酒で、茅台酒、五粮液、汾酒、高粱酒などが知られています。酒精度は 30～70 度とかなり強いので酒豪向きでしょう。

魚介類 水产类 シュイチャンレイ

●フカヒレの姿煮
紅燒大鮑翅
ホンシャオダーバオチィ

干したフカヒレを丸ごと煮て皮などを取り、さらにスープで煮込んだ名品

●薄切りアワビのオイスターソース煮
蚝油鮮鮑片
ハオヨウシエンバオピエン

高級食材の干しアワビよりは手ごろな生アワビで食感を楽しむ

●アワビの蒸しもの
清蒸鮮鮑魚
チンジョンシエンバオユイ

生アワビかとコブシをあっさりと蒸し、ネギを添えて醤油味で食べる

●ケツ魚の空揚げ甘酢あんかけ
松鼠桂魚
ソンシューグイユイ

熱いあんをかけるとリス（松鼠）の声に似た音がするという蘇州名物

●ハタの姿蒸し
清蒸石斑
チンジョンシーバン

新鮮な白身魚をあっさりと蒸して、細切りネギとともに食べる

●むきエビ炒め
炒虾仁
チャオシアレン

プリプリした食感と甘みが身上。シンプルなエビ料理の定番

●鶏肉入りフカヒレスープ煮
鸡丝生翅
ジィスーションチィ

鶏肉の細切りと細くなめらかなフカヒレが相まったこくのある一品

●アワビの姿煮オイスターソース味
蚝皇原汁鮮鮑魚
ハオホアンユアンジーシエンバオユイ

オイスターソースで深味を増す、代表的な広東料理の一つ

●ツバメの巣のスープ
清汤燕窝
チンタンイェンウオ

海藻類を唾液で固めて作る海ツバメの巣を使ったぜいたくなスープ

●ナマコの醤油煮
紅燒刺参
ホンシャオツーシェン

内臓を除きゆでて乾燥させたナマコを、もどして醤油味で煮たもの

●シイタケとナマコの煮物
北菇刺参
ベイグゥツーシェン

広東産のシイタケ北菇と海の人参とよばれるナマコの料理は栄養価抜群

●魚の辛み煮
干燒魚
ガンシャオユイ

魚を空揚げしてから豆板醤でじっくり煮込む。辛くて複雑な味

●魚の丸揚げ甘酢あんかけ
糖醋魚
タンツゥユイ

丸ごと揚げた魚にトロリとしたあんが絶妙。西湖糖醋魚などが有名

●殻付きクルマエビの炒め煮
干燒明虾
ガンシャオミンシア

チリソースをからめた代表的なエビ料理。明虾はクルマエビのこと

●エビ団子の衣揚げ
脆皮虾球
ツォイピーシアチゥ

背を開いて丸めたエビの揚げもの。衣はサクサク身はプリプリしている

食べる / メニューを読む

●上海ガニのあっさり蒸し
清蒸大閘蟹
チンジョンダージャシエ

上海近郊の湖で取れるカニの蒸しもの。上海名物で9〜11月が旬

●上海ガニの老酒漬け
醉蟹
ズォイシエ

旬のカニを生きたまま紹興酒につけた、上海料理の珍味

●蒸した花ガニの冷製
冻花蟹
ドンホアシエ

花ガニを蒸してから冷たくして食べる。高級な潮州料理の名品

●カニみそ炒め
炒蟹粉
チャオシエフェン

カニみそ、カニ肉、カニの卵、ブタの脂身にネギをからめた炒めもの

●スッポンの蒸し煮
清蒸甲鱼
チンジョンジアユイ

塩、胡椒などで下味してさっぱりと蒸しているが、栄養は抜群

●タウナギの炒めもの
清炒鳝糊
チンチャオシャンフウ

タウナギに小麦粉をつけて炒めたもの。糊は水溶きの粉のこと

肉類 肉类 ロウレイ

●仔豚の近火焼き
烤乳猪
カオルージュー

乳猪は仔豚のこと。ゆっくりとあぶり焼きした広東の宴席料理

●牛肉の唐辛子煮
水煮牛肉
シュイジューニウロウ

薄切りの牛肉に唐辛子、ニンニク、山椒を利かせた激辛の四川料理

●肉団子の揚げもの
炸肉丸
ジャロウワン

肉団子を熱い油で揚げた山東料理。弾力があってジューシー

●豚バラ炒め
回锅肉
ホイグオロウ

ゆで豚の薄切りとキャベツ、ピーマンなどを豆板醤で炒めた定番料理

●豚の角煮
东坡肉
ドンポーロウ

とろっと煮込んだ角煮。北宋の詩人蘇東坡が作ったといわれる杭州名物

●酢豚
古老肉
グゥラオロウ

揚げた豚と野菜を炒め、甘酢あんをかけたおなじみの味。咕咾肉とも

●ピーマンと牛肉の細切り炒め
青椒牛肉丝
チンジアオニウロウスー

おなじみの四川料理。新鮮なピーマンの味と香りが口中に広がる

●焼き肉
烤肉
カオロウ

羊肉のジンギスカンが有名。店ごとに違う秘伝のタレが味の決め手

●羊の丸焼き
烤全羊
カオチュアンヤン

イスラム教徒の多いシルクロードなどの宴席料理

鶏・アヒル類　鸡鸭类　ジィヤーレイ

●鶏肉、ナッツ炒め
宫保鸡丁
ゴンバオジィディン

唐辛子が利いた名物料理。清代の地方長官「宮保」が好んだという

●文昌鶏の漢方スープ蒸し
文昌鸡
ウェンチャンジィ

海南島特産の文昌鶏を老酒に漬けスープで蒸したもの。タレで食べる

●北京ダック
北京烤鸭
ベイジンカオヤー

皮つきの肉をそぎ、生ネギ、みそとともに特製クレープに包んで食べる

●鶏肉の塩蒸し
盐焗鸡
イェンジュジィ

鶏肉を塩のかたまりの中に埋めて蒸し焼きにした、客家料理の名物

●鶏肉の唐辛子炒め
辣子鸡丁
ラーズジィディン

ぶつ切りの鶏肉、ピーマンなどに唐辛子をふんだんに利かせた四川料理

●鶏のワイン煮込み
贵妃鸡
グイフェイジィ

ワインで煮込み、赤く色づいた鶏肉を、酔いしれた楊貴妃に例えたもの

●鶏肉の泥蒸し
叫化鸡
ジアオホアジィ

鶏肉に野菜を詰めて蓮の葉で包み泥を塗って蒸し焼きにする。乞食鶏とも

●アヒル肉の蓮の葉包み
荷叶小包鸭
ホーイエシアオバオヤー

蓮の葉に包んで蒸し焼きにしたアヒルの肉は滑らかで小気味よい食感

●アヒルの水掻きのカラシ風味
芥末鸭掌
ジエモヤージャン

北京ダックに使ったアヒルの水掻きを利用。こりこりとした珍味

その他の肉類　其他肉类　チィターロウレイ

●鹿肉とエンドウの葉の炒めもの
翠柳鹿肉丝
ツォイリィウルーロウスー

宮廷料理の食材である鹿肉の細切りが柔らかく、エンドウの葉とマッチ

●ラクダ肉の煮込み
葱扒驼掌
ツォンパートゥオジャン

ネギとラクダの手の肉をとろ火で煮込んだ、宮廷料理の珍味

●カエルの空揚げ
油爆田鸡
ヨウバオティエンジィ

揚げてからさっと炒めた肉は鶏肉にやや似た味。カエルは一般的な食材

●鹿肉の炒めもの
香辣鹿肉
シアンラールーロウ

鹿肉を甘辛味で炒め合わせた宮廷料理の一品

●熊の手の煮込み
红烧熊掌
ホンシャオションジャン

満漢全席の名物の一つ。現在は熊の代りにラクダのこぶなどを使う

●ガチョウのロースト
烧鹅
シャオオー

広東料理の人気メニュー。甘酢ソースが肉とマッチして絶妙な味

豆腐・野菜類　豆腐・蔬菜类　ドウフ・シューツァイレイ

●カニみそ豆腐
蟹粉豆腐
シエフェンドウフ

豆腐にカニみそをからめて煮込むシンプルな料理だが、絶妙な味の逸品

●麻婆豆腐
麻婆豆腐
マーボードウフ

成都の陳婆さんの作という四川名物。多彩な香辛料の味が口中に広がる

●湯葉の精進巻き
罗汉鲜竹巻
ルオハンシエンジュージュアン

羅漢は野菜だけの精進ものを指す。湯葉巻きにしてパリッと揚げている

●カラシ菜と澱粉の皮の炒めもの
雪菜粉皮
シュエツァイフェンピー

雪菜はカラシ菜の一種、粉皮はきしめん状の澱粉。つるつるした食感

●竹の子とキノコ類の炒め煮
罗汉斋
ルオハンジャイ

竹の子、キノコ、ギンナンなどの野菜を炒め醤油味で煮たヘルシー料理

●サトウ豆、ユリ根炒め
蜜豆百合枝片
ミードウバイホージーピエン

素材の微妙な甘味が生き、煮たユリ根とは違うシャリシャリ感も魅力

●揚げ豆腐と野菜の炒めもの
家常豆腐
ジアチャンドウフ

豆腐の家庭料理という意味。豆板醤の味付けがかなり濃い店もある

●肉詰め豆腐
荷包豆腐
ホーバオドウフ

豆腐をくりぬき、肉を詰めて蒸した四川料理

●発酵豆腐の揚げもの
臭豆腐
チョウドウフ

豆腐を発酵させて揚げた湖南名物。唐辛子のタレで味わう珍味

●ナスの魚香風味煮
鱼香茄子
ユイシアンチエズ

四川独特の調味料、魚と唐辛子を漬け込んだ魚香で味付けしたナス料理

●トマトと玉子の炒めもの
西红柿炒鸡蛋
シーホンシーチャオジィダン

ほっとさせてくれる素朴な定番。玉子のふわふわ感は店ごとにさまざま

●竹の子の蒸し煮
干烧冬笋
ガンシャオドンスン

冬笋は冬に掘った竹の子。キャベツなどの野菜類と蒸し煮したもの

●白菜のクリーム煮
奶油白菜
ナイヨウバイツァイ

白菜は晩秋から冬場が甘味が増して美味。塩炒めの炒白菜もおすすめ

●ジャガイモ炒め
炒土豆丝
チャオトゥドウスー

辺境のレストランにもある一皿。千切りジャガイモはしんなりした食感

●青菜炒め
炒青菜
チャオチンツァイ

塩味で炒めた季節の菜っ葉類。茎に甘味と苦味があり歯ごたえがよい

鍋物　锅煲类　グオバオレイ

●羊肉のしゃぶしゃぶ
涮羊肉
シュアンヤンロウ

羊肉や春雨を湯にくぐらせ、ゴマダレで食べる。肉は一人250gは軽い

●四川鍋
四川火锅
スーチュアンフオグオ

スープが激辛と塩味に仕切られ、肉や野菜の具を好みの味で食べる

●鶏肉の蒸し鍋
汽锅鸡
チイグオジイ

水を入れた別の鍋に土鍋を入れ、中央の突起で蒸気を吸い上げて蒸す

●スッポン鍋
甲鱼汽锅
ジアユィチイグオ

じっくりと煮込んだスッポンのぶつ切りから、滋養が滲み出す元気回復鍋

●肉や野菜の土鍋
砂锅
シャグオ

豚肉、白菜、春雨の砂鍋三白をはじめキノコ、ホタテなど各種の鍋がある

●川魚の土鍋
砂锅鱼
シャグオユィ

大理特産の弓魚など川魚や豚肉、野菜の寄せ鍋。特製のタレで食べる

スープ類　汤类　タンレイ

●太極模様のホウレン草スープ
太极素菜羹
タイジイスゥツァイゴン

卵白とホウレン草のスープで太極模様を形作る潮州料理の名菜

●山海珍味の壺煮スープ
佛跳墙
フォティアオチアン

フカヒレ、ナマコなどを老酒で蒸す。僧侶も塀を越えてくるという名物

●冬瓜スープ
冬瓜盅
ドングアジョン

冬瓜をくりぬき山海の幸を詰めて蒸し煮したもの。冬瓜には彫刻がある

●すり身団子スープ
鱼圆汤
ユィユアンタン

白身魚のすり身の上品なスープ。すり身は滑らかで弾力がある

●ザーサイと細切り肉のスープ
榨菜肉丝汤
ジャツァイロウスータン

ザーサイの味が豚肉の脂っこさを引き締める。庶民的なスープの定番

●魚介、肉、野菜スープ
煲汤
バオタン

とろ火で煮た具だくさんのスープ。滋味豊かで、薬効が高い広州名物

●トウモロコシのとろみスープ
粟米羹
スゥミーガン

トウモロコシと玉子をくず引きにした熱々スープ。安価で臓腑に滲みる

●白魚のとろみスープ
银鱼羹
インユィゴン

江南の湖で採れる小魚のくず引きスープ。他の具を加えたものもある

●魚介、竹の子、豆腐のスープ
八珍豆腐羹
バージェンドウフゴン

魚介類、竹の子のほか山海の珍味を煮込んだくず引きスープ

麺飯類　面饭类　ミエンファンレイ

●刀削麺
刀削面
ダオシアオミエン

麺生地を煮えたぎる鍋に削り飛ばす山西名物。こしと風合いがある

●猫耳麺
猫耳面
マオアルミエン

麺生地を指で押して、猫の耳のような形にしたもの。茹でてから炒める

●担々麺
担担面
タンタンミエン

成都名物の小碗のピリカラ麺。ゴマと唐辛子の味噌をからめて食べる

●ジャージャー麺
炸醤面
ジャジアンミエン

肉味噌とキュウリをのせた麺。夏は冷たく、冬は温かくして食べる

●蘭州ラーメン
兰州拉面
ランジョウラーミエン

麺生地を引っ張って伸ばし、茹でて牛肉や羊肉のスープで食べる

●過橋米線
过桥米线
グオチアオミーシエン

ビーフンと魚、肉、野菜などの具を熱いスープに入れて食べる雲南名物

●五目チャーハン
什锦炒饭
シージンチャオファン

什锦は各種素材の取り合わせのこと。エビ、イカ、野菜類のチャーハン

●ナツメ、アンズ入り五目飯
八宝饭
バーバオファン

おこわに甘いナッツを混ぜ、片栗粉を加えて蒸した菓子のようなご飯

●ウイグル風炊込みご飯
抓饭
ジュアファン

ウイグル語でポロ。ニンジン、玉ネギ、羊肉を炊込み、手で食べる

●アズキ粥
豆沙粥
ドウシャジョウ

やや甘い粥。ホテルの朝食では、白粥とともに揃えているところが多い

●蓮の葉粥
荷叶粥
ホーイエジョウ

蓮の葉を隠し味にした粥。蓮の葉を入れて炊き煮立ち始めたら取り出す

●白いご飯
白米饭
バイミーファン

日本と米の種類が違うため、ご飯はパサパサだが、1膳は食べたい

デザート類　甜类　ティエンレイ

●マンゴプリン
芒果布丁
マングオブーディン

人気のデザートで、チェリーなどのトッピングもおしゃれ

●白玉団子
汤圆
タンユアン

湯団ともいい、シロップにあん入り白玉が浮かんでいる

●タピオカのココナッツミルク
椰汁西米露
イエジーシーミールー

プルプルした半透明のタピオカはサゴ椰子の澱粉。果物を加えたものも

食べる

飲茶の点心 <ruby>飲茶<rt>ヤムチャ</rt></ruby>　点心　ディエンシン

●エビ餃子
水晶虾饺
シュイジンシアジアオ

●ニラ餃子
鲜虾韭菜饺
シエンシアジウツァイジアオ

●ウサギ餃子
兔子饺
トゥズジアオ

水晶は浮き粉を使った半透明の皮の形容。プリプリのエビを包んでせいろで蒸した、代表的な点心

ニラの緑とエビのピンクが透けて、見た目も美しいせいろ蒸し。具の味もよくマッチしている

ウサギをかたどった愛らしい蒸し餃子。中の具はエビ、シイタケなど。動物の形は他に金魚なども

●モチ米シュウマイ
糯米烧卖
ヌオミーシャオマイ

●野菜入り肉饅
菜肉包
ツァイロウバオ

●スープ入り蒸し饅
小笼包
シアオロンバオ

豚肉などのおこわを包んだシュウマイ。中も外も穀類だが、皮が薄く滑らかで、食べやすい

野菜と肉が詰まった蒸し饅。蒸し饅の具はこのほかさまざまだが、どれも皮に弾力がある

上海名物の点心。一口サイズの蒸し饅に肉とスープが入り、噛むと口の中に熱いスープが広がる

●米の粉のクレープ
肠粉
チャンフェン

●湯葉巻き
鲜竹卷
シエンジュージュアン

●春巻き
春卷
チュンジュアン

米の粉をのばしたクレープでエビ、焼き豚、野菜などの具を包んだもの。滑らかな食感は絶品

エビ、鶏肉、シイタケなどの具を湯葉で巻き、せいろで蒸したもの。おつな味の点心

小麦粉の皮でくるむ具は豚肉の細切り、シイタケ、竹の子、鶏肉、モヤシ、ニラ、エビなどさまざま

フカヒレ餃子	鱼翅饺 ユイチィジアオ	牛肉餃子	牛肉蒸饺 ニウロウジョンジアオ	エビシュウマイ	虾仁烧卖 シアレンシャオマイ
あん饅	豆沙包 ドウシャバオ	カニ蒸し饅	蟹粉小笼包 シエフェンシアオロンバオ	焼きクレープ	煎肠粉 ジエンチャンフェン

メニューを読む

食べる / メニューを読む

●蓮の葉のちまき
荷叶饭
ホーイエファン

鶏肉、シイタケ、ギンナンなどを混ぜた五目おこわを蓮の葉に包み、蒸したもの。蓮の香りがいい

●大根もち
煎萝卜糕
ジエンルオボガオ

すりおろした大根と米の粉を蒸して餅にし、油で焼いたもの。モチモチとして風味のある、おなじみの点心

●揚げゴマ団子
芝麻球
ジーマーチウ

蓮の実のあんを包み、ゴマをまぶして揚げた甘い団子。皮がモチモチとしている

●サトイモのコロッケ風
芋角
ユィジアオ

サトイモ科のタロイモをつぶして、豚肉やエビなどを包み、衣をつけて揚げたもの。外側はサクッとしている

●モチ米団子
糯米糍
ヌオミーツー

卵黄や小豆のあんをモチ米の皮でくるみ、ココナッツ・パウダーをまぶした愛らしい団子

●エッグパイ
蛋黄酥饼
ダンホアンスゥビン

あんをつつみ、表面に卵黄を塗ったパイ。皮のサクサク感が身上の上品な点心

●エッグタルト
蛋挞
ダンター

定番の点心。サクッとしたタルトとクリーミーなカスタードが相まった魅力的なデザート

●田舎汁粉
红豆汤
ホンドウタン

見るからになつかしい一碗。餅は入らず、木の実などが少し入るところが中国風。甘党はぜひ

| 鶏肉のちまき | 珍珠鸡 ジェンジュージィ | 大根もちのパイ | 萝卜丝酥角 ルオボスースゥジアオ | アワビ入りパイ | 鲍鱼酥 バオユィスゥ |
| 松の実入りパイ | 松子酥 ソンズスゥ | カステラ | 马拉糕 マーラーガオ | トウモロコシ饅頭 | 小窝头 シアオウオトウ |

素材・材料 材料 ツァイ リアオ

肉類 肉类 ロウ レイ

中文	読み	日本語	中文	読み	日本語	中文	読み	日本語
牛肉	ニウ ロウ	牛肉	猪肉	ジュー ロウ	豚肉	鸡肉	ジィ ロウ	鶏肉
羊肉	ヤン ロウ	羊肉	腰子	ヤオ ズ	腎臓	排骨	パイ グゥ	骨付バラ肉
里脊肉	リー ジィ ロウ	ロース	火腿	フオ トォイ	ハム	香肠	シアン チャン	ソーセージ

鶏・アヒル・卵類 鸡・鸭子・蛋类 ジィ ヤー ズ ダン レイ

中文	読み	日本語	中文	読み	日本語	中文	読み	日本語
鸡	ジィ	ニワトリ	鸭子	ヤー ズ	アヒル	鸽子	ゴー ズ	ハト
鹌鹑	アン チュン	ウズラ	鸡蛋	ジィ ダン	鶏卵	鸭蛋	ヤー ダン	アヒルの卵

魚介類 水产类 シュイ チャン レイ

中文	読み	日本語	中文	読み	日本語	中文	読み	日本語
鲤鱼	リー ユイ	コイ	大头鱼	ダー トウ ユイ	タイ	黄花鱼	ホアン ホア ユイ	イシモチ
石斑	シー バン	ハタ	刀鱼	ダオ ユイ	タチウオ	乌贼	ウー ゼイ	スミイカ
章鱼	ジャン ユイ	タコ	鲍鱼	バオ ユイ	アワビ	鲜鲍	シェン バオ	生アワビ
干鲍	ガン バオ	ゆでたアワビを乾燥させたもの	海参	ハイ シェン	ナマコ	海蜇	ハイ ジョー	クラゲ
蟹	シェ	カニ	明虾	ミン シア	車エビ	虾仁	シア レン	むきエビ
鱼翅	ユイ チー	フカヒレ	燕窝	イェン ウオ	海ツバメの巣	甲鱼	ジア ユイ	スッポン
银鱼	イン ユイ	白魚	鳝鱼	シャン ユイ	田ウナギ	鱼肚	ユイ ドゥ	魚の浮き袋

八種の珍味素材 八珍 バー ジェン

中文	読み	日本語	中文	読み	日本語	中文	読み	日本語
熊掌	ション ジャン	熊のてのひら	象鼻	シアン ビー	象の鼻先	豹胎	バオ タイ	ヒョウの胎児
鹿尾	ルー ウェイ	鹿のペニス	鹿筋	ルー ジン	鹿のアキレス腱	驼峰	トゥオ フォン	ラクダの瘤
虎膝	フゥ シー	虎の膝関節	猴头	ホウ トウ	ヤマブシタケ			

野菜・その他 蔬菜类・其他 シューツァイレイチィター

中文	読み	日本語	中文	読み	日本語	中文	読み	日本語
白菜	バイツァイ	ハクサイ	洋白菜	ヤンバイツァイ	キャベツ	菠菜	ポーツァイ	ホウレン草
油菜	ヨウツァイ	小松菜	菜花	ツァイホァ	カリフラワー	韭菜	ジウツァイ	ニラ
雪菜	シュエツァイ	カラシ菜	玉米	ユィミ	トウモロコシ	蒜	スゥン	ニンニク
蒜苗	スゥンミアオ	ニンニクの茎	葱	ツォン	ネギ	洋葱	ヤンツォン	玉ネギ
青椒	チンジアオ	ピーマン	茄子	チエズ	ナス	萝卜	ルオポ	大根
胡萝卜	フゥルオポ	ニンジン	西红柿	シーホンシー	トマト	黄瓜	ホァングァ	キュウリ
笋	スン	タケノコ	藕	オウ	レンコン	荷叶	ホーイエ	蓮の葉
土豆	トゥドウ	ジャガイモ	法兰菜／绿菜花	ファランツァイ／リュツァイホァ	ブロッコリー			
豌豆	ワンドウ	サヤエンドウ	青豆	チンドウ	グリンピース	蜜豆	ミードウ	サトウマメ
豆芽	ドウヤー	モヤシ	腰果	ヤオグオ	カシューナッツ	花生米	ホァションミー	ピーナッツ
香菇	シアングゥ	シイタケ	蘑菇	モーグゥ	キノコ	木耳	ムゥアル	キクラゲ
银耳	インアル	白キクラゲ	豆腐	ドウフ	豆腐	面筋	ミエンジン	麩
粉皮	フェンピー	きしめん状に固めた澱粉	粉丝	フェンスー	春雨	发菜	ファツァイ	水苔の乾燥品

果物 水果 シュイグオ

中文	読み	日本語	中文	読み	日本語	中文	読み	日本語
苹果	ピングオ	リンゴ	桔子	ジュズ	ミカン	香蕉	シアンジアオ	バナナ
葡萄	プゥタオ	ブドウ	西瓜	シーグァ	スイカ	甜瓜	ティエングァ	メロン
哈密瓜	ハーミーグァ	ハミ瓜	李子	リーズ	スモモ	杏	シン	アンズ
梨	リー	ナシ	芒果	マングオ	マンゴー	桃子	タオズ	モモ
柠檬	ニンモン	レモン	草莓	ツァオメイ	イチゴ	菠萝	ポールオ	パイナップル
柿子	シーズ	カキ	荔枝	リーシー	レイシ	石榴	シーリュウ	ザクロ

下ごしらえ　准备 ジュンベイ

片 ピェン	薄切り	丝 スー	細切り	丁 ディン	さいの目切り
条 ティアオ	拍子木切り	块 クァイ	ぶつ切り	末／松 モー／ソン	みじん切り
段 ドゥアン	小口切り	泥 ニー	おろし	包 バオ	包んだ
卷 ジュアン	巻いた	丸 ワン	団子にまるめた	整个 ジョンゴ	丸のままの

調理法　烹调方法 ポンティアオ フェン ファ

炒 チャオ	炒める	爆 バオ	高温で手早く炒める	煎 ジェン	両面を油焼きする
煮 ジュー	たっぷりの湯やスープでゆで煮する	炖 ドゥン	とろ火でやわらかく煮込む	煨 ウェイ	とろ火で長時間煮込む
焖 メン	ふたをして弱火でゆっくり煮る	烫 タン	おかんする	卤 ルー	濃いタレで煮しめる
烧 シャオ	炒めたり揚げたりした材料に汁を加えて煮込む			烩 ホォイ	材料を揚げたり炒めたりしてからスープで煮てとろみをつける
扒 バー	炒め煮して煮汁を葛びきする	炸 ジャ	揚げる	干炸 ガン ジャ	粉をつけて揚げる
软炸 ルゥアン ジャ	衣をつけて揚げる	烤 カオ	直火焼きする	熏 シュン	いぶし焼く
蒸 ジョン	蒸す	熬 アオ	煮詰める	羹 ゴン	葛びきにしたスープ
拌 バン	あえる	冻 ドン	ゼリー状にする	涮 シュァン	しゃぶしゃぶにする

調味料　作料 ズオリアオ

酱 ジアン	味噌	酱油 ジアン ヨウ	醤油	醋 ツゥ	酢
盐 イェン	塩	糖 タン	砂糖	味精 ウェイ ジン	化学調味料
甜面酱 ティエン ミエン ジアン	甘味噌	豆瓣酱 ドゥ バン ジアン	唐辛子味噌	芝麻酱 シーマ ジアン	ゴマだれ味噌
胡椒 フゥ ジャオ	コショウ	蚝油 バオ ヨウ	オイスターソース	香油 シァン ヨウ	ゴマ油
辣油 ラー ヨウ	ラー油	番茄酱 ファン チェ ジアン	ケチャップ	花椒 ホァ ジャオ	山椒
辣椒 ラー ジャオ	唐辛子	五香粉 ウー シァン フェン	山椒、ウイキョウなど5種類の香料を混ぜ合わせたもの		

軽食店・カフェ・屋台で　Fast Food, Café, Stand　在小吃店、咖啡厅、小食摊

餃子や蒸し饅頭、麺類などは"菜"（料理）と区別して"小吃"とよばれます。土地ごとに名物の小吃があり、小吃店や屋台に行けば、小額でこれらをお腹一杯食べることができます。気軽にコーヒーを、という習慣は中国にはあまりありませんが、都市部にカフェが増えてきました。一息つきたいときは、カフェに入ってみましょう。

ここに座っていいですか Can I sit here?	我 可以 坐 在 这里 吗? ウォ コォイー ズオ ザァイ ジョーリ マ
ビールを1本下さい I'd like to have a beer, please.	请 给 我 一瓶 啤酒。 チン ゲィ ウォ イーピン ピージウ
ワンタンを1碗お願いします I'd like to have a bowl of huntun.	请 给 我 一碗 馄饨。 チン ゲィ ウォ イーウン フントゥン
1碗いくらですか How much is it a bowl?	多少 钱 一碗? ドゥオシャオ チエン イーウン
この土地のビールはありますか Do you have some local beer?	有 当地 的 啤酒 吗? ヨウ ダンディ ダ ピージウ マ
ジャスミン茶（緑茶）を下さい I'd like to have jasmine (green) tea.	请 给 我 茉莉花茶 （绿茶）。 チン ゲィ ウォ モーリーホアチャ リュチャ
炭酸入り（炭酸なし）のミネラルウオーターを下さい Carbonated (Uncarbonated) mineral water, please.	请 给 我 碳酸 （没有 碳酸）的 矿泉 水。 チン ゲィ ウォ タンスラン メィヨウ タンスランダ クァン チュアン シュィ
豆乳1杯と油条を1本下さい I'd like a cup of soymilk and a fried bread bar.	请 给 我 一杯 豆浆 和 一根 油条。 チン ゲィ ウォ イーベィ ドウジアン ホー イーゲン ヨウティアオ
ほかに食べるものはありますか Do you have any other food?	还有 什么 其他 吃的 东西 吗? ハイヨウ シェンモ チィター チーダ ドンシ マ
持って帰ります Can I take this home?	拿 回去。 ナー ホォイチュー
お茶に湯を足して下さい Can I have more hot water in the pot?	请 给 茶壶里 加 开水。 チン ゲィ チャフゥリ ジア カイシュィ
もう1杯お願いします May I have another one, please?	请 再 来 一杯。 チン ザァイ ライ イーベィ

113

カフェにて In Café 在咖啡厅

ケーキはどんなものがありますか What cakes do you have?	有 什么 蛋糕? ヨウ シェンモ ダンガオ
アップルケーキを1つ下さい One piece of apple cake, please.	请 给 我 一个 苹果蛋糕。 チン ゲイ ウォ イーグ ピングオダンガオ
コーヒーを1杯下さい A cup of coffee, please.	请 给 我 一杯 咖啡。 チン ゲイ ウォ イーベイ カフェイ
チョコレートとバニラのアイスを1つずつ下さい I'd like one chocolate and one vanilla ice cream, please.	请 给 我 巧克力 和 香草 的 冰激凌 各 一个。 チン ゲイ ウォ チアオコォリー ホー シアンツァオ ダ ビンジィリン ゴー イーグ

屋台にて At the Stand 在小食摊

焼き餃子を下さい One plate dumpling, please.	请 给 我 锅贴。 チン ゲイ ウォ グオティエ
ラー油はいりますか Would you like some chili oil?	要 辣油 吗? ヤオ ラーヨウ マ
包子を下さい One baozi, please.	请 给 我 包子。 チン ゲイ ウォ バオズ
あずきのと肉のとどちらがよいですか Would you rather have a baozi with red bean or meat?	要 豆沙馅儿 还是 肉馅儿 的? ヤオ ドウシャアル ハイシ ロウシアル ダ
あずきでお願いします With red bean, please.	请 给 我 豆沙馅儿 的。 チン ゲイ ウォ ドウシャアルダ

ワードバンク

テイクアウト	外 卖 ウィ マイ	ファースト フード	快 餐 クァイ ツァン	マクドナルド	麦当劳 マイ タン ラオ
スターバックス	星巴克 シン バー コォ	ごみ箱	垃圾箱 ラージィ シアン	セルフ サービス	自助餐 ズー ジュー ツァン
先払い	预付 ユィ フー	24時間営業	二 十 四 小 时 营 业 アル シー スー シアオ シー イン イェ		
ハンバーガー	汉堡包 ハン バオバオ	ホットドッグ	热狗 ロー ゴウ	ヨーグルト	酸奶 スァン ナイ
オレンジ ジュース	桔子汁 ジュズ ジー	アイスコーヒー	冰咖啡 ビン カ フェイ	サラダ	沙拉 シャ ラー

スナックメニュー 小吃部菜单
シアオ チー ブー ツァイ ダン

饺子／锅贴
シアオ ズ　グオ ティエ
ギョウザ。焼きギョウザのことは、"锅贴"という。

馒头
マン トウ
小麦粉の蒸しパン。弾力があり、主食にされる。

肉包
ロウ バオ
ブタ肉の入った蒸し饅頭。ボリュームたっぷりの軽食。

蚝油叉烧糕
ハオ ヨウ チャ シャオ ガオ
オイスターソースで調味した焼き豚入りの蒸し饅頭。

滑鸡大包
ホア ジー ダー バオ
鶏肉の塊や骨や肉をすりつぶしたあんが入った、大型の蒸し饅頭。

豆沙包
ドウ シャ バオ
甘いこしあんが入った蒸し饅頭。

元宵
ユアン シアオ
もとは旧暦1月15日の元宵節に供えたあん入りの団子。

油条
ヨウ ティアオ
ねじり棒状の揚げパン。豆乳にこれを添えるのが
中国人の一般的な朝食。

烧饼
シャオ ビン
練ってまるめた小麦粉を、鉄板で焼いたもの。
肉や野菜をはさんで食べる。

炸豆腐
ジャ ドウ フ
油で揚げた豆腐をいくつか串ざしにし、
唐辛子のたれをつけて食べる。

烤羊肉串
カオ ヤン ロウ チュアン
香辛料のよくきいたシシカバブ。

馄饨／抄手
フントゥン チャオ ショウ
ワンタン。四川では抄手という。

冰糖银耳
ビン タン イン アル
白キクラゲを氷砂糖で煮込んだもの。

夫妻肺片
ラー チー フェイ ピエン
薄切りにした牛の内臓の水煮に、調味料をかけて食べる四川の小吃。

羊肉泡馍
ヤン ロウ パオ モー
"馍"とよばれる固パンを小さくちぎり、羊肉スープで煮込んだ
西安名物。固パンは通常客がちぎる。

肉夹馍
ロウ ジア モー
西安名物の豚肉バーガー。

泡油糕
パオ ヨウ ガオ
あずきあんを泡つぶのような皮で包んだ甘い菓子。

火晶柿子饼
フオ ジン シーズ ビン
西安特産の火晶柿の実と小麦粉を練って焼いた餅。

馕
チン
ナン。シルクロードのパン。

拌面
バン ミエン
シルクロードの皿うどん。

开口笑
カイ コウ シアオ
ゴマをまぶした揚げ菓子。口を開けて笑ったような形。

食べる

軽食店・カフェ・屋台で

115

台湾料理 Taiwanese Food 　　　　　　　　　　　　　台菜

　台湾料理のルーツは、福建と客家系の郷土料理にあります。長い年月大陸の料理の影響を受けながら、台湾で自然の恵みと生活の知恵を取り入れて育まれてきました。ほかの中国料理と比べると、盛りつけに技巧をこらさず、見た目も決して洗練されているとはいえませんが、親しみのもてる味です。あっさりしているので、日本人の口にもよく合いそうです。

　材料は、エビ、カニ、魚、フカヒレ、ツバメの巣などの海産物と肉、内臓類が中心で、これらを蒸したり揚げたりして食べます。海鮮料理店では、店内のいけすから生きたエビや貝をすくって、その場で調理するので、新鮮そのものです。シーフードの値段はどこもみな時価ですが、ランチタイムにはわりに安く食べられます。

　台湾では、夜食のことを"宵夜"（シアオィエ）ともよびますが、どこの家庭でもこの"宵夜"にお粥をよく食べます。街なかには、小皿料理とあつあつのお粥を食べさせる専門店もあり、深夜まで営業しています。

　次に台湾料理の代表的なメニューを紹介してみましょう。なお、台湾の標準語はいわゆる北京語で、大陸の普通話と共通するものですが、庶民の生活レベルでは台湾語［閩南話　ミンナン ホァ］が用いられるため、料理名に台湾語のルビをふりました。また文字は、大陸の簡体字（簡化文字）とは異なった繁体字（旧字）が用いられています。

肉料理

炒豬肝 チャ ディ グァン	豚レバー炒め	四寶花脆 スー ボー フェ ツイ	鶏の砂肝炒め
紅燒排骨 アン ショウ バイ クウ	スペアリブのあんかけ	蔥油雞 ツァン ユー ゲ	蒸し鶏肉のネギソースかけ
雞卷 ゲ グゥン	鶏肉とレバーの春巻	生炒田雞 チ チャ ツァング	食用ガエルの炒めもの
鹽水鴨 ギャン ズィ アー	アヒルの水煮	葡肉 ポー バー	豚肉のフライ
		魯肉 ロー バー	豚肉の角煮

海鮮料理

龍蝦洗 リン ヘー セイ	伊勢エビの活きづくり	炸大蝦 ジー ダァ ヘー	車エビフライ	蚵卷 オウ グゥン	カキの春巻
紅燒魚翅 アン ショウ ヒー チー	フカヒレのあんかけ			桂花魚翅 グイ フェ ヒー チー	フカヒレの玉子炒め
五味九孔 ゴミ ガウ カン	トコブシの五味ソースかけ			烘烏魚子 ハン オ ヒー チィ	カラスミのあぶり焼き
紅燒黃魚 アン ショウ ンー ヒー	イシモチのあんかけ			鐵板鱔魚 ティ バン セン ヒー	田ウナギの鉄板焼
烤鰻魚 ハウン ムアー ヒー	ウナギの蒲焼	鹽燒大蛤 ギャン ショウ ダァ ハァン	塩焼ハマグリ	生蚵仔 チィ オウ ア	生ガキ

食べる / 台湾料理

炸花枝絲 ジーフェギシ	イカの細切り炒め	紅蟳米糕 アンチンビゴウ	カニ入り蒸しモチ米
花枝丸 フェギウァン	イカのすり身だんごの空揚げ	糖醋魚片 トゥンツオヒーピー	魚の空揚げの甘酢あんかけ
牛角蛤 グウガハァン	ゆでシジミ	蒸蟹 チェチン	蒸しガニ

野菜料理

炒青菜 チャチンツァイ	旬の青野菜炒め	金菇芥菜 ギンゴガイツァイ	カラシ菜とエノキ炒め
炒桂竹筍 チャグイデェスン	タケノコ炒め	清炒豆苗 チンチャダウミャウ	トウミャウ炒め
小魚芥菜 ショウヒーガイツァイ	シラスとカラシ菜炒め	生炒苦瓜 チィチャコウグェイ	ニガウリ炒め

家庭料理

小魚土豆 ショウヒートウダウ	ピーナッツとシラス（小魚）炒め	鹽菜肚絲 ギャンツァイドシ	豚肉とカラシ菜炒め
蔭汁蚵 インシオウ	カキとモロミ炒め	瓜仔肉 グェアーバー	細切れ豚肉とウリの蒸しもの
菜脯蛋 ツァイボヌン	干し大根入りオムレツ	紅燒豆腐 アンショウダウフ	厚揚げと野菜の醤油炒め
潤餅 ルンビァー	生春巻	蔭豉蚵 インシーオウ	カキの味噌炒め

スープ

燉甲魚 トゥンガーヒー	スッポンのスープ	下水湯 ハースィトゥン	鶏の内臓のスープ
枸杞燉鰻 ゴギトゥンムァー	ウナギとクコのスープ	枸杞燉雞 ゴギトゥンゲ	鶏肉とクコのスープ
玉米海鮮湯 ギョビハイセントゥン	海鮮のコーンスープ	蛤蜊湯 ハァンマトゥン	ハマグリ、ネギ、ショウガのスープ

麺・飯類

什錦炒麺 ザッツァイミ	五目焼きそば	擔仔麺 ダーアミ	一口そば	蕃薯粥 ハンツィベイ	芋がゆ
竹筒仔飯 ディコンアブン	竹筒で炊いたおこわ				

台湾屋台のメニュー Taiwan Food Stand Menu　夜市的料理

料理名

料理名	読み	説明
蚵仔煎	オウア チィエン	小粒のカキのオムレツ風お好み焼き
排骨飯	バイ クウ ブン	骨つき豚肉の空揚げドンブリ
油飯	ユー ブン	油を入れて蒸したモチ米のご飯
肉粽	バー ツアン	肉や栗、ウズラ玉子、シイタケ入りの油飯のちまき
碗粿	ワン ゲー	お米を挽いて蒸した茶碗蒸し風スナック
海産烏龍麺	ハイ サン ウー リン ミー	エビやイカなどの海鮮入り煮込みうどん
台南擔仔麺	ダイ ナン ダーア ミー	あっさりしたスープに肉味噌をのせた台湾名物の麺
牛排	グウ バイ	目玉焼き、野菜、スープ付き台湾風ステーキ
米粉炒	ビー フン チャ	野菜を炒め合わせた焼きビーフン
八寶粥	ビーコー ベイ	ハト麦、龍眼、モチ米のお粥
魯肉飯	ロー バー ブン	豚肉のそぼろご飯
下水湯	ハー スイ トゥン	鶏の内臓のスープ
猪肝湯	ティ グァン トゥン	豚レバーのスープ
腰子湯	ヨウ チー トゥン	豚の腎臓のスープ
猪肚湯	ティ ドウ トゥン	スライスした豚の胃袋のスープ
魷魚羹	リュ ヒー ギー	スルメイカを醤油味のスープで煮こんだもの
猪心湯	ティ シン トゥン	豚のハツのスープ
蚵仔湯	オウア トゥン	カキと塩漬けカラシ菜のスープ
肉圓	バー ワン	豚のひき肉等を澱粉の皮で包んだ蒸しもの
肉羹	バー ギー	肉とすり身のあつもの
棺材板	クアン ツァー バン	鶏のレバーやイカ、エビのシチュー入り揚げパン

支払い Payment 付款

　支払いは席に着いたままで済ませるのが一般的です。食事が終わったら、手を上げてウェイターを呼び、勘定書を持ってくるように頼みます。勘定書にメニューの明細が書かれている場合は、一つ一つチェックしてみましょう。ホテルのレストランでは通常サービス料が加算されますが、チップは、ホテル内、市中を問わずどこのレストランでも基本的に不要です。領収書は必ず発行されるわけではないので、必要ならその旨も伝えましょう。

★ お勘定をお願いします Check, please.	请 算帐 （结帐）。 チン スゥンジャン ジエジャン
とてもおいしかったです It was very good.	很 好吃。 ヘン ハオチー
ここで払えますか Can I pay here?	付款 是 在 这里 吗？ フークアン シー ザァイ ジョーリ マ
どこで払うのですか Where shall I pay the bill?	请问 在 哪里 付款？ チンウェン ザァイ チァーリ フークアン
勘定を別々に払いたいのですが We'd like to pay separately.	请 给 我们 分别 结帐。 チン ゲイ ウオメン フェンビエ ジエジャン
私がまとめて払います I'll take care of the bill.	全部 由 我 来 付款。 チュアンブー ヨウ ウオ ライ フークアン
サービス料は含まれていますか Is service charge included?	请问 这里边 包括 服务费 吗？ チンウェン ジョーリービエン バオクオ フーウーフェイ マ
全部でおいくらですか How much is it altogether?	一共 多少 钱？ イーゴン ドゥオシャオ チエン
クレジットカードは使えますか Do you accept credit cards?	可以 使用 信用卡 吗？ コオイー シーヨン シンヨンカ マ
領収証を下さい May I have a receipt, please?	请 给 我 发票。 チン ゲイ ウオ ファピアオ
お勘定は部屋につけて下さい Will you charge it to my room, please?	请 转到 我房间 的 帐上。 チン ジュアンダオ ウオファンジエン ダ ジャンシャン
また来ます I'll come again.	我 下次 再 来。 ウオ シアツー ザァイ ライ

食べる

この料金は何ですか What is this amount for?	这项　金额　是　怎么回事？	ジョー シアン ジンオー シー ゼンモ ホォイシー
このメニューはキャンセルしました I canceled this item.	这道　菜　取消　了。	ジョー ダオ ツァイ チューシアオ ラ
計算が違っているようです I'm afraid there is a mistake in the bill.	您　大概　算错　了。	ニン ダーガイ スウンツォ ラ
おつりが違います You gave me the wrong change.	您　找错　钱　了。	ニン ジャオツォ チエン ラ
おつりが足りないようです I haven't received the correct change.	找　的　钱　不够。	ジャオ ダ チエン ブーゴウ
おつりをもらっていません I haven't received my change.	您　还没　找　我钱。	ニン ハイメイ ジャオ ウォチエン
もう一度チェックして下さい Could you check it again?	请　再　核对　一下。	チン ザアイ ホードゥイ イーシア

支払い

ワードバンク

勘定	结账 ジエ ジャン	勘定書	账单 ジャン タン	サービス料	服务费 フー ウー フェイ
カバーチャージ	座儿钱 ズォル チエン	合計	总计 ゾォン ジィ	サイン	签字 チエン ズー
割り勘	ＡＡ制 エイ エイ ジー	小銭	零钱 リン チエン	おつり	找钱 ジャオ チエン
領収書	发票／收据 ファ ピアオ ショウ ジュ				

移動する
Transportation
交通

航空予約・リコンファーム　Booking/Reconfirming a Flight　订机票／座位再确认

　旅行先や乗継地で 3 日以上滞在する場合、次の目的地（帰国便を含む）までの航空機の予約を、出発の 72 時間前までに確認することをリコンファーム［座位再确认］といいます。現在は再確認を必要としない航空会社がほとんどですが、手続きをしないと、予約が自動的に取り消されることもあります。不安があれば、チケット購入時に確認しておくとよいでしょう。

もしもし中国国際航空です Hello. This is Air China.	喂，中国国际航空公司。 ウェイ　ジョングオグオジィハンコンゴンスー
★ 予約を再確認したいのですが I'd like to reconfirm my flight.	我想确认一下我的座位。 ウォ シアン チュエレン イーシア ウォ ダ ズオウェイ
お名前と便名をどうぞ What's your name and flight number?	请告诉我您的姓名和航班号。 チン ガオスゥ ウォ ニン ダ シンミン　ホー バンバンハオ
★ 名前は山下一郎、CA1209 便、西安行きです My name is Ichiro Yamashita, and my flight number is CA1209 for Xi'an.	我叫山下一郎，飞往西安的 CA1209 航班。 ウォ ジアオ シャンシアイーラン フェイワン シーアン ダ シーエイヤオアルリンジウ ハンバン
いつ出発ですか When is it?	是哪一天出发的? シー ナーイーティエン チュファ ダ
6月10日です June tenth.	6月10号出发的。 リィウユエシーハオチュファ ダ
★ 出発時刻を確認したいのですが I'd like to make sure of the time it leaves.	喂，我想确认一下起飞时间。 ウェイ ウォ シアン チュエレン イーシア チィフェイ シージエン
午前10時15分です。9時15分までにチェックインして下さい Ten fifteen AM. You must check in at least by nine fifteen.	上午十点一刻。请在九点一刻之前办理登机手续。 シャンウー シーディエン イーコォ　チン ザアイ ジウディエン イーコォ ジー チエン バンリー ドンジィショウシュー

| 予約が取り消されていた場合 | When the Reservation Is Canceled | 预订被取消了 |

あなたの予約は入っておりません I can't find your name.	名单　上　没有　您　的　名字啊！ ミンタン シャン メイヨウ ニン ダ ミンズ ア
本当ですか Really?	真　的　吗？ ジェン ダ　マ
予約は<u>東京</u>で確認してあります The reservation was confirmed in <u>Tokyo</u>.	我　的　预订　在　东京 ウオ ダ ユイディン ザアイ ドンジン 已经　确认　了。 イージン チュエレン ラ
もう一度お名前を May I have your name again?	请　再　说　一下　您　的 チン ザアイ シュオ イーシア ニン ダ 姓名。 シンミン
やはり予約リストに載っていません I still can't find your name on the reservation list.	还是　找不到　您　的　名字。 ハイシ ジャオブダオ ニン ダ ミンズ
いずれにせよ、このフライトはまだ席がありますので大丈夫です Anyway, we have seats for new bookings on this flight. No problem.	总之　这次　航班　还有 ゾンジー ジョーツー ハンバン ハイヨウ 空位，没　问题。 コンウェイ メイ ウェンティ
<u>エコノミークラス</u>おひとりですね One <u>economy class</u> seat, is that right?	经济舱　一名，是　吗？ ジンジィツァン イーミン シー マ
そうです Yes.	是　的。 シー ダ
あなたの予約はOKです Now you have been booked.	好　的，订好　了。 ハオ ダ　ディンハオ ラ
ありがとう。チェックインは何時からですか Thanks a lot. What time do you start check-in?	谢谢　您了。几点　开始 シエシエ ニンラ ジィディエン カイシー 办理　登机手续？ バンリー ドンジィショウシュー
出発時間の2時間前からです Two hours before departure time.	起飞　前　两个　小时　开始。 チィフェイ チエン リアング シアオシー カイシー
1時間前までにチェックインして下さい You must check in at least one hour before.	请　在　起飞　前　一个 チン ザアイ チィフェイ チエン イーグ 小时　办完　登机手续。 シアオシー バンウン ドンジィショウシュー

満席の場合 When the Flight Is Full	满座
次の西安行きのフライトはいつですか When does the next flight to Xi'an leave?	飞往 西安 的 下 一次 航班 是 什么 时间?
便は毎日ありますが、お取りできるのは金曜日の午後便になります Flights leave every day, but the available one will be on Friday afternoon.	每天 都 有 航班，不过 能 订到 的 是 星期五 下午 的 航班。
夕刻に西安に着きます You can get to Xi'an in the evening.	傍晚 到达 西安。
それがいい。予約して下さい That will be fine. Could you make reservations?	那 行。请 给 我 预订 一下。
便名と時間を教えて下さい What is the flight number and departure time?	请 告诉 我 航班号 和 时间。
料金はどうなりますか What's the fare?	票价 是 多少 钱?
片道でおひとり1030元です It is 1030 Kuai for one way, one person.	单程 一位 一千 零 三十 块。

いま持っている航空券との差額を支払うだけではいけませんか Can't I just pay the difference between this new ticket and the one I already have?	能不能 只付 与 现有 机票 的 差额?
できません。お持ちの航空券の未使用区間は日本で払戻しを受けて下さい No, we can't. You will be refunded for the unused segments of your ticket in Japan.	不行。请 在 日本 领取 您的 未使用 机票 的 退款。
わかりました I see.	明白 了。

予約の変更　Changing a Reservation　改变预订

フライトの予約を変更したいのですが I'd like to change my flight.	我 想 改变 预订 的 航班。
6月11日の上海行きMU5102便を予約してある山下です My name is Yamashita. I'm booked on flight MU5102 for Shanghai on June 11th.	我 预订 了 6月11号 飞往 上海 的 MU5102 航班，我 叫 山下。
どのようにしますか How would you like to change it?	您 想 怎么 改?
6月13日の便に変えたいのですが I want to change my flight for June 13th.	想 改为 6月13号 的。
2便ありますが、午前と午後とどちらがよろしいですか We have two flights. Would you like a morning flight or an afternoon flight?	有 两次 航班，上午 和 下午 的，您 想要 哪个 航班?
午後の便の出発時刻は何時ですか What is the departure time for the afternoon flight?	下午 的 航班 几点 出发?
16時30分です It's at 4:30 PM.	是 下午 四点 半。

それを予約して下さい Could you reserve a seat for me?	那就给我订吧。 ナー ジウ ゲイ ウォ ディンパ
それでは、新しく予約して下さい Then, please make me a new reservation.	那就重新预订一下。 ナー ジウ チョンシン ユイディン イーシア
あいにくこのフライトは満席です Sorry, but this flight is full.	真不巧，这次班机已经客满了。 ジェン プーチアオ ジョーツー バンジィ イージン コォマン ラ
空きはありません There are no vacancies.	没有空位。 メイヨウ コンウェイ
ウェイティングで乗れませんか What is the possibility of my getting a seat if I wait?	能不能等到退票呢? ノンブノン ドンダオ トォイピアオ ナ

移動する

航空予約・リコンファーム

ワードバンク

空港	机场 ジィ チャン	予約	订座/订票 ディンズオ ディンピアオ	チケット	机票 ジィ ピアオ
便名	航班号 ハン バン ハオ	時刻表	时刻表 シー コォ ピアオ	航空会社	航空公司 ハン コン ゴン スー
中国民航切符売場	民航售票处 ミン ハン ショウピアオ チュ	リコンファーム	座位再确认 ズオ ウェイ ザイ チュエ レン		
目的地	目的地 ムゥ ディ ディ	取消し待ち	等到退票 ドンダオ トォイピアオ	変更不可	不可更改 ブー コォ ゴン ガイ
払戻し不可	不可退款 ブー コォ トォイクアン	エンドースメント (変更承認)		変更許可	変更许可 ビェン ゴン シュー コォ
イニシャルキャリア (日本出発時の航空会社)	出发航空公司 チュ ファ ハン コン ゴン スー	重量超過手荷物	超重行李 チャオ ジョン シン リ		

チェックイン Check-in 登机手续

　チェックインとは搭乗手続きのことです。空港に着いたらまず機内託送荷物の安全検査を受けます（空港により、航空会社のカウンターで行うことも）。次に航空会社のカウンターで搭乗手続きをします。航空券、パスポートを提示し、座席の希望を伝えます。託送荷物はここで預け、搭乗券［登机牌］と荷物の引換証を受け取り、搭乗検査に向かいます。

中国東方航空のカウンターはどこですか Where is the China Eastern Airlines counter?	中国东方航空公司的办票处在哪里？
中国東方航空のカウンターへこの荷物を運んで下さい Could you take this baggage to the China Eastern Airlines counter, please?	请把行李搬到中国东方航空公司的办票处。
チェックインは何時ですか What is the check-in time?	几点办登机手续？
何時までにチェックインしなければなりませんか By what time should I check-in?	登机手续必须在几点以前办完？
★ 窓側（通路側）の席がいいのですが I'd like to have a window (aisle) seat.	我要靠窗边（通道）的位子。
友人と隣合せの席にして下さい I'd like to sit with my friend.	我想坐我的朋友旁边。
搭乗開始は何時からですか What is the boarding time?	几点开始登机？
ゲート番号を教えて下さい What is the gate number?	请告诉我登机口号码。
6番ゲートはどこですか Where is gate six?	第六登机口在哪里？
この便は何時に離陸しますか What time does the plane take off?	这次航班几点起飞？

どのくらい遅れますか How long will it be delayed?	晚点　多长　时间? ワンディエン ドゥオチャン シージエン
荷物は全部で3個です I have three pieces of baggage.	一共　三件　行李。 イーゴン サンジエン シンリ
これはこわれ物です This is fragile.	这个　行李　是　易碎品。 ジョーク シンリ シー イースイピン
最終目的地まで通しで預けます Check it to my final destination.	请　托运　到　最后　的 チン トゥオユン ダオ ズイホウ ダ 目的地。 ムウディディ
超過料金はいくらですか How much is the excess baggage charge?	超重费　　多少　　钱? チャオジョンフェイ ドゥオシャオ チエン
これを機内に持ち込めますか Can I bring this on the plane?	这件　行李　可以　随身 ジョージエン シンリ コイー スイシェン 带上　飞机　吗? ダイシャン フェイジィ マ
預ける手荷物はありません I have no baggage to check.	我　没有　托运　的　行李。 ウオ メイヨウ トゥオユン ダ シンリ
この手荷物は預けません I won't check this baggage.	这个　行李　不用　托运。 ジョーク シンリ ブーヨン トゥオユン

移動する

チェックイン

搭乗案内 Boarding　　　　　　　通知登机

　搭乗検査のカウンターでは搭乗券、パスポートを提示し、さらに安全検査を受けて、搭乗ゲートへ向かいます。ゲート番号は搭乗券に書いてありますが、電光掲示板などで再度確認し、ゲートの場所が分からない場合は搭乗券を見せて空港係員に聞きましょう。搭乗案内は中国語、英語、空港により日本語でアナウンスされます。

★（搭乗券を見せながら）この便の搭乗ゲートはどこですか Where is the boarding gate for this flight?	这次 班机，从 哪个 ジョーツー バンジィ ツォン ナーグ 登机口 登机 呢？ ドンジィコウ ドンジィ ナ
搭乗開始は何時ですか What time do you start boarding?	几点 开始 登机？ ジィディエン カイシー ドンジィ
免税店はどこですか Where is the duty-free shop?	免税店 在 哪里？ ミエンシュイディエン ザァイ ナーリ
中国国際航空1209便西安行きのお客様はただ今より搭乗を開始いたします Departing passengers on Air China Flight 1209 for Xi'an are now boarding.	乘坐 飞往 西安 的 チョンズオ フェイウン シーアン ダ 中国国际航空1209 ジョングオグオジィハンコンヤオアルリンジウ 航班 的 旅客，现在 开始 ハンバン ダ リュコォ シエンザァイ カイシー 登机 了。 ドンジィ ラ
中国国際航空1209便西安行きの最終案内です This is the final announcement for Air China Flight 1209 for Xi'an.	这是 飞往 西安 的 ジョーシー フェイウン シーアン ダ 中国国际航空1209 ジョングオグオジィハンコンヤオアルリンジウ 航班 的 最后 通知。 ハンバン ダ ズォイホウ トンジー
エコノミークラスのお客様、搭乗ゲートにお進み下さい Passengers of economy class, please proceed to the boarding gate.	请 经济舱 的 旅客 开始 チン ジンジィツァン ダ リュコォ カイシー 登机。 ドンジィ
（搭乗券を見せながら）この座席番号はもう搭乗が始まっていますか Has this seat number started boarding?	这个 座位号 已经 开始 ジョーグ ズオウェイハオ イージン カイシー 登机 了 吗？ ドンジィ ラ マ
私の席はどこですか Where is my seat?	我 的 座位 在 哪里？ ウオ ダ ズオウェイ ザァイ ナーリ

空港の仕組み

※この図解は世界の一般的な空港を元に作った、架空のものです

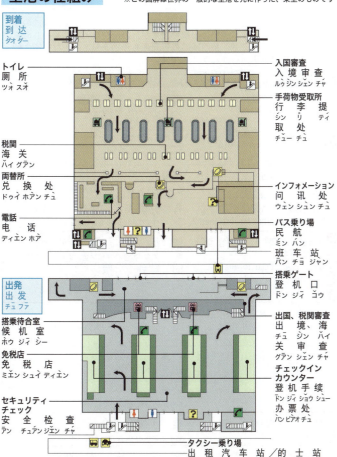

到着
到达
タオ ダー

トイレ
厕所
ツォ スォ

入国審査
入境审查
ルゥ ジン シェン チャ

手荷物受取所
行 李 提
シン リ ティ
取 处
チュー チュ

税関
海关
ハイ グァン

両替所
兑 换 处
ドゥイ ホアン チュ

インフォメーション
问 讯 处
ウェン シュン チュ

電話
电 话
ディェン ホア

バス乗り場
民 航
ミン ハン
班 车 站
バン チョ ジャン

出発
出发
チュ ファ

搭乗ゲート
登机口
ドン ジィ コゥ

搭乗待合室
候机室
ホウ ジィ シー

出国、税関審査
出 境、海
チュ ジン ハイ
关 审 查
グァン シェン チャ

免税店
免 税 店
ミェン シュイ ディェン

チェックイン
カウンター
登机手续
ドン ジィ ショウ シュー
办 票 处
バン ピァオ チュ

セキュリティ
チェック
安 全 检 查
アン チュアン ジェン チャ

タクシー乗り場
出租汽车站／的士站
チュ ズゥ チィ チョ ジャン ディ シ ジャン

移動する

搭乗案内

ワードバンク

国際線	国际航班 グオ ジィ ハン バン	国内線	国内航班 グオ ネイ ハン バン	乗客	旅客 リュ コォ
クレームタッグ (手荷物引換証)	行李牌 シン リ パイ		機内持ち込み手荷物		随身行李 スイ シェン シン リ
預け入れ 手荷物	托运行李 トゥオ ユン シン リ	搭乗券	登机牌 ドン ジィ パイ	トイレ	厕所 ツォ スォ

鉄道 Trains　　　　　　　　　　　　　　　　铁路

中国大陸の東部は鉄道網が発達していますが、地域によっては路線の少ないところもあります。時間はかかりますが、のんびりと移動そのものを楽しむにはぴったりです。長距離の夜行列車も多数あり、広大な中国大陸を実感するには鉄道旅行がおすすめです。

予約する・切符を買う　Reservation/Buying Tickets　　预订・买票

切符売り場はどこですか
Where is the ticket office?
售票处 在 哪里?
ショウピアオチュ ザアイ チーリ

予約はどの窓口でできますか
At which window can I make a reservation?
哪个 窗口 能 订票?
ナーグ チュアンコウ ノン ディン ピアオ

時刻表はありますか
Do you have a time table?
有没有 一份 时刻表?
ヨウメイヨウ イーフェン シーコォピアオ

外国人向けの切符売場はありますか
Is there a ticket office for foreigners?
有 外国人 售票处 吗?
ヨウ ウイグオレン ショウピアオチュ マ

★ **洛陽までの軟臥（1等寝台）切符を1枚下さい**
Can I have a ticket for the soft seat (first class berth) to Luoyang, please?
请 给 我 一张 到 洛阳 的 软卧 票。
チン ゲイ ウオ イージャン ダオ ルオヤン ダ ルゥアンウオ ピアオ

午前発ですか午後発ですか
Are you leaving in the morning or afternoon?
上午 还是 下午 出发?
シャンウー ハイシ シアウー チュフア

軟座（1等）ですか硬座（2等）ですか
Soft or hard seat?
软座 还是 硬座?
ルゥアンズオ ハイシ インズオ

軟座です
Soft seat, please.
软座。
ルゥアンズオ

★ **2階席がいいのですが**
Upper seat, please.
要 上层 的 位子。
ヤオ シャンツォン ダ ウェイズ

往復切符を買うことができますか
Can I have a round trip ticket?
能 买 往返 票 吗?
ノン マイ ワンファン ピアオ マ

明日蘇州に行きたいのです。列車の時刻を教えて下さい
I'd like to go to Suzhou tomorrow. What time is there a train?
明天 想 去 苏州。请 告诉 我 列车 的 时刻。
ミンティエン シアン チュー スゥジョウ チン ガオスゥ ウオ リエチョ ダ シーコォ

これは急行列車ですか
Is this an express train?
这 是 快速 吗?
ジョー シー クアイスゥ マ

鉄道

その列車はどこの駅から出ますか From which station does the train leave?	那次 列车 从 哪个 车站 出发？ ナーツー リエチョ ツォン ナーグ チョジャン チュファ
指定席はありますか Are there reserved seats on the train?	有 对号入座 的 位子 吗？ ヨウ ドゥイハオルゥズオ タ ウェイズ マ
予約した方がいいですか Do I need a reservation?	需要 订 位 吗？ シューヤオ ディン ウェイ マ
この列車の座席を予約したいのですが I'd like to reserve a seat on this train.	我 想 订 这次 列车 的 位子。 ウォ シアン ディン ジョーツー リエチョ タ ウェイズ
特急列車はありますか Are there any limited express trains?	有 特快列车 吗？ ヨウ トークアイリエチョ マ
乗り換えるのですか Do I have to change trains?	要 换 车 吗？ ヤオ ホアン チョ マ
予約を変更したいのですが I'd like to change my reservation.	我 想 改 一下 预订 的 车票。 ウォ シアン ガイ イーシア ユィディン タ チョピアオ
切符は何日間有効ですか How long is the ticket valid?	车票 几天 有效？ チョピアオ ジィティエン ヨウシアオ
上海まで夜行寝台を予約したいのですが I'd like to reserve a sleeper to Shanghai.	我 想 订到 上海 的 夜车 卧铺。 ウォ シアン ディンダオ シャンハイ タ イエチョ ウオプゥ

移动する

铁道

移動する

<u>上段（下段）</u>の寝台をお願いします I'd like the <u>upper</u> (lower) berth.	请 给 我 上铺 （下铺）。	チン ゲイ ウォ シャンプゥ シアプゥ
2枚下さい Two tickets, please.	我 要 两张。	ウォ ヤオ リアンジャン
<u>成都</u>行きの<u>始発</u>（最終/次の）列車は何時に出ますか What time does the <u>first</u> (last/next) train to <u>Chengdu</u> leave?	去 成都 的 头班 （末班/下趟）列车 几点 出发?	チュー チョンドゥ ダ トウバン モーバン シアタン リエチョ ジィディエン チュファ
★ 列車は何時に成都に着くのですか What time does the train arrive in Chengdu?	列车 几点 到 成都?	リエチョ ジィディエン ダオ チョンドゥ
それより<u>遅い</u>（早い）のはありますか Is there <u>a later</u> (an earlier) one?	有 更 晚 （早）的 列车 吗?	ヨウ ゴン ワン ザオ ダ リエチョ マ

鉄道

ワードバンク

〜行き	开往〜/去〜 カイワン チュー	出発	出发 チュ ファ	到着	到达 ダオ ダー
経由	路过/经过 ルーグオ ジングオ	乗換え	换车 ホアンチャ	列車	列车/火车 リエチョ フオチャ
特急列車	特快列车 トー クアイリエチョ	1等座席	软座 ルゥアンズオ	1等寝台	软卧 ルゥアンウォ
2等座席	硬座 インズオ	2等寝台	硬卧 インウォ	寝台車	卧铺车 ウォプゥチョ
寝台上段	上铺 シャンプゥ	寝台下段	下铺 シアプゥ	コンパートメント	包厢 バオシアン
窓側	靠窗 カオチュアン	通路側	靠通道 カオトォンダオ	食堂車	餐车 ツァンチョ
鉄道駅	火车站 フオチョジャン	切符	车票 チョピアオ	切符売り場	售票处 ショウピアオチュ
運賃	车费/票价 チョフェイ ピアオジア	列車番号	车次 チョツー	予約	预订/订票 ユィディン ディンピアオ
予約取消し	取消预订 チューシアオ ユィディン	払い戻し	退票 トゥイピアオ	禁煙	禁烟 ジンイエン
入口	入口 ルゥコウ	出口	出口 チュコウ	待合室	候车室 ホウチョシー
トイレ	厕所 ツォスオ	荷物預り所	行李寄存处 シンリ ジィツンチュ	改札口	检票口 ジエンピアオコウ
ホーム	站台/月台 ジャンタイ ユェタイ	車内販売	车上售货 チョシャンショウフオ	車掌	乘务员 チョンウー ユアン
列車の遅れ	列车误点 リエチョウーディエン	時刻表	时刻表 シーコォピアオ	駅弁	火车盒饭 フオチョ ホーファン

プラットホームで On the Platform　　　　　　　　在站台上

この列車はどこ行きですか Where does this train go to?	这次 列车 开往 什么 地方 的? ジョーツー リエチョ カイウン シェンモ ディファンタ
この列車は洛陽に停まりますか Does this train stop at Luoyang?	这次 列车 在 洛阳 停 吗? ジョーツー リエチョ ザァイ ルオヤン ティン マ
★ 洛陽行きはこのプラットホームでいいのですか Is this the right platform for the train to Luoyang?	去 洛阳 是 这个 站台 吗? チュー ルオヤン シー ジョーグ ジャンタイ マ
上海行きの列車はこの駅に停まりますか Does the train to Shanghai stop at this station?	去 上海 的 列车 在 这个 车站 停 吗? チュー シャンハイタ リエチョ ザァイ ジョーグ チョジャン ティン マ

車内で On the Train　　　　　　　　　　　　在列车上

★ これは西安行きの列車ですか Is this the train to Xi'an?	这是 去 西安 的 列车 吗? ジョーシー チュー シーアン タ リエチョ マ
すみません。通して下さい Excuse me. May I go through?	对不起。请 让 一下。 ドゥイブチィ チン ラン イーシア
★ この席は空いていますか Is this seat taken?	这个 位子 有人 吗? ジョーグ ウェイズ ヨウレン マ
ここは私の席だと思いますが I think this is my seat.	我 想 这 是 我 的 位子。 ウオ シアン ジョー シー ウオ タ ウェイズ
★ この車両は西安に行きますか Does this car go to Xi'an?	这个 车厢 去 西安 吗? ジョーグ チョシアン チュー シーアン マ
窓を開けてもいいですか May I open the window?	可以 打开 窗户 吗? コオイー ダーカイ チュアンフウ マ
次の停車駅はどこですか What is the next stop?	下 一站 是 哪里? シア イージャン シー ナーリ
席を替えてくれますか Will you change my seat?	可以 和 您 换 座位 吗? コオイー ホー ニン ホアン ズオウェイ マ
食堂車は何時に開きますか What time does the dining car open?	餐车 几点 开? ツァンチョ ジィディエン カイ
お湯を下さい Hot water, please.	请 给 我 热水。 チン ゲイ ウオ ローシュイ

移動する

鉄道

長距離バス Long-Distance Buses 长途汽车

　中国大陸の全土を網羅しているのは長距離バスの路線です。とくに鉄道が発達していないシルクロード、雲南、チベットなどの旅には長距離バスが欠かせません。夜行バスも走っています。座席の狭いバスで長時間旅をするのはハードですが、最近は快適な高速バスも登場し、鉄道のある地域でもバスの方が利用しやすい場合もあります。切符は長距離バスターミナルで事前に手配しておけば安心です。

★ 長距離バスの乗り場はどこですか / Where is the bus depot for the long-distance buses?	长途汽车站　在　哪里？ チャントゥチイチョジャン ザァイ ナーリ
切符売り場はどこですか / Where is the ticket office?	售票处　在　哪里？ ショウピアオチュ ザァイ ナーリ
予約は必要ですか / Do I need a reservation?	需要　预订　吗？ シューヤオ ユィディン マ
バスの中でも切符を売っていますか / Can I buy a ticket in the bus?	车上　也　卖　票　吗？ チョシャン イエ マイ ピアオ マ
九寨溝までお願いします / To Jiuzhaigou, please.	到　九寨沟。 ダオ ジウジャイゴウ
九寨溝行きのバスは何時に出ますか / What time does the bus for Jiuzhaigou leave?	去　九寨沟　的　汽车　几点　出发？ チュー ジウジャイゴウ ダ チイチョ ジイディエン チュファ
九寨溝まで時間はどのくらいかかりますか / How long does it take to get to Jiuzhaigou?	到　九寨沟　要　多长　时间？ ダオ ジウジャイゴウ ヤオ ドゥオチャン シージエン
途中で乗り換えは必要ですか / Do I have to transfer?	中途　需要　换　车　吗？ ジョントゥ シューヤオ ホアン チョ マ
九寨溝行きのバスの改札口はどこですか / Which gate does the bus for Jiuzhaigou leave from?	去　九寨沟　的　检票口　在　哪里？ チュー ジウジャイゴウ ダ ジエンピアオコウ ザァイ ナーリ
九寨溝行きのバスはどれですか / Which bus goes to Jiuzhaigou?	哪辆　是　去　九寨沟　的　汽车？ ナーリアン シー チュー ジウジャイゴウ ダ チイチョ
荷物はどこに置けばいいですか / Where should I put my baggage?	行李　放　在　哪里？ シンリ ファン ザァイ ナーリ

この荷物を預かって下さい Could you take care of this baggage?	请 寄存 一下 这个 行李。 チン ジィツン イーシア ジョーグ シンリ
この席は空いていますか Is this seat taken?	这 座位 有人 吗? ジョー ズォウェイ ヨウレン マ
次のバスは何時に出ますか What time does the next bus leave?	下 一辆 车 几点 出发? シア イーリアン チョ ジィディエン チュファ
次のバスに乗ります I'll take the next bus.	我 坐 下 一辆 的。 ウォ ズォ シア イーリアン ダ
トイレ休憩はいつですか When can I go to the rest room?	什么 时候 休息 上 厕所? シェンモ シーホウ シィウシ シャン ツォスォ
トイレに行きたいのですが I'd like to go to the rest room.	我 想 上 厕所。 ウォ シアン シャン ツォスォ
ここには何分くらい停まりますか How long does the bus stop here?	在 这里 停 多久? ザァイ ジョーリ ティン ドゥオジゥ
ここで降ります I'll get off here.	在 这里 下 车。 ザァイ ジョーリ シア チョ
次で降ります I'll get off at the next stop.	下 一站 下 车。 シア イージャン シア チョ
成都に着いたら知らせて下さい Please tell me when we arrived at Chengdu.	到 了 成都 请 告诉 我。 ダオ ラ チョンドゥ チン ガオスゥ ウォ

移動する

長距離バス

ワードバンク

切符売場	售 票 处 ショウ ピアオ チュ	待合室	侯 车 室 ホウ チョ シー	改札口	检 票 口 ジエン ピアオ コウ
切符	车 票 チョ ピアオ	〜行き	开 往〜/去〜 カイ ウン チュー	直行バス	直 达 车 ジー ダー チョ
乗換え	换 车 ホアン チョ	行き先	目 的 地 ムゥ ディ ディ	出発時間	出 发 时 间 チュ ファ シー ジエン
到着時間	到 达 时 间 ダオ ダー シー ジエン	時刻表	时 刻 表 シー コォ ピアオ	(バスの)予約	预 订 ユィ ティン
高速バス	高 速 汽 车 ガオ スゥ チィ チョ	寝台バス	卧 铺 车 ウォ プゥ チョ	デラックスバス	豪 华 车 ハオ ホア チョ
長距離バスターミナル	长 途 汽 车 站 チャントゥ チィ チョ ジャン	前方の席	前 面 的 座 位 チエン ミエンダ ズォ ウェイ		
後方の席	后 面 的 座 位 ホウ ミエンダ ズォ ウェイ	指定席	对 号 入 座 ドゥイ ハオ ルゥ ズォ	運転手	司 机 スー ジィ

地下鉄 Subway　　　　　　地铁

　地下鉄は北京、上海、南京、広州などの大都市で運行されています。乗り方がわかりやすいうえ、交通渋滞にも影響されずに、安い料金で目的地に行くことができるので、旅行者にとってもたいへん便利な足です。利用するときは、ホテルの売店や街頭の雑誌スタンドなどで市街地図を手に入れ、路線を確認しておきましょう。

★（観光案内所などで）地下鉄の路線図をもらえますか May I have a subway map?	请　给　我　地铁　的　路线图。 チン　ゲイ　ウオ　ディティエダ　ルーシエントゥ
ここから一番近い地下鉄駅はどこですか Where is the nearest subway station?	离　这里　最近　的 リー　ジョーリ　ズォイジン　ダ 地铁站　在　哪里？ ディティエジャン　ザアイ　チーリ
★故宮博物院へ行くにはどこで降りればいいですか Which station do I get off at to go to Palace Museum?	去　故宫博物院　在　哪里 チュー　グゥゴンボーウーユアン　ザアイ　チーリ 下　车？ シア　チョ
いくつ目の駅ですか How many train stops?	第几　站？ ディジィ　ジャン
切符売り場はどこですか Where is the ticket office?	售票处　在　哪里？ ショウピアオチュ　ザアイ　チーリ
天安門東までいくらですか How much is it to the Tian'anmen East?	到　天安门东　要　多少 ダオ　ティエンアンメンドン　ヤオ　ドゥオシャオ 钱？ チエン

この地下鉄は<u>天安門東</u>へ行きますか Does this train go to Tian'anmen East?	这 地铁 去 天安门东 吗？ ジョー ディティエ チュー ティエンアンメンドン マ
あと何駅ありますか How many stations are there?	还有 几站？ ハイヨウ ジィジャン
ここは<u>天安門東駅</u>ですか Is this Tian'anmen East Station?	这里 是 天安门东站 吗？ ジョーリ シー ティエンアンメンドンジャン マ
<u>故宮博物院</u>への出口はどれですか Which exit should I take for the Palace Museum?	哪个 是 去 故宫博物院 的 出口？ ナーグ シー チュー グゥゴンボーウーユアン ダ チュコウ
次の駅は<u>王府井</u>駅ですか Is the next station Wangfujing?	下 一站 是 王府井 吗？ シア イージャン シー ウンフージン マ
始発（終電）は何時ですか What time does the <u>first (last)</u> train leave?	头班车 （末班车） 是 几点？ トゥバンチョ モーバンチョ シー ジィディエン

ワードバンク

地下鉄	地铁 ディティエ	自動券売機	自动售票机 ズードン ショウピアオジィ
改札口	检票口 ジエンピアオコウ	入口	入口 ルゥコウ / 出口 チュコウ
～行き	开往～／去～ カイウン チュー	乗換え	换车 ホアンチョ / プラットホーム 站台／月台 ジャンタイ ユエタイ
切符売り場	售票处 ショウピアオチュ	始発（最終）電車	头班（末班）车 トゥバン モーバン チョ
エレベーター	电梯 ディエンティ	エスカレーター	自动扶梯 ズードン フーティ

移動する

地下鉄

バス Buses 公共汽车

市バスは路線が複雑なため、旅行者には利用しづらい面がありますが、市内を縦横に走っているので、慣れれば便利です。料金も地下鉄よりずっと安上がりです。乗る前に、ホテル内や街頭の雑誌スタンドで、路線図付きの市街地図を入手し、行き先をよく確認しておきましょう。なお通勤時間帯はたいへん混雑するので、避けた方が無難です。

バスの路線図はどこで売っていますか Where can I buy a bus route map?	在 哪里 卖 公共汽车 的 路线图? ザァイ ナーリ マイ ゴンゴンチィチョ ダ ルーシェントゥ	
バスの路線図を下さい May I have a bus route map?	请 给 我 一张 公共汽车 的 路线图。 チン ゲイ ウォ イージャン ゴンゴンチィチョ ダ ルーシェントゥ	
豫園へ行くバスはありますか Is there a bus to Yu Yuan?	有 去 豫园 的 公共汽车 吗? ヨウ チュー ユイユアン ダ ゴンゴンチィチョ マ	
★ 切符はどこで買うのですか Where can I buy a ticket?	在 哪里 买 车票? ザァイ ナーリ マイ チョピアオ	
豫園行きの切符を1枚下さい A ticket to the Yu Yuan, please.	请 给 我 一张 到 豫园 的 票。 チン ゲイ ウォ イージャン ダオ ユイユアン ダ ピアオ	
豫園までいくらですか How much is it to Yu Yuan?	到 豫园 要 多少 钱? ダオ ユイユアン ヤオ ドゥオシャオ チエン	

魯迅公園行きのバスの停留所はどこですか Where is the bus stop for Luxun Park?	去 鲁迅公园 的 车站 チュー ルーシュンゴンユアン ダ チョジャン 在 哪里? ザアイ チーリ
魯迅公園行きはどのバスですか Which bus goes to Luxun Park?	哪路 车 去 鲁迅公园? ナールー チョ チュー ルーシュンゴンユアン
このバスは魯迅公園まで行きますか Does this bus go to Luxun Park?	这路 公共汽车 去 ジョールー ゴンゴンチイチョ チュー 鲁迅公园 吗? ルーシュンゴンユアン マ
どこで乗り換えるのですか Where should I transfer?	在 哪里 换 车? ザアイ チーリ ホアン チョ
★ 魯迅公園で降りたいのですが I'd like to get off at Luxun Park.	我 想 在 鲁迅公园 下车。 ウオ シアン ザアイ ルーシュンゴンユアン シアチョ
そこに着いたら教えて下さい Could you tell me when to get off?	到 了 那里 请 告诉 我。 ダオ ラ ナーリ チン ガオスウ ウオ
ここで降ろして下さい I'll get off here.	我 要 在 这里 下 车。 ウオ ヤオ ザアイ ジョーリ シア チョ

移動する

バス

ワードバンク

バス停	公共汽车站 ゴンゴンチイチョジャン	～番線	～路 车 ルー チョ	～行き	开往～／去～ カイ ウン チュー
料金	车费／票价 チョ フェイ ピアオ ジア	車掌	售票员 ショウ ピアオ ユアン	運転手	司机 スー ジイ
路線図	路线图 ルー シエン トゥ	2階建てバス	双层 公共汽车 シュテン ツォン ゴン ゴン チイ チョ		
ミニバス	小 公共汽车 シアオ ゴン ゴン チイ チョ		ワンマンバス	无人售票车 ウー レン ショウ ピアオ チョ	

タクシー Taxi　　　　出租汽车

　急いでいるとき、地理がよく分からないときはタクシー［出租汽车／的士］が便利です。大、中都市なら流しの車が多く走り、料金もほとんどはメーター制です。メーター制でない場合は、乗車前に料金を確かめましょう。乗り方は日本とあまり変わりませんが、ドアは自動ではないので自分で開閉します。タクシーのほか、多くの街で輪タク［三轮车 サンルンチョ］も活躍しています。北京の路地巡りには恰好の乗り物です。料金は事前に交渉し、1人当たりの料金か1車の料金かも確認しておきましょう。

タクシー乗り場はどこですか Where is the taxi stand?	出租汽车站　在　哪里？ チュズウチイチョ ジャン ザァイ チーリ
タクシーを呼んで下さい Could you call a taxi for me?	请　叫　出租汽车。 チン ジアオ チュズウチイチョ
タクシーはどこで拾えますか Where can I catch a taxi?	在　哪里　能　找到　出租汽车？ ザァイ チーリ ノン ジャオダオ チュズウチイチョ
動物園までいくらくらいかかりますか How much is the fare to the zoo?	到　动物园　大概　要　多少　钱？ ダオ ドンウーユアン ターガイ ヤオ ドゥオシャオ チエン
時間はどのくらいかかりますか How long does it take to get there?	大概　要　多长　时间？ ターガイ ヤオ ドゥオチャン シージエン
料金はメーター制ですか Is the taxi fare by meter?	是　按　计程表　收　费　吗？ シー アン ジィチョンビアオ ショウ フェイ マ
どちらまで Where to?	到　哪里？ ダオ チーリ
動物園まで行って下さい To the zoo, please.	请　到　动物园。 チン ダオ ドンウーユアン
トランクを開けてもらえますか Could you help me open the trunk?	请　打开　车后箱。 チン ダーカイ チョホウシアン
★（メモを見せて）この住所へ行って下さい To this place, please.	请　去　这个　地址。 チン チュー ジョーグ ディジー
ここでちょっと待っていて下さい Would you wait for me here?	请　在　这里　等　一会儿。 チン ザァイ ジョーリ ドン イーホァル
右（左）に曲がって下さい Please turn to the right (left).	请　往　右　（左）拐。 チン ワン ヨウ ズオ グァイ

もっとゆっくり走って下さい Could you drive more slowly?	请慢点开。 チン マン ディエン カイ
次の交差点で停めて下さい Please stop at the next intersection.	请在下一个交叉口停车。 チン ザアイ シア イーグ ジアオチャコウ ティン チョ
ここで停めて下さい Stop here, please.	请在这里停车。 チン ザアイ ジョーリ ティン チョ
いくらですか How much is it?	多少钱? ドゥオシャオ チエン
ありがとう。おつりはとっておいて Thank you. Keep the change.	谢谢。不用找钱了。 シエシエ ブーヨン ジャオ チエンラ
急いでいます I'm in a hurry.	我很着急。 ウオ ヘン ジャオジイ
❗料金がメーターと違います The fare is different from the meter.	车费跟计程表不一致。 チョフェイ ゲン ジィチョンビアオ ブー イーシー
(輪タクで) <u>3人</u>でいくらですか How much for <u>three</u> persons?	三个人多少钱? サング レン ドゥオシャオ チエン

ワードバンク

タクシー	出租汽车/的士 チュズウ チィ チョ ディ シ			料金	车费 チョ フェイ
空車	空车 コン チョ	荷物	行李 シン リ	トランク	车后箱 チョ ホウ シアン
料金 メーター	计程表 ジィ チョン ビアオ	おつり	找钱 ジャオ チエン	チップ	小费 シアオ フェイ
領収証	发票/收据 ファ ピアオ ショウジュ	オート 三輪	三轮摩托车 サン ルン モー トゥオチョ	運転手	司机 スー ジィ

船 Ships 轮船

船の旅はゆったりとした気分を味わうことができます。山水画さながらの"漓江"、中国最大の湖の"青海湖"、大理の"洱海"など、各地に遊覧船のコースが作られています。『三国志』や漢詩で有名な"长江三峡"は三峡ダムの貯水で景観が変わりましたが、その後もクルーズ船が運航されています。また観光以外でも船は日常の足として使われています。中国の人々の素朴な素顔が垣間見られるかもしれません。切符は客船ターミナルや旅行会社などで扱っています。

長江の観光クルーズにはどんなものがありますか What kind of excursion cruises are there on the Changjiang River?	长江 的 观光周游船 有 些 什么 内容? チャンジアン タ グアングアンジョウヨウチュアン ヨウ シエ シェンモ ネイロン
1日に何便ありますか How many cruises are there each day?	一天 有 几班? イーティエン ヨウ ジイバン
乗り場はどこですか Where can I board the ship?	从 哪里 上 船 呢? ツォン ナーリ シャン チュアン ナ
切符はどこで買えますか Where can I get a ticket?	船票 在 哪里 买 呢? チュアンピアオ ザアイ ナーリ マイ ナ
予約は必要ですか Do I need a reservation?	需要 预订 吗? シューヤオ ユィディン マ
ミニクルーズは何時間かかりますか How long does it take to complete the mini-cruise?	小游船 要 几个 小时? シアオヨウチュアン ヤオ ジイグ シアオシー
⭐ ここに戻るのは何時ですか When does the ship come back?	回到 这里 是 几点? ホォイダオ ジョーリ シー ジイディエン
次のクルーズは何時ですか What time does the next ship leave?	下 一班 游船 是 几点? シア イーバン ヨウチュアン シー ジイディエン
今日、夜の観光船はありますか Is there a night cruise tonight?	今天 有 夜间 游览船 吗? ジンティエン ヨウ イエジエン ヨウランチュアン マ
食事は付いていますか Are any meals included?	包 饭 吗? バオ ファン マ
今日、ディナークルーズはありますか Is there a dinner cruise today?	今天 有 晚餐游览船 吗? ジンティエン ヨウ ワンツァンヨウランチュアン マ
⭐ 乗船時間は何時ですか What time do we board?	几点 上 船? ジイディエン シャン チュアン

移動する

出港は何時ですか	What time does the ship leave?	几点 出港? ジィディエン チュ ガン
私の船室はどこですか	Where is my cabin?	我 的 客舱 在 哪里? ウオ ダ コオッテン ザアイ チーリ
武漢までどのくらいかかりますか	How long does it take to Wuhan?	到 武汉 要 多长 时间? ダオ ウーハン ヤオ ドゥオチャン シージエン
どこの港に停まりますか	At which ports do we stop?	在 哪个 港口 停 船? ザアイ チーグ ガンコウ ティン チュアン
⭐ ここにはどのくらい停まっていますか	How long do we stop here?	在 这里 停 多长 时间? ザアイ ジョーリ ティン ドゥオチャン シージエン
停泊中に街を見物したいのですが	I'd like to do some sightseeing while the ship is in port.	靠 岸 的 时候 我 想 上 岸逛逛。カオ アン ダ シーホウ ウオ シアン シャン アングアングアン
高速船に乗りたいのですが	I'd like to take a high-speed cruise.	我 想 坐 高速船。ウオ シアン ズオ ガオスゥチュアン
❗ 船に酔ってしまいました。薬をもらえますか	I'm seasick. May I have some medicine?	我 晕船 了。能 给 我 药 吗? ウオ ユンチュアン ラ ノン ゲイ ウオ ヤオ マ
医者を呼んでもらえますか	Could you call a doctor, please?	能 帮 我 叫 医生 吗? ノン バン ウオ ジアオ イーション マ

船

ワードバンク

フェリー	渡轮 ドゥ ルン
	港口 ガン コウ
埠頭	码头 マー トウ
客船ターミナル	轮船客运站 ルン チュアンコオ ユン ジャン
船倉荷物	船舱行李 チュアン ツァン シン リ
客船	客轮 コオ ルン
遊覧船	游览船 ヨウ ラン チュアン
定期船	班轮 バン ルン
船室	客舱 コオ ツァン
一等船室	一等舱 イー ドン ツァン
デッキ	甲板 ジア バン
食堂	餐厅 ツァン ティン
休憩室	休息室 シィウシ シー
乗船券	船票 チュアン ピアオ
船長	船长 チュアン ジャン
事務長 (パーサー)	事务长 シー ウー ジャン
船酔い	晕船 ユン チュアン
救命胴衣	救生衣 ジウ ション イー
片道	单程 ダン チョン
往復	往返/双程 ワン ファン シュアンチョン

観光する
Sightseeing
旅游

観光案内所で At the Tourist Information 在旅游问讯处

　中国では、大きな空港や上海市内などを除くと、観光案内所があまりありません。みどころについては、宿泊しているホテルのフロントやコンシェルジュに尋ねてみましょう。名所見学や街歩きには市街地図が必携です。地図は、ホテルの客室に用意されている場合もありますが、それ以外では、ホテルの売店や、街頭の雑誌スタンド、書店などで売られています。まず地図で街の概観をつかみ、市バスの路線なども調べておくといいでしょう。

この町の観光案内パンフレットはありますか Do you have a sightseeing brochure for this town?	有 这个 地方 的 旅游介绍手册 吗? ヨウ ジョーグ ディファンダ リュヨウジエシャオショウツォマ
★ 無料の市街地図はありますか Do you have a free city map?	有 免费 的 市内地图 吗? ヨウ ミエンフェイダ シーネイディトゥ マ
バスの路線図を下さい I'd like a bus route map.	请 给 我 一份 公共汽车 的 路线图。 チン ゲイ ウオ イーフェン ゴンゴンチィチョ ダ ルーシエントゥ
この町のみどころを教えて下さい Could you tell me about some interesting places in this town?	请 告诉 我 这里 有 哪些 好玩 的 地方。 チン ガオスゥ ウオ ジョーリ ヨウ ナーシエ ハオウン ダ ディファン
建築に興味があるのですが I'm interested in architecture.	我 对 建筑 感 兴趣。 ウオ ドゥイ ジエンジュー ガン シンチュー
買物をしたいのですが、繁華街はどの辺ですか I'd like to go shopping. Where is the downtown area?	我 想 去 买 东西, 商业街 在 哪里? ウオ シアン チュー マイ ドンシ シャンイエジエ ザアイ ナーリ
市内を見渡せるところはありませんか Is there a good place to get a panoramic view of the city?	有 能 俯瞰 市内 的 地方 吗? ヨウ ノン フーカン シーネイ ダ ディファン マ
ここから遠いですか Is it far from here?	离 这里 远不远? リー ジョーリ ユアンブアン

ここから歩いて行けますか Can I walk there from here?	从这里能走着去吗? ツォン ジョーリ ノン ゾウジョ チュー マ
歩いて何分くらいですか How long does it take to get there on foot?	要走几分钟? ヤオ ゾウ ジィフェンジョン
バスで行けますか Can I go there by bus?	能坐公共汽车去吗? ノン ズオ ゴンゴンチィチョ チュー マ
日帰りで行けるところがあったら教えて下さい Could you recommend some day trips?	请告诉我一个能当天往返的旅游点。 チン ガオスゥ ウオ イーク ノン ダンティエン ウンファン ダ リュヨウディエン
遊覧船はありますか Are there any sightseeing boats?	有游览船吗? ヨウ ヨウランチュアン マ
★ ここで予約できますか Can I make a reservation here?	能在这里预订吗? ノン ザァイ ジョーリ ユイディン マ
ここで切符が買えますか Can I buy a ticket here?	能在这里买票吗? ノン ザァイ ジョーリ マイピアオ マ
★ 万里の長城へはどう行けばいいのですか How can I go to the Great Wall?	去万里长城怎么走? チュー ウンリーチャンチョン ゼンモ ゾウ
そのバスはどこで乗れますか Where can I get on the bus?	那路公共汽车在哪里坐? ナールー ゴンゴンチィチョ ザァイ ナーリ ズオ
★ 故宮博物院は今日開いていますか Is the Palace Museum open today?	故宫博物院今天开门吗? グゥゴンボーウーユアン ジンティエン カイメン マ
入場料はいくらですか How much is the entrance fee?	门票多少钱? メンピアオ ドゥオシャオ チエン
日曜日は開いていますか Are they open on Sundays?	星期天开门吗? シンチィティエン カイメン マ
★ 何時に開いて何時に閉まりますか What time does it open and close?	几点开门几点关门? ジィディエン カイメン ジィディエン グアンメン
〔地図を見せながら〕この地図で教えて下さい Could you show me the way on this map?	请看着这份地图讲一下。 チン カンジョ ジョーフェン ディトゥ ジアン イーシア
ここにマークして下さいませんか Could you mark it here?	请在这里给我作个记号,好吗? チン ザァイ ジョーリ ゲイ ウオ ズオ ク ジィハオ ハオ マ

観光する

観光案内で

観光する

ワードバンク

美術館	美术馆 メイ シュー グアン	博物館	博物馆 ボー ウー グアン	記念館	纪念馆 ジィ ニエン グアン
市庁舎	市政府楼 シー ジョンフー ロウ	宮殿	宫殿 ゴン ディエン	寺	寺庙 スー ミアオ
道教寺院	道观 ダオ グアン	回教寺院	清真寺 チン ジェンスー	名所	名胜 ミン ション
旧跡	古迹 グゥ ジィ	遺跡	遗迹 イー ジィ	動物園	动物园 ドン ウー ユアン
植物園	植物园 ジー ウー ユアン	遊園地	游乐园 ヨウ ロー ユアン	水族館	水族馆 シュイズゥ グアン
記念碑	纪念碑 ジィ ニエン ベイ	石像	石像 シー シアン	古墳	古坟 グゥ フェン
公園	公园 ゴン ユアン	絵画館	画廊 ホア ラン	庭園	庭园 ティン ユアン
旧居	故居 グゥ ジュ	劇場	剧场 ジュ チャン	映画館	电影院 ディエン イン ユアン
ロープウエイ	空中索道 コン ジョンスオ ダオ	ケーブルカー	缆车 ラン チョ	遊覧船	游览船 ヨウ ラン チュアン
省	省 ション	市	市 シー	県	县 シエン
市街区	市区 シー チュー	郊外	郊区 ジアオ チュー	田舎	乡下 シアン シア
村	村 ツン	海	大海 ダー ハイ	湾	海湾 ハイ ラン
岬	海角 ハイ ジアオ	島	岛 ダオ	海岸	海岸 ハイ アン
浜辺	海滨 ハイ ビン	山	山 シャン	火山	火山 フオ シャン
川	河 ホー	滝	瀑布 プゥ プー	氷河	冰河 ビン ホー
谷	山谷 シャン グゥ	湖	湖 フゥ	池	池子/池塘 チーズ/チー タン
森	森林 セン リン	高原	高原 ガオ ユアン	砂漠	沙漠 シャ モー
世界遺産	世界遗产 シージエ イーチャン	重要文化財	重点文物 ジョンディエン ウェン ウー	日帰り旅行	一日游 イー リー ヨウ
旅行	旅游 リュ ヨウ	演奏会	演奏会 イエン ゾウ ホォイ	コンサート	音乐会 イン ユエ ホォイ
展覧会	展览会 ジャン ラン ホォイ	市場	市场 シー チャン	街歩き	逛街 グアン ジエ
見本市	商品交易会 シャン ピン ジアオ イー ホォイ	特別行事	特别活动 トー ビエ フオ ドン		
年中行事	惯例活动 グアンリー フオ ドン	祝日	节日 ジエ リー	旧正月(春節)	春节 チュン ジエ

トイレ事情

海外旅行で誰もが直面する重要な課題はトイレです。かつては、非衛生的で悪名高かった中国のトイレは、このところかなり改善されてきました。大きな都市のホテル、レストラン、デパート、観光スポットなどではもう心配は無用です。ただし大都市でも郊外へ足を伸ばしたり、地方の都市へ行くと、ドアが完備していないトイレもあります。外出するときはなるべく前もってホテルやレストランのトイレを利用しておく方が無難でしょう。トイレットペーパーはないところが多いので、各自で用意しておきます。ティッシュはホテルの売店やスーパーマーケットなどで補充できます。またホテル以外の水洗トイレはたいがい水量が少ないので、トイレットペーパーを便器のわきの容器に捨てるようにしているところも少なくありません。最近は街なかに有料［收费］トイレを見かけるようになりました。料金はまちまちですが、比較的清潔ですし、トイレットペーパーを有料で置いているところもあります。

観光する

収費厠所

観光案内所で

ワードバンク

トイレ	厠所 ツォ スォ	紳士用トイレ	男厠 ナン ツォ	婦人用トイレ	女厠 ニュ ツォ
(レバーを)上げる	扳 バン	(レバーを)下げる	圧 ヤー	(ドアを)押す	推 トォイ
(ドアを)引く	拉 ラー	空き	无人 ウー レン	使用中	有人 ヨウ レン
掃除中	在打扫 ザァイ ダー サオ	故障中	坏了 ホアイ ラ	注意！	注意！ ジュー イー
すべりやすい	小心滑倒 シァオ シン ホア ダオ	自動	自动 ズー ドン	有料トイレ	收费厠所 ショウ フェイ ツォ スォ
無料トイレ	免费厠所 ミエン フェイ ツォ スォ	車椅子用トイレ	轮椅可用厠所 ルン イー コォ ヨン ツォ スォ		

観光する

観光バス・ツアーを利用する　Sightseeing Tours　坐旅游车，参加旅游团

　交通の不便な郊外を訪れるときなどは、現地の旅行会社のツアーを利用してみましょう。1日ないし半日観光のツアーなら数カ所のみどころを効率よく回ることができます。外国人客の多い街には英語、日本語ガイドが付くツアーもあります。また旅行会社では希望に沿ったコースもアレンジしてくれるので、ホテル内や市中のカウンターで相談してみましょう。

ツアーを予約する　Tour Reservations　预约旅游团

★ 観光ツアーに参加したいのですが I'd like to join a sightseeing tour.	我想参加一个旅游团。 ウォ シアン ツァンジア イーク リュヨウトゥアン
市内観光バスはありますか Is there a sightseeing bus tour?	有没有 市内旅游车？ ヨウメイヨウ シーネイリュヨウチョ
どんな種類のツアーがありますか What kind of tours do you have?	都有哪几种旅游路线？ ドウ ヨウ ナー ジィジョン リュヨウルーシエン
ツアーのパンフレットを下さい Can I have a tour brochure?	请给我一份 チン ゲイ ウォ イーフェン 旅游介绍手册。 リュヨウジエシャオショウツォ
1日（半日）のコースはありますか Do you have a full-day (half-day) tour?	有一日（半日）旅游团吗？ ヨウ イーリー バンリー リュヨウトゥアン マ
午前（午後）のコースがありますか Is there a morning (afternoon) tour?	有上午（下午）的 ヨウ シャンウー シァウー ダ 旅游团吗？ リュヨウトゥアン マ
ナイトツアーはありますか Do you have a night tour?	有晚上的旅游团吗？ ヨウ ワンシャン ダ リュヨウトゥアン マ
そのツアーはどこを回りますか Could you tell me where we'll go on this tour?	那个旅游团都去 ナーグ リュヨウトゥアン ドウ チュー 什么地方？ シェンモディファン
2時間くらいのコースはありますか Do you have a 2-hour tour?	有两个小时左右的 ヨウ リァングシャオシー ズォヨウ ダ 旅游团吗？ リュヨウトゥアン マ
★ 兵馬俑を回るコースはありますか Is there a tour that goes to the Terracotta Warriors?	有参观兵马俑的 ヨウ ツァングァン ビンマーヨン ダ 旅游团吗？ リュヨウトゥアン マ

大雁塔には行きますか Does this tour go to the Big Goose Pagoda?	去 大雁塔 吗? チュー ダーイェンター マ
ツアーは何時間かかりますか How long does it take to complete the tour?	这个 旅游路线 需要 ジョーグ リュヨウルーシェン シューヤオ 多长 时间? ドゥオチャン シージエン
食事は付いていますか Are any meals included?	包饭 吗? バオファン マ
出発は何時ですか What time do you leave?	几点 出发? ジィディエン チュファ
どこから出ますか Where does it start?	从 哪里 出发? ツォン ナーリ チュファ
どこに何時ごろ戻ってきますか Where and what time will you come back?	几点, 回到 哪里? ジィディエン ホイダオ ナーリ
シャングリラホテルから乗れますか Could you pick me up at Shangri-la Hotel?	从 香格里拉饭店 能 ツォン シァンゴーリーラーファンディエン ノン 乘坐 旅游团 的 车 吗? チョンズオ リュヨウトゥアン ダ チョ マ
シャングリラホテルで降ろしてもらえますか Could you drop me off at Shangri-la Hotel?	能 在 香格里拉饭店 ノン ザァイ シァンゴーリーラーファンディエン 下车 吗? シァチョ マ
古文化街で自由時間はありますか Do we have free time in Ancient Culture Street?	在 古文化街 有 ザァイ グゥウェンホアジエ ヨウ 自由活动时间 吗? ズーヨウフオドンシージエン マ
料金はいくらですか How much is it?	多少 钱? ドゥオシャオ チエン
ここで予約ができますか Can I make a reservation here?	能 在 这里 预约 吗? ノン ザァイ ジョーリ ユィユエ マ
日本語(英語)のガイドは付きますか Do we have a Japanese (English)-speaking guide?	有 日语 (英语) 导游 吗? ヨウ リーユィ インユィ ダオヨウ マ
日本語(英語)のガイドが付くツアーはありませんか Is there a tour with a Japanese (English)-speaking guide?	有 带 日语 (英语) 导游 ヨウ ダイ リーユィ インユィ ダオヨウ 的 旅游团 吗? ダ リュヨウトゥアン マ

観光する

観光バス・ツアーを利用する

ツアーで On Tour 参加旅游团

あれは何ですか / What is that?	那是什么？ ナー シー シェンモ
写真を撮ってもいいですか / Can I take pictures?	可以照相吗？ コォイー ジャオシアン マ
どのくらいの高さ（大きさ）ですか / How high (large) is it?	有多高（大）？ ヨウ ドゥオガオ ダー
どのくらい古いのですか / How old is it?	有多少年的历史？ ヨウ ドゥオシャオ ニエンダ リーシー
誰が住んでいたのですか / Who lived here?	是谁住过的地方？ シー シェイ ジューグオ タ ディファン
あの建物は何ですか / What is that building?	那个建筑是什么？ ナーグ ジェンジュー シー シェンモ
誰が建てたのですか / Who built it?	是谁盖的？ シー シェイ ガイ ダ
あれは何という川（山/湖）ですか / What is the name of that river (mountain/lake)?	那条河（座山／个湖）叫什么？ ナーティアオ ホー ズオ シャン グ フゥ ジアオ シェンモ
ここでどのくらい停まりますか / How long do we stop here?	在这里停多久？ ザァイ ジョーリ ティン ドゥオジウ
写真を撮る時間はありますか / Do I have enough time to take pictures?	有照相的时间吗？ ヨウ ジャオシアン タ シージエン マ
何か食べる時間はありますか / Do I have time to eat?	有吃东西的时间吗？ ヨウ チー ドンシ タ シージエン マ
トイレに行く時間はありますか / Can I go to the rest room?	有上厕所的时间吗？ ヨウ シャン ツォスオ タ シージエン マ
トイレはどこですか / Where is the rest room?	厕所在哪里？ ツオスオ ザァイ ナーリ
何時にバスに戻ってくればいいですか / By what time should I be back to the bus?	我应该几点回到汽车上来？ ウォ インガイ ジィディエン ホォイダオ チーチョ シャン ライ
私の写真を撮っていただけますか / Could you please take my picture?	请给我照一张相，好吗？ チン ゲィ ウォ ジャオ イージャン シアン ハオ マ

観光する / 観光バス・ツアーを利用する

あとどのくらいで着きますか How long does it take to get there?	还要 走 多长 时间？ ハイヤオ ゾウ ドゥオチャン シージエン	
ありがとう。今日はとても楽しかったです Thank you. I had a great time.	今天 游览得 很 高兴。 ジンティエン ヨウランダ ヘン ガオシン 谢谢。 シエシエ	
ツアーをキャンセルしたいのですが I'd like to cancel my reservation for the tour.	我 想 取消 参加 ウォ シアン チューシアオ ツァンジア 旅游团。 リュヨウトゥアン	
ツアーの日にちを変更したいのですが I'd like to change the date of the tour.	我 想 改 一下 参加 ウォ シアン ガイ イーシア ツァンジア 旅游团 的 日期。 リュヨウトゥアン ダ リーチィ	
ツアーに遅れてしまいました。どうしたらよいですか I missed my tour departure. What should I do?	我 迟到 了，没 赶上 ウォ チーダオ ラ メイ ガンシャン 旅游团。我 该 怎么 办？ リュヨウトゥアン ウォ ガイ ゼンモ バン	

ワードバンク

（ツアーの）予約	预约 ユィユエ	手数料	手续费 ショウ シュー フェイ	午前の	上午的 シャン ウー ダ
午後の	下午的 シア ウー ダ	1日の	一日 イーリー	半日の	半日 バン リー
日帰りの観光	一日游 イーリーヨウ	ツアー料金	旅游费 リュヨウ フェイ	入場料	门票费 メン ピアオ フェイ
ガイド料	导游费 ダオ ヨウ フェイ	取消し料	取消手续费 チューシアオ ショウ シュー フェイ		
パンフレット	介绍手册 ジエ シャオ ショウ ツォ	送迎付	带接送 ダイ ジエ ソン	食事付	包饭 バオ ファン

街で In Town　　　　　　　　　　　　　　　　　在街上

　街で道を尋ねるときは、近くの店などで聞き、「お尋ねします」"请问"と問いかけ、分かったら「ありがとう」"谢谢！"を忘れずに。中国の住所は道路名と番地で表すことが多いので、目的地を探すときには、事前に道路名を確認し、地図で見当をつけておきましょう。多くの街では、道路の要所要所に道路名が標示され、商店には番地が出ているところもあります。番地は通常道路の片側が奇数、反対側が偶数となっています。

★	すみませんが郵便局へ行く道を教えて下さい Excuse me. Could you tell me the way to the post office?	请问，邮局 怎么 走？
	この住所へはどのように行ったらよいでしょう How can I get to this address?	去 这个 地址 怎么 走？
	この通りはどこに出ますか Where does this street lead?	这条 路 到 什么 地方？
	すみません、新天地はどこですか Excuse me, where is the Xintiandi?	请问，新天地 在 哪里？
	歩いてそこまで行けますか Can I walk down there?	到 那里 能 走着 去 吗？
	真っ直ぐ行って、2つ目の信号を左に曲がって下さい Go straight and turn to the left at the second traffic light.	一直 走，在 第二 个 红绿灯 往 左拐。
	私についてきてください Please follow me.	请 跟 我 来。
	いえ、結構です。ありがとう No, that's all right. Thank you anyway.	不用 了。谢谢。
	上海老街へ行きたいのですが I'd like to go to the Shanghai Old Street.	我 想 去 上海老街。
	バスに乗った方がいいですよ You should take a bus.	坐 公共汽车 去 比较 方便。
	どのバスですか Which bus should I take?	几路 车？

観光する　街で

152

バス停はどこですか Where is the bus stop?	请问，公共汽车站 在 哪里? チンウェン ゴンゴンチィチョジャン ザァイ チーリ
バスでいくつ目ですか How many bus stops until there?	坐到 第几站? ズオダオ ディジィジャン
ここから外灘(バンド)まで歩いて何分かかりますか How long does it take to go to Waitan (Bund)?	从 这里 到 外滩 走路 要 ツォン ジョーリ ダオ ウイタン ゾゥルー ヤオ 几分钟? ジィフェンジョン
この近くに郵便局はありますか Is there a post office around here?	这 附近 有 邮局 吗? ジョー フージン ヨウ ヨウジュ マ
★ ヒルトンホテルはここから遠いのですか Is Hilton Hotel far from here?	这里 到 希尔顿酒店 ジョーリ ダオ シーアルドゥンジウディエン 远 吗? ユアン マ
どのくらいかかりますか How long does it take?	要 多长 时间? ヤオ ドゥオチャン シージエン
何か目印はありますか Are there any landmarks?	有 什么 标记 吗? ヨウ シェンモ ビアオジィ マ
真っ直ぐに行くのですか Should I go straight?	是 一直 走 吗? シー イージー ゾゥ マ
左の方ですか、右の方ですか Is it on the left or right?	是 左边 还是 右边? シー ズオビエン ハイシ ヨウビエン
ここから見えますか Can I see it from here?	从 这里 能 看见 吗? ツォン ジョーリ ノン カンジエン マ
この通りは何といいますか What street is this?	这条 路 叫 什么 路? ジョーティアオ ルー ジアオ シェンモ ルー
北はどちらですか Which way is north?	哪个 方向 是 北? ナーグ ファンシアン シー ベイ
★ (地図を見せて)現在地を示して下さい Could you show me where I am on this map?	请 给 我 指 一下 现在 チン ゲィ ウォ ジー イーシア シエンザァイ 的 位置。 ダ ウェイジ
ここに略図を書いて下さい Could you draw a map here?	请 在 这里 画 个 略图。 チン ザァイ ジョーリ ホアグ リュエトゥ
(デパートで)トイレはどこですか Where is the rest room?	厕所 在 哪里? ツォスオ ザァイ チーリ

観光する

街で

観光する

ちょっとトイレを借りたいのですが May I use the rest room?	我 想 借用 一下 厕所。 ウォ シアン ジエヨン イーシア ツォスオ	
! 道に迷ってしまいました I'm lost.	我 迷路 了。 ウォ ミールー ラ	
ここはどこですか Where am I now?	这 是 哪里? ジョー シー ナーリ	

よく使われる簡体字

簡体字は旧来の漢字を簡略化したもので、香港とマカオを除く中国大陸で公式に使われています。旅行中よく目にする字を集めてみました。

儿=児	几=幾	广=広	个=個/箇	习=習	门=門	开=開
飞=飛	见=見	气=気	无=無	书=書	丰=豊	从=従	专=専
云=雲	车=車	东=東	长=長	头=頭	电=電	发=発/髪
龙=龍	业=業	叶=葉	汉=漢	术=術	买=買	华=華	岁=歳
乐=楽	关=関	务=務	杂=雑	鸟=鳥	吃=喫	动=動	机=機
观=観	价=価	进=進	远=遠	农=農	时=時	块=塊	听=聴
阶=階	报=報	阳=陽	卖=売	图=図	汤=湯	话=話	际=際
总=総	亲=親	药=薬	宾=賓	笔=筆	钱=銭	桥=橋	样=様

街で

ワードバンク

鉄道駅	火车站 フォ チョ ジャン	地下鉄駅	地铁站 ディ ティエ ジャン	郵便局	邮局 ヨウ ジュ
長距離バスターミナル	(长途)汽车站 チャントゥ チー チョ ジャン	バス停留所		公共汽车站 ゴン ゴン チー チョ ジャン	
観光案内所	旅游问讯处 リュ ヨウ ウエン シュン チュ				
				病院	医院 イー ユアン
警察署	公安局/派出所 ゴン アン ジュ バイ チュ スオ			劇場	剧场 ジュ チャン
映画館	电影院 ティエン イン ユアン	図書館	图书馆 トゥ シュー グアン	博物館	博物馆 ボー ウー グアン
美術館	美术馆 メイ シュー グアン	公園	公园 ゴン ユアン	公衆電話	公用电话 ゴン ヨン ティエン ホア
トイレ	厕所 ツォ スオ	ドラッグストア	药店 ヤオ ティエン	デパート	百货店 バイ フォ ティエン
真っ直ぐ行く	一直走 イー ジー ゾウ	右へ曲がる	往右拐 ウン ヨウ グアイ	左へ曲がる	往左拐 ウン ズオ グアイ
向い側	对面 ドゥイ ミエン	信号	红绿灯 ホン リュ ドン	街路	街道/路 ジエ ダオ ルー
大通り	大马路 ダー マー ルー	路地	胡同 フー トン	道に迷う	迷路 ミー ルー

観光スポットで At Sightseeing Spots — 在观光地点

　観光スポットの多くは春節（旧正月）を除いて年中無休ですが、博物館や美術館には、毎週休館日を設けているところがあります。また小さな記念館などで、昼食時は閉鎖されるところもあるので、事前に情報を確認してから予定を立てるとよいでしょう。仏教やイスラム教の寺院は、観光スポットである前に宗教上の神聖な場所です。参拝中にむやみに写真を撮ったり、大声で話すなどの行為は慎みたいものです。

★ 入場料はいくらですか How much is the admission?	门票　多少　钱? メンピアオ　ドゥオシャオ　チエン
割引はありますか Is there any discount?	有没有　打折? ヨウメイヨウ　ダージョー
学生 1枚下さい One student ticket, please.	请　给　我　一张　学生票。 チン　ゲイ　ウォ　イージャン　シュエションピアオ
今日は何時まで開いていますか How late is it open today?	今天　开到　几点? ジンティエン　カイダオ　ジィディエン
その荷物は持ち込めません You can't take that baggage with you.	那个　东西　不准　带进去。 ナーグ　ドンシ　ブージュン　ダイジンチュ
荷物を預かってもらえますか Could you keep the baggage?	我　想　存　行李。 ウォ　シアン　ツン　シンリ
あの絵を描いたのは誰ですか Who painted that picture?	那张　画　是　谁　画　的? ナージャン　ホア　シー　シェイ　ホア　ダ
★ 王羲之の書はどこですか Where is the Wang Xizhi calligraphy?	王羲之　的　墨迹　在　哪里? ワンシージー　ダ　モージィ　ザアイ　チーリ
写真を撮ってもいいですか Can I take pictures?	可以　照相　吗? コォイー　ジャオシアン　マ
ここには有名な作品がありますか Do you have any famous works here?	这里　有　有名　的　作品　吗? ジョーリ　ヨウ　ヨウミン　ダ　ズオピン　マ
それはどこにありますか Where is it?	在　哪里? ザアイ　チーリ
彫刻に関心をもっています I'm interested in sculpture.	我　对　雕刻　很　感　兴趣。 ウォ　ドゥイ　ティアオコォ　ヘン　ガン　シンチュー
館内ツアーは何時にありますか What time do you start the guided tour?	馆内讲解　几点　开始? グアンネイジアンジェ　ジィディエン　カイシー

観光する

説明は何語ですか	What language is the explanation?	讲解用什么语言？
この博物館のパンフレットはありますか	Do you have a brochure for this museum?	有这个博物馆的介绍手册吗？
英語（日本語）のパンフレットはありますか	Do you have an English (Japanese) brochure?	有英语（日语）的介绍手册吗？
どこで買えますか	Where can I buy it?	在哪里能买到？
無料のパンフレットはありますか	Do you have a free brochure?	有免费的介绍手册吗？

観光スポットで

みやげ物店はどこですか	Where is the gift shop?	纪念品商店在哪里？
絵はがきを売っていますか	Do you sell postcards?	卖美术明信片吗？
展示物のカタログはありますか	Do you have a catalog of the exhibition?	有展品的目录吗？
休憩所はどこですか	Do you have a resting place?	休息处在哪里？
何か食べられるところはありますか	Is there a place where I can eat something?	有吃东西的地方吗？
カフェテリアは何階ですか	At which floor is the cafeteria?	自助餐厅在几层？
出口はどこですか	Where is the exit?	出口在哪里？
入っていいですか	Can I get in?	可以进去吗？
あの建物（像）は何ですか	What is that building (statue)?	那个建筑（雕像）是什么？

誰が建てたのですか Who built it?	是谁盖的? シー シェイ ガイ ダ
いつごろ建てられたのですか When was it built?	什么时候盖的? シェンモ シーホウ ガイ ダ
宋慶齢が住んでいた家はどこですか Where is the house where Song Qingling lived?	宋庆龄的故居在哪里? ソンチンリン ダ グゥジュ ザァイ ナーリ
あのお寺は何という名前ですか What is the name of that temple?	那个寺庙叫什么? ナーグ スーミアオ ジアオ シェンモ
あの絵は何という絵ですか What is the name of the picture?	那张画叫什么? ナージャン ホア ジアオ シェンモ

ワードバンク

入場料	门票费 メン ピアオ フェイ	割引	打折 ダー ジョー	無料	免费 ミエン フェイ
学生	学生 シュエ ション	開館時間	开门时间 カイメン シー ジエン	閉館時間	关门时间 グァン メン シー ジエン
手荷物預かり所	小件物品寄存处 シアオ ジエン ウー ピン ジィ ツン チュ	みやげ物店	纪念品店 ジィ ニエン ピン ティエン		
絵はがき	美术明信片 メイ シュー ミン シン ピエン	ガイドブック	旅游指南 リュ ヨウ ジー ナン		
パンフレット	介绍手册 ジエ シャオ ショウ ツォ	カタログ	目录 ムゥ ルー	ポスター	海报 ハイ バオ
彫刻	雕刻 ティアオ コォ	書	墨迹 モー ジィ	館内ツアー	馆内讲解 グァン ネイ ジアン ジエ

写真とビデオ Photographs and Videos 照相和录像

博物館や寺の堂内は写真撮影を禁止しているところが多いので、掲示などに注意して下さい。三脚、フラッシュの使用はほとんどの場所で禁止されています。むやみに人にカメラを向けるのが失礼なのは、どこの国でも同じです。撮らせてもらいたいときはひとこと声をかけましょう。

ここで写真（ビデオ）を撮ってもいいですか Can I take pictures (video) here?	这里可以照相（录像）吗？
フラッシュを使ってもいいですか May I use a flash?	可以用闪光灯吗？
フラッシュは使いません I do not use flash.	不用闪光灯。
三脚は使いません I do not use tripod.	不用三脚架。
私の写真を撮っていただけますか Could you please take my picture?	请给我照一张相，好吗？
シャッターを押すだけです Just push the shutter.	按一下快门就行了。
私と一緒に写真に入っていただけますか Would you pose with me?	可以和我照一张相吗？
あなたの写真を撮ってもいいですか May I take your picture?	可以给你照一张相吗？
笑って下さい Smile!	笑一笑。
もう一枚お願いします One more, please.	请再照一张。
写真を送ります I'll send you the pictures.	我把照片给你寄来。
住所と名前をここに書いて下さい Could you write down your address and your name here?	请在这里写地址和名字。

シャッターの具合が悪いのですが The shutter doesn't work well.	快门　有　点儿　毛病。 クァイメン ヨウ ディアル マオ ビン
カメラを落としてしまいました I dropped my camera.	我　把　照相机　摔坏　了。 ウォ バー ジャオシアンジィ シュアイホアイ ラ
ビデオが動きません My video camera does not work.	摄像机　不动　了。 ショーシアンジィ ブードン ラ

ワードバンク

レンズ	镜头 ジン トウ	シャッター	快门 クァイ メン
ビデオカメラ	摄像机 ショー シアンジィ	デジタルカメラ	数码相机 シューマー シアンジィ
カメラ	照相机 ジャオ シアン ジィ	電池	电池 ティエン チー
三脚	三脚架 サン ジアオ ジア	カメラ店	相机店 シアンジィ ティエン
拡大する	放大 ファン ダー	フラッシュ禁止	禁用闪光灯 ジン ヨン シャングァンドン
撮影禁止	请勿拍照 チン ウー パイ ジャオ	写真	照片／相片 ジャオ ピエン シアン ピエン
写真を撮る	照相／拍照 ジャオ シアン パイ ジャオ		

観光する

写真とビデオ

観光する

中国の少数民族

中国には人口の90％以上を占める漢族と、55の少数民族が住んでいます。漢語を使う回族以外は固有の言語をもち、モンゴル文字、ウイグル文字、ハングルなどを漢字と併記する地域もあります。普通話が通じないエリアがありますが、身振り手振りも交えながら、各民族とふれあってみましょう。

ナシ族 / 纳西族 / ナーシーズゥ
主に雲南麗江に住む。象形文字のトンパ文字を伝え、納西古楽の演奏に人気がある。

ウイグル族 / 维吾尔族 / ウェイウーアルズゥ
主に新疆ウイグルに住むトルコ系民族。イスラム教を信仰し、豚肉は口にしない。シルクロードのオアシスの民。

ペー族 / 白族 / バイズゥ
主に雲南大理に住む。伝統的な藍の絞り染めが有名。

チベット族 / 藏族 / ザンズゥ
チベット、青海、四川、甘粛などに住みチベット仏教を信仰する。

リス族 / 傈僳族 / リースゥズゥ
主に雲南怒江流域に住む。怒江を対岸までロープを伝って渡ることで知られる。

ジンポー族 / 景颇族 / ジンポーズゥ
雲南西南部に住む。目脳縦歌は太陽神とヒマラヤをシンボルとし、3日間踊り続ける祭典。

タイ族 / 傣族 / ダイズゥ
シーサンパンナなど雲南西南部に住む。潑水節はタイ族の新年を祝う水かけ祭り。

中国の少数民族

その他の少数民族

オロス族	俄罗斯族	オールオスーズゥ	ボウナン族	保安族	バオアンズゥ
タジク族	塔吉克族	タージィコォズゥ	ダフール族	达斡尔族	ダーウオアルズゥ
カザフ族	哈萨克族	ハサーコォズゥ	エヴェンキ族	鄂温克族	オーウェンコォズゥ
キルギス族	柯尔克孜族	コォアルコォズーズゥ	オロチョン族	鄂伦春族	オールンチュンズゥ
ウズベク族	乌兹别克族	ウーズーピエコォズゥ	マン族	满族	マンズゥ
タタール族	塔塔尔族	ターターアルズゥ	シボ族	锡伯族	シーボーズゥ
サラール族	撒拉族	サーラーズゥ	ホジェン族	赫哲族	ホージョーズゥ
ユーグ族	裕固族	ユイグゥズゥ	ホイ族	回族	ホォイズゥ
トウ族	土族	トゥズゥ	メンパ族	门巴族	メンバーズゥ
トンシャン族	东乡族	ドンシアンズゥ	ロッパ族	珞巴族	ルオバーズゥ

160

中国の少数民族

観光する

モンゴル族　蒙古族　モングゥズゥ
中国国内では内モンゴルを中心に広域に住む遊牧民族。13世紀には元帝国を建てた。ナーダムの祭りでは競馬や相撲などの競技が催される。

朝鮮族　朝鮮族　チャオシェンズゥ
吉林を中心に、広く中国東北部に住む。

プイ族　布依族　ブーイーズゥ
貴州西南部に住む。未婚の男女による歌垣の祭りはミャオ族とともに開催される。

ミャオ族　苗族　ミアオズゥ
貴州各地を中心に中国西南部に広く住む。華やかな民族衣装で知られるが、風俗は地域ごとに大きく異なる。祭りも多様。

チワン族　壮族　ジョアンズゥ
主に広西に住む。少数民族では中国最多数を誇る。

トン族　侗族　ドンズゥ
貴州東南部から広西にかけて住む。屋根の付いた風雨橋や鼓楼など独創的な建築で知られる。

チャン族	羌族	チアンズゥ	ショオ族	畲族	ショーズゥ
プミ族	普米族	プゥミーズゥ	スイ族	水族	シュイズゥ
トールン族	独龙族	ドゥロンズゥ	ムーラオ族	仫佬族	ムゥラオズゥ
ヌー族	怒族	ヌゥズゥ	マオナン族	毛南族	マオナンズゥ
イ族	彝族	イーズゥ	リー族	黎族	リーズゥ
ハニ族	哈尼族	ハニーズゥ	コーラオ族	仡佬族	ゴーラオズゥ
ラフ族	拉祜族	ラーフゥズゥ	キン族	京族	ジンズゥ
アチャン族	阿昌族	アチャンズゥ	ワ族	佤族	ウーズゥ
ジノー族	基诺族	ジィヌオズゥ	ドアン族	德昂族	ドゥアンズゥ
トゥチア族	土家族	トゥジアズゥ	プーラン族	布朗族	プーランズゥ
ヤオ族	瑶族	ヤオズゥ	ガオシャン族	高山族	ガオシャンズゥ

エンターテインメント

エンターテインメント
Entertainment
娱乐

劇場に行く Theater 　　　去剧场

　京劇［京剧］（P166参照）は日本でも有名ですが、中国にはほかにも浙江省の越劇、江南一帯の昆曲など、その土地に伝わる古典劇がたくさんあります。街なかには古典劇を上演する劇場があり、お茶を飲みながら鑑賞することができます。また中国式サーカスとでもいうべき雑技［杂技］も一見の価値があります。催し物のスケジュールは、ホテルなどに置いてある外国人向けの情報誌に載っているので、チェックしてみましょう。チケットの手配は劇場のほか旅行会社やホテルのコンシェルジュで扱っています。

京劇を見たいのですが I'd like to see the Beijing opera.	我 想 看 京剧。 ウォ シアン カン ジンジュ
市内の情報誌はありますか Do you have some magazines of events in this city?	有 市内 信息杂志 吗? ヨウ シーネイ シンシーザァジー マ
越劇か雑技を見るツアーはありますか Is there a tour for Yueju opera or Chinese circus?	有 看 越剧 或 杂技 的 旅游团 吗? ヨウ カン ユエジュ フォ ザァジィ ダ リュヨウトゥアン マ
入場料は含まれていますか Does it include admission?	包括 门票费 吗? バオクォ メンピアオフェイ マ
お茶と点心もつくのですか Are tea and snacks included?	也 包括 茶点 吗? イエ バオクォ チャディエン マ
今からチケットの手配はできますか Could you get a ticket for me?	现在 就 能 买 票 吗? シエンザァイ ジウ ノン マイ ピアオ マ
★ 長安大戯院は何をやってますか What's on at the Chang'an Theater?	长安大戏院 在 上演 什么? チャンアンダーシーユアン ザァイ シャンイェン シェンモ
今日のプログラムは何ですか What is today's program?	今天 的 节目 是 什么? ジンティエン ダ ジェムゥ シー シェンモ
「孫悟空天宮を閙がす」はどこで見られますか Where can I see "The Invincible Monkey King"?	哪里 能 看 《大闹天宫》? ナーリ ノン カン ダーナオティエンゴン

162

クラシックコンサートに行きたいのですが I'd like to go to a classic concert.	我想去听古典音乐会。 ウォ シアン チュー ティン グゥディエンインユエホゥイ
今晩か明日の晩、何かコンサートはありませんか Is there any concert tonight or tomorrow night?	今晚 或 明晚 有 什么 音乐会 吗？ ジンウン フォ ミンウン ヨウ シェンモ インユエホゥイ マ
★ 今、人気がある京劇は何ですか What is the most popular Beijing opera?	现在 唱得 最 红 的 京剧 是 什么？ シエンザァイ チャンダ ズォイ ホン ダ ジンジュ シー シェンモ
誰が出演していますか Who are the stars?	有 谁 表演？ ヨウ シェイ ビアオイェン
開演（終演）は何時ですか What time does it begin (end)?	几点 开演 （演完）？ ジィディエン カイイェン イェンウン
何日までやっていますか How long will it run?	上演 到 几号？ シャンイェン ダオ ジィハオ
服装はどのようにしたらいいですか How should I be dressed?	穿 什么 衣服 好 呢？ チュアン シェンモ イーフ ハオ ナ
席を予約したいのですが I'd like to reserve a seat.	我想订个座位。 ウォ シアン ディング ズォウェイ
★ まだ切符は手に入りますか Can I still get a ticket?	还 能 买到 票 吗？ ハイ ノン マイダオ ピアオ マ
いつの切符ならありますか When do you have seats available?	有 什么 时候 的 票？ ヨウ シェンモ シーホウ ダ ピアオ
その席はどの辺ですか Where is the seat?	那个 座位 在 哪里？ ナーグ ズォウェイ ザァイ ナーリ
指定席ですか Is it a reserved seat?	是 对号入座 吗？ シー ドゥイハオルゥズォ マ
当日券はありますか Do you have any tickets for today?	有 当天票 吗？ ヨウ ダンティエンピアオ マ
どこで切符を買えますか Where can I buy a ticket?	在 哪里 能 买票？ ザァイ ナーリ ノン マイピアオ
いちばん安い（高い）席はいくらですか How much is the cheapest (most expensive) ticket?	最 便宜 （贵） 的 票 是 多少 钱？ ズォイ ピエンイ グイ ダ ピアオ シー ドゥオシャオ チエン

エンターテインメント

劇場に行く

エンターテインメント

最前列で正面の席（お茶と菓子付きの席）はありますか Can I have a seat in the front raw (with tea and snacks included)?	有 正厅 最前排 的 座位 （附 茶点 的 座位）吗？ ヨウ ジョンティン ズォイ チエンパイ ダ ズオウェイ フー チャティエン ダ ズオウェイ マ	
なるべく見やすい席にして下さい I'd like a seat with the best possible view.	请 尽量 给 我 看得 清楚 的 座位。 チン ジンリアン ゲイ ウォ カンダ チンチュ ダ ズオウェイ	
（案内係に）私の席に案内して下さい Please show me to my seat.	能 帮 我 找 一下 座位 吗？ ノン バン ウォ ジャオ イーシア ズオウェイ マ	

劇場に行く

ワードバンク

京劇	京剧 ジン ジュ	雑技	杂 技 ザァ ジィ	越劇	越 剧 ユエ ジュ
昆曲	昆曲 クゥン チュー	川劇	川 剧 チュアン ジュ	コンサート	音乐会 イン ユエ ホォイ
映画	电 影 ディエン イン	指定席	对号入座 ドゥイ ハオ ルゥ ズオ	自由席	散座儿 サン ズオル
予約する	订 ディン	昼の部（マチネ）	日 场 リー チャン	夜の部	夜 场 イエ チャン
売切れ	售 完 ショウ ウン	切符売り場	售 票 处 ショウ ピアオ チュ	前売券	预 售 票 ユイ ショウ ピアオ

ワードバンク

日本語	中国語	ピンイン	日本語	中国語	ピンイン	日本語	中国語	ピンイン
ステージ	舞台	ウータイ	緞帳	幕	ムウ	上手(かみて)	台左	タイズオ
下手(しもて)	台右	タイヨウ	大道具	大道具	ダーダオジュ	小道具	小道具	シァオダオジュ
衣装	戏装	シージョアン	照明	照明	ジャオミン	役者	演员	イェンユアン
客席	观众席	グァンジョンシー	拍手	拍手	パイショウ	上演	上演	シャンイェン
プログラム	节目	ジェムウ	パンフレット	节目单	ジェムウダン			

京劇の劇場内部

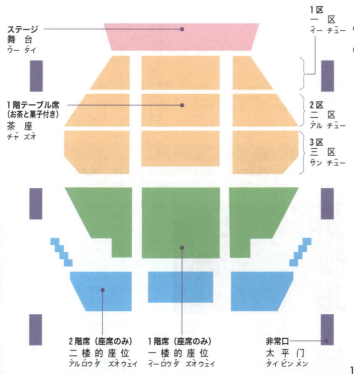

- ステージ / 舞台 ウータイ
- 1階テーブル席（お茶と菓子付き） / 茶座 チャズオ
- 1区 一区 イーチュー
- 2区 二区 アルチュー
- 3区 三区 サンチュー
- 2階席（座席のみ） / 二楼的座位 アルロウダ ズオウェイ
- 1階席（座席のみ） / 一楼的座位 イーロウダ ズオウェイ
- 非常口 / 太平门 タイピンメン

エンターテインメント

劇場に行く

京劇の楽しみ

耳はり裂かれんばかりの、かん高いドラの音で始まる京劇—— 京劇(ジンジュ)。激しい鍛錬から生まれた、洗練された仕草と高い芸術性。中国を訪れたら一度は見ておきたいこの総合芸術の舞台と役柄の秘密に迫ってみましょう。

演技　演技 イェンジィ

京劇の演技は4つの要素からなります。
- 唱 チャン……うた
  听戏 ティンシー(聴戯)の言葉どおり、京劇ファンは芝居を聴きに行くともいわれる
- 念 ニェン……せりふ
  独特のリズムと抑揚をつけて語る
- 做 ズォ……しぐさ
  身振り、視線、歩き方などで心理、情景、装置まで表現する。京劇では舞台装置をあまり使わないので、たとえば門を開けるしぐさによって門があることを表わしたりする
- 打 ダー……立ち回り
  トンボを切る軽業や、剣舞のような優雅な動きなどで、クライマックスを演出する

見得がきまったら
歌舞伎と同様京劇にも、亮相 リャンシァン つまり見得をきる場面があります。決まったら戏迷 シーミー(芝居ファン)に習って"好!" ハオ と掛け声をかけてみましょう。

役柄　行当 ハンダン

役柄は大きく4つに分かれ、メイクや衣装などで区別されます。
- 生 ション……男役
  小生 シァオション　若い2枚目
  老生 ラオション　年配で、主に忠臣など
  武生 ウーション　動きの激しい役
- 旦 ダン……女役
  女形または女性が演じる
  花旦 ホァダン　茶目っ気のあるヒロイン
  青衣 チンイー　しとやかなヒロイン
  老旦 ラオダン　老婆
  武旦 ウーダン　立ち回りの役
- 净 ジン……隈取りを施した役
  スケールの大きな重要な役どころ。隈取りは役ごとに 決まっている(右頁参照)
- 丑 チョウ……道化役
  顔の真ん中に小さく隈取りしている
  文丑 ウェンチョウ　せりふが中心の役
  武丑 ウーチョウ　軽業や立ち回りが中心の役

演目　剧目 ジュムゥ

一つ一つのせりふが分からなくても、物語りの流れを楽しめるよう、人気演目のあらすじを紹介しておきましょう。なお京劇には、うたとせりふを主にした 文戏 ウェンシー と、アクションものの 武戏 ウーシー があります。

- 大闹天宫 ダーナオティエンゴン ……孫悟空が大いに天宮を闹(さわ)がすという意味で、明代の『西遊記』に題材をとり、悟空の立ち回りがみどころの武戯。こっけいで勇気がある悟空のキャラクターは、人種、年齢の壁をひらっと飛び越え愛されている。
- 覇王別姫 バーウンビエジィ ……『西漢演義』に題材をとった文戯。秦末、劉邦との戦いに敗れて四面楚歌の形勢に陥った勇将項羽が、愛する虞姫と別れの杯を交わす名場面で知られる。もの悲しい歌声は語意が分からなくても思いが伝わってくる。項羽の心境を慰める虞姫の剣舞がみどころの一つ。やがて虞姫は自ら命を断つ。
- 白蛇传 バイシャーチュアン ……神話物語で、人間の生活を慕って女性に変身した白蛇の白素貞が、仰天死した夫を蘇らせるため、妙薬を求めて崑崙山にのりこむ波瀾万丈の武戯。

隈取り（くまどり） 脸谱 リェンプゥ

隈取りにはさまざまな種類があり、形と色で役の年齢、身分、性格を描き分けています。
色による性格の見分け方は以下のとおりです。

- ●赤：正義漢で、気骨がある忠義の人。 关羽 グァンユゥ など
- ●黒：剛直で勇猛、粗暴な面もある人物。 张飞 ヂャンフェィ など
- ●白：奸計に長けた冷酷な人柄。 曹操 ツァオツァオ など
- ●緑：鬼や凶暴なもの。白水灘の青面虎 チンミェンフゥ など
- ●紫：物腰おだやかな人
- ●青：凶暴で企みを持っている人
- ●黄：策略を外に表さない陰険な人
- ●金色：神仏

衣装など　行头 シントゥ

衣装やかぶり物は登場人物の身分を強調する重要な要素です。たとえば黄色い地色、龍や鳳凰の図柄は皇帝やその一族の衣装と決められています。このほか細かい約束ごとがいろいろありますが、時代の違いによる衣装の使い分けなどはあまりありません。目もあやな衣装類は京劇の大きな魅力の一つです。

- ●盔毛 クォイマォ ……… かぶり物
- ●髯口 ランコゥ ………… 付けひげ
- ●靴鞋 シュエシェ ……… はき物
- ●砌末 チェモー ………… 道具

如意冠 ルゥイーグァン
虞姫専用のかぶり物

斗篷 ドゥポン
マント。虞姫のマントは鳳凰と牡丹模様の女鳳斗篷

魚鱗甲 ユイリンシア
鱗模様がついた虞姫の衣装

夫子盔 ラーズークォイ
武将のかぶり物

黒満髯 ヘイマンラン
耳にかけて口をすっぽり覆うひげ

靠 カオ
鎧。背中に旗を付ける硬靠と、つけない軟靠がある。項羽専用の鎧は覇王靠

厚底靴 ホウディシュエ
厚底のブーツ

「覇王別姫」の項羽と虞姫

ナイトスポットで Night Spots 夜间游乐场所

　北京や上海、広州などの大都市では、バンドの生演奏を聞きながら、食事やお酒を楽しめる場所が増えてきました。カラオケやディスコもあります。また伝統的な大衆芸能を堪能しながら、お茶を飲む茶館もあり、選択肢はいろいろです。どこも気取らない雰囲気なので、その日の気分でふらっと出かけてみるのもいいでしょう。ただし、中にはたちの悪いバーやカフェもあるので、とくに客引きのいる所や遅い時間帯はトラブルに巻き込まれないように気をつけましょう。

ライブ演奏のあるカフェはありませんか Could you recommend a good live café?	有　现场演奏　的　咖啡厅　吗？ ヨウ　シエンチャンイェンゾウ　ダ　カフェイティン　マ
★ どのような音楽をやっていますか What kind of music do they play?	演奏　什么样　的　音乐？ イェンゾウ　シェンモヤン　ダ　インユエ
予約は必要ですか Do I need a reservation?	要不要　预订？ ヤオブヤオ　ユイディン
今日は混んでいますか Is it crowded today?	今天　人　多不多？ ジンティエン　レン　ドゥオブドゥオ
いくらくらいかかりますか How much does it cost?	大约　要　多少　钱？ ダーユエ　ヤオ　ドゥオシャオ　チエン
何時から演奏が始まりますか At what time begins the music?	演奏　几点　开始？ イェンゾウ　ジイディエン　カイシー
食事はできますか Do they serve meals?	能　在　那里　用餐　吗？ ノン　ザイ　ナーリ　ヨンツァン　マ
伝統芸能をやっている茶館はどこですか Where is the tea room for the traditional culture?	哪里　有　表演　传统艺术　的　茶馆？ ナーリ　ヨウ　ビアオイェン　チュアントンイーシュー　ダ　チャグアン
上演は何時から何時までですか What is the play time?	演出　从　几点　到　几点？ イェンチュ　ツォン　ジイディエン　ダオ　ジイディエン
ステージ近くの席をお願いします Can I have a table near the stage, please?	请　给　我　离　舞台　近　一些　的　座位。 チン　ゲイ　ウォ　リー　ウータイ　ジン　イーシエ　ダ　ズオウェイ
これは何という演目ですか What kind of show is this?	这　叫作　什么　表演？ ジョー　ジアオズオ　シェンモ　ビアオイェン
どんなお茶がありますか What kind of tea do you have?	有　什么　茶？ ヨウ　シェンモ　チャ

お湯を足して下さい Can I have more hot water?	请给我加开水。 チン ゲイ ウォ ジア カイシュイ
この食べ物は何というのですか What is this food?	这吃的叫什么? ジョー チー ダ ジアオ シェンモ
近くにカラオケができるところはありますか Are there any place we can enjoy Karaoke?	这附近有能唱 ジョー フージン ヨウ ノン チャン 卡拉OK的地方吗? カラーオーケイ ダ ディファン マ
日本の曲はありますか Do you have Japanese songs?	有没有日本歌曲? ヨウメイヨウ リーベン ゴーチュー
歌のリストを見せて下さい May I see the title list?	让我看一下曲目表。 ラン ウォ カン イーシア チュームゥビアオ
リクエストをしたいのですが Can I request a song?	我想点歌。 ウォ シアン ディエン ゴー
この曲を歌います I will sing this song.	唱这首歌。 チャン ジョーショウ ゴー

ワードバンク

ビール	啤酒 ピー ジウ	生ビール	鲜啤/扎啤 シェン ピー ジャ ピー	ワイン	葡萄酒 プゥ タオ ジウ
ウィスキー	威士忌 ウェイ シー ジィ	カクテル	鸡尾酒 ジィ ウェイ ジウ	ドリンク	饮料 インリアオ
カバーチャージ	座儿钱 ズォル チエン	最低料金	最低消费 ズォイ ディ シアオ フェイ	ステージ	舞台 ウー タイ
マイク	麦克风 マイ コォ フォン	茶館	茶馆 チャ グアン	バー	酒吧 ジウ バー
カラオケ	卡拉OK カ ラーオーケイ	パブ	英式(爱尔兰)酒吧 インシー アイアルラン ジウバー		
ディスコ	迪斯科舞厅 ディ スーコォ ウーティン	ジャズクラブ	爵士乐俱乐部 ジュエシー ユエ ジュ ローブー		

スポーツを観戦する　Watching Sports　　观看体育比赛

中国人はサッカーが大好きです。スタジアムには地元チームを応援する熱狂的なファンがつめかけます。地元の人に混ざってサッカー観戦で盛り上がりましょう。チケットは通常スタジアムの窓口で購入しますが、街なかにチケット販売ブースもあるので、ホテルで尋ねてみるといいでしょう。席は指定になってはいますが、行ってみると、自分の席がすでにふさがっていることは珍しくありません。指定席にこだわらず、「中国式」に適当に譲り合って座りましょう。

チケットを買う　At the Ticket Agency　　买票

近くにサッカーのチケットを買えるところはありますか Can I buy a soccer ticket near here?	附近 有 能 买 足球比赛票 的 地方 吗？ フージン ヨウ ノン マイ ズゥチゥビーサイピアオ ダ ディファン マ
★ 今日サッカーの試合はありますか Is there a soccer game today?	今天 有 足球比赛 吗？ ジンティエン ヨウ ズゥチゥビーサイ マ
どこで行われますか Where is the stadium?	在 哪里 举行？ ザイ ナーリ ジュシン
その競技場までどうやって行くのですか How can I get to the stadium?	怎么 去 那个 体育场？ ゼンモ チュー ナーグ ティユイチャン
何時からですか What time does it begin?	几点钟 开始？ ジィディエンジョン カイシー
チケットを買えますか Can I have a ticket?	能 买 票 吗？ ノン マイ ピアオ マ
バックスタンドがよいのですが I'd prefer the back stand.	要 后看台 的 位子。 ヤオ ホウカンタイ ダ ウェイズ
できるだけ見やすい席をお願いします I'd like a seat with the best possible view.	请 尽量 给 我 看得 清楚 的 座位。 チン ジンリアン ゲイ ウォ カンダ チンチュ ダ ズオウェイ
★ チケットを2枚下さい Could you get me two tickets?	请 给 我 两张 票。 チン ゲイ ウォ リァンジャン ピアオ

ワードバンク

得点	得分 ドゥ フェン	シュート	射门 ショー メン	延長戦	延长赛 イェンチャン サイ
審判	裁判员 ツァイパン ユアン	スコア	比分 ビー フェン	ハーフタイム	中场休息 ジョンチャン シゥシ

競技場で At the Stadium　　　　在体育场

(チケットを見せて) この席はどこですか Where is my seat?	这个 座位 在 哪里? ジョーグ ズオウェイ ザイ チーリ
この席は空いていますか Is this seat taken?	这个 座位 有人 吗? ジョーグ ズオウェイ ヨウレン マ
どちらが勝っていますか Who is ahead?	现在 哪边 领先 呢? シエンザァイ ナービエン リンシエン ナ
いま得点した選手は誰ですか Who is the player, that has scored now?	现在 得分 的 选手 是 谁? シエンザァイドゥフェン タ シュアンショウ シー シェイ
記念品はどこで売っていますか Where can I buy memorial goods?	哪里 有 卖 纪念品 的? チーリ ヨウ マイ ジィニエンピン タ
食事ができる場所はありますか Is there a place where I can eat?	有 能 吃饭 的 地方 吗? ヨウ ノン チーファン タ ディファン マ
いい試合でした It was a nice game.	比赛 真 精彩。 ビーサイ ジェン ジンツァイ
北京飯店へのバスはどこから出ていますか From where does the bus to the Beijing Hotel leave?	去 北京饭店 的 公共汽车 从 哪里 出发? チュー ベイジンファンディエン タ ゴンゴンチーチョ ツォン チーリ チュファ

エンターテインメント

スタジアム (赛球场 サイチウチャン)

- センターサークル　球场中心圆　チウ チャン ジョン シン ユアン
- バックスタンド　后看台　ホウ カン タイ
- スコアボード　记分牌　ジィ フェン パイ
- アウェイ　客场　コォ チャン
- ホーム　主场　ジュー チャン
- フィールド　场地　チャン ディ
- ゴール (エリア)　球门　チウ メン
- ゲート　门　メン
- メインスタンド　主看台　ジュー カン タイ

スポーツを観戦する

スポーツをする Sports　　　运动

中国のゴルフコースは、手ごろな値段で広々としたコースを満喫することができます。日系資本のゴルフ場もあり、日本人客にはよく利用されています。コースの予約などは、泊まっているホテルのインフォメーションに聞いてみましょう。そのほか、テニス、卓球、プールなども、ホテルの案内所に尋ねるとよいでしょう。

ゴルフをする　Playing Golf　　　打高尔夫球

ゴルフをしたいのですが、近くに適当なコースはありますか I'd like to play golf. Are there any golf courses around here?	我想打高尔夫球，附近有好球场吗?
ゴルフの予約をしてもらえますか Can I make a reservation for golf?	能帮我预约高尔夫球吗?
いつがよろしいですか When would you like to play?	什么时间好?
できれば、明日したいのですが Tomorrow, if possible.	可以的话，我想明天。
何人ですか For how many persons?	几个人?
3人です There are three of us.	三个人。
料金表はありますか Do you have a rate list?	有价格表吗?
これがグリーンフィーと送迎の料金です This is the price including green fee and round-trip transfers.	这是高尔夫球场使用费和接送费。
カート代は別になっております Cart is an extra charge.	球车费另算。
用具を借りることはできますか Can I rent the equipment?	能借球具吗?
1日いくらですか How much is it per day?	一天多少钱?

テニスをする　Playing Tennis　　打网球

テニスをしたいのですが I'd like to play tennis.	我想打网球。 ウォ シアン ダー ウンチウ
このホテルにテニスコートはありますか Do you have a tennis court in this hotel?	这饭店有网球场吗? ジョー ファンディエン ヨウ ウンチウチャン マ
この近くにテニスができるところはありますか Is there a tennis court around here?	这附近有能打网球的地方吗? ジョー フージン ヨウ ノン ダー ウンチウ ダ ディファン マ
コートの予約はどこでできますか Where can I reserve a tennis court?	在哪里能预约网球场? ザァイ ナーリ ノン ユィユエ ウンチウチャン
テニスコートを9時から10時まで予約して下さい Can I reserve a tennis court from nine to ten?	请预约网球场九点到十点。 チン ユィユエ ウンチウチャン ジウディエン ダオ シーディエン
1人いくらですか How much is it per person?	一个人多少钱? イークレン ドゥオシャオ チエン
ラケットは借りられますか Can I rent rackets?	能借网球拍吗? ノン ジエ ウンチウバイ マ
係員を呼んで下さい Please call the person in charge.	请叫管理员。 チン ジアオ グアンリーユアン
手を貸して下さい Could you please help me?	请帮我一下。 チン バン ウォ イーシア
ケガをしたようです I seem to be injured.	好像受伤了。 ハオシアン ショウシャン ラ

ワードバンク

スキーに行く	去滑雪 チュー ホア シュエ	泳ぎに行く	去游泳 チュー ヨウ ヨン	テニスボール	网球 ウン チウ
テニスコート	网球场 ウン チウ チャン	ラケット	球拍 チウ バイ	ゴルフクラブ	高尔夫球棍 ガオ アル ラー チウ グン
ゴルフ靴	高尔夫鞋 ガオ アル ラー シエ	ゴルフボール	高尔夫球 ガオ アル ラー チウ	水着	游泳衣 ヨウ ヨン イー
ボート	小船 シアオ チュアン	タオル	毛巾 マオ ジン	スキー板	滑雪板 ホア シュエ バン
ストック	滑雪杆 ホア シュエ ガン	サイクリング	骑车 チィ チョ	自転車	自行车 ズー シン チョ

足裏マッサージ　Foot Massage　　足部按摩

　街なかで足裏マッサージの店をよくみかけます。「全身マッサージはちょっと…」という人も、足だけなら試しやすいでしょう。本場の漢方マッサージでは、まず漢方薬の入ったお湯に足を浸けることから始まります。マッサージの強さは、人それぞれに感じ方が違うので、遠慮せずに注文をつけましょう。

マッサージの予約をしに来ました I'd like to make an appointment for massage.	我是来预约按摩的。 ウオ シー ライ ユィユエ アンモー タ
日本語のメニューはありますか Do you have a Japanese menu?	有没有 日语 的 ヨウメイヨウ リーユィ タ 服务项目表? フーウーシアンムゥビアオ
どんなコースがありますか What kind of treatments do you have?	有 哪些 服务项目? ヨウ ナーシエ フーウーシアンムゥ
基本コースはいくらですか How much is the basic course?	普通 按摩 要 多少 钱? プゥトォン アンモー ヤオ ドゥオシャオ チエン
お金はどこで払いますか Where can I pay?	请问 在 哪里 付 钱? チンウェン ザアイ チーリ フー チエン
全身マッサージもありますか Do you have a full-body massage service?	有 全身按摩 吗? ヨウ チュアンシェンアンモー マ
1時間くらいでお願いします One hour, please.	我 想 作 1个小时 的。 ウオ シアン ズオ イークシアオシー タ
気持ちがいいです I feel good.	很 舒服。 ヘン シューフ
痛いです It hurts.	疼。 トン
強すぎます It's too strong.	用力 太 重 了。 ヨンリー タイ ジョン ラ

ワードバンク

足浴	足浴 ズウ ユイ	漢方薬	中药 ジョン ヤオ	鍼灸	针灸 ジェン ジウ
頭マッサージ	头部按摩 トウ ブー アン モー		足裏のつぼ (反射区)	反射区 ファン ショー チュー	
漢方茶	中药茶 ジョン ヤオ チャ	薬草	药草 ヤオ ツァオ	マッサージ室	按摩室 アン モー シー

足裏マッサージのつぼ（反射区）

右足（裏）右脚 ヨウジアオ

① 副鼻腔（左）
　額窦 オードゥ
② 耳（左）
　耳朵 アルドゥオ
③ 肺／気管支
　肺／气管 フェイ／チィグアン
④ 副腎
　肾上腺 シェンシャンシエン
⑤ 腎臓
　肾 シェン
　肝臓
　肝 ガン
　胆嚢
　胆囊 ダンナン
⑥ 横行結腸
　横结肠 ホンジェチャン
　上行結腸
　升结肠 ションジエチャン
　盲腸
　盲肠 マンチャン
⑦ 生殖腺
　生殖腺 ションジーシエン

⑧ 鼻（左）
　鼻子 ビーズ
⑨ 頭部（左）
　头部 トゥブー
⑩ 首筋（左）
　颈项 ジンシエン
⑪ 目（左）
　眼睛 イェンジン
⑫ 甲状腺
　甲状腺 ジアジョアンシエン
⑬ 胃
　胃 ウェイ
⑭ 膵臓
　胰 イー
⑮ 十二指腸
　十二指肠 シーアルジーチャン
⑯ 尿管
　输尿管 シューニアオグアン
⑰ 小腸
　小肠 シアオチャン
⑱ 膀胱
　膀胱 バングアン

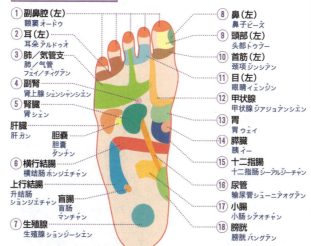

左足（裏）左脚 ズオジアオ

⑧ 鼻（右）
⑨ 頭部（右・大脳）
⑩ 首筋（右）
⑪ 目（右）
⑫ 甲状腺
⑬ 胃
⑭ 膵臓
⑮ 十二指腸
⑯ 尿管
⑰ 小腸
⑱ 膀胱

① 副鼻腔（右）
② 耳（右）
③ 肺／気管支
④ 副腎
　心臓
　心 シン
⑤ 腎臓
　脾臓
　脾 ピー
⑥ 横行結腸
　下行結腸
　降结肠 ジアンジエチャン
　肛門
　肛门 ガンメン
⑦ 生殖腺

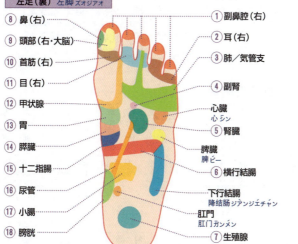

①〜⑱はほぼ左右対称のつぼ。中国語は右足参照

エステ Health and Beauty Spa 美容

エステに行く場合には、施術内容と料金をよく確認し、自分の健康状態や肌の状態にも注意して、目的に合ったものを選びましょう。ホテル以外のエステサロンは、日本に比べてかなり格安ですが、技術レベルはまちまちなので、慎重に選びましょう。旅の途中、セラピー効果の高いサロンに行って疲れを癒すのもいいでしょう。

★ 料金表を見せて下さい May I see the price list?	请给我看价格表。 チン ゲイ ウォ カン ジアゴービアオ
どのくらいの時間がかかりますか How long does it take?	大约要多长时间? ダーユエ ヤオ ドゥオチャン シージエン
どんな効果があるのですか What effect does this have?	有什么效果? ヨウ シェンモ シアオグオ
敏感肌（乾燥肌）です I have sensitive skin (dry skin).	是敏感性皮肤 シー ミンガンシンピーラー （干燥性皮肤）。 ガンザオシンピーラー
もう少し強く（弱く）して下さい Could you make it stronger (weaker)?	请再稍重（轻）一点。 チン ザアイ シャオ ジョン チン イーディエン
この香りは何ですか What is this fragrance?	这是什么香味? ジョー シー シェンモ シアンウェイ
このサロンで使っている化粧品は買えますか Can I buy the cosmetics used here?	能买到这个沙龙使用 ノン マイダオ ジョーグ シャロン シーヨン 的化妆品吗? ダ ホアジョアンピン マ

ワードバンク

シミ	色斑 ソー バン	ソバカス	雀斑 チュエ バン	ニキビ	青春痘 チン チュンドウ
シワ	皱纹 ジョウ ウェン	マッサージ	按摩 アン モー	（美容の）パック	面膜 ミエン モー
痩身	瘦身 ショウ シェン	全身の手入れ	全身保养 チュアンシェン バオ ヤン	顔の手入れ	面部保养 ミエンブー バオ ヤン
ネイルケア	指甲护理 ジー ジア フゥ リー	アロマテラピー		芳香疗法 ファン シアン リアオ ファ	
美白	美白 メイ バイ	美肌	护肤 フゥ ラー	日焼け	（皮肤）晒黑 ピー ラー シャイ ヘイ
あおむけ	仰卧 ヤン ウオ	うつ伏せ	俯卧 フー ウオ	サロン	沙龙 シャ ロン

ショッピング

Shopping
买东西

案内 Information 介绍

　ショッピングは旅行の大きな楽しみの一つです。大都市の目抜き通りにはショッピングモールやデパートが軒を連ねていて、ファッションから日用品までさまざまなものが揃っています。中国茶や漢方薬、筆や硯などの定番だけでなく、最近はシノワズリ・テイストのインテリア雑貨や小物類が人気です。蘇州産のシルク製品、内モンゴルで作られるカシミヤのショールやニットもいいでしょう。また、露店街やアウトレットに行って、お買い得品を探すのも楽しいものです。主な街には「友誼商店」という国営のみやげショップがあります。比較的質のよい各地の名産品が揃っていて、おみやげを一度に探すのに便利です。

この町のショッピング街はどこですか Where is the shopping area in this town?	当地的商业街在哪里? タンディ ダ シャンイエジエ ザァイ チーリ
一番大きいショッピングセンターはどこにありますか Where is the biggest shopping center?	最大的购物中心在哪里? ズォイダー ダ ゴウウージョンシン ザァイ チーリ
この辺にデパートはありますか Is there a department store around here?	这附近有商场吗? ジョー フージン ヨウ シャンチャン マ
ここから遠いですか Is it far from here?	离这里远吗? リー ジョーリ ユアン マ
道順を教えて下さい Could you tell me how to get there?	请告诉我怎么走。 チン ガオスゥ ウォ ゼンモ ゾウ
ここから一番近いスーパーマーケットはどこですか Where is the nearest supermarket from here?	离这里最近的 リー ジョーリ ズォイ ジン ダ 超级市场在哪里? チャオジィシーチャン ザァイ チーリ
⭐ みやげ物店はどこですか Where is the souvenir shop?	土特产店在哪里? トゥトーチャンディエン ザァイ チーリ
カシミヤのマフラーを買いたいのですが、いい店を教えて下さい I'd like to buy a cashmere muffler. Could you recommend a good shop?	我想买羊绒围巾，请 ウォ シアン マイ ヤンロン ウェイジン チン 告诉我哪里有好 ガオスゥ ウォ チーリ ヨウ ハオ 一点的商店。 イー ディエン ダ シャンディエン

案内

ショッピング

ショッピング

案内

	この町の特産品で何か珍しいものはありますか Are there any special products of this town?	当地有什么稀有的土特产吗?
★	それはどこで買えますか Where can I buy it?	在什么地方可以买到呢?
★	店の営業時間を教えて下さい What are your business hours?	请告诉我商店的营业时间。
	店の休業日を教えて下さい What day are you closed?	请告诉我商店的休息日。
	一番品物が揃っている店はどこですか Which shop has the best range of goods?	东西最全的店在哪里?
	まだ開いているブティックはどこですか Where is a boutique that is still open?	哪里有现在还营业的时装店?

ワードバンク

友誼商店 友谊商店 ヨウイーシャンディエン	デパート 商场 シャンチャン	ブティック 时装店 シー ジョアンディエン
スーパーマーケット 超级市场／超市 チャオジィ シーチャン チャオシー	みやげ物店 土特产店 トゥ トー チャンディエン	
茶葉店 茶叶店 チャイエディエン	食料品店 食品店 シービンディエン	書店 书店 シューディエン
印章店 印章专卖店 インジャンジュアンマイ ディエン	民芸品店 民间工艺品店 ミンジェンゴン イーピンディエン	
文房四宝店 文房四宝店 ウェンファンスーパオディエン	CD店 音像店 インシアンディエン	楽器店 乐器店 ユエチィディエン
スポーツ用品店 体育用品店 ティユイヨンビンディエン	子供用品店 儿童用品店 アルトォンヨン ビン ディエン	
文房具店 文具店 ウェンジュディエン	首飾店 宝石店 ショウシディエン	時計店 钟表店 ジョンビアオディエン
カメラ店（写真店） 照相用品店／相机店 ジャオシャンヨン ビン ディエンシアンジィ ディエン	眼鏡店 眼镜店 イェンジンディエン	
靴店 鞋店 シエディエン	家具店 家具店 ジアジュディエン	生花店 鲜花店 シエンホアディエン
洋服店（紳士） 男士服装店 チャンシーフー ジョアンディエン	洋服店（婦人） 女士服装店 ニュシーフー ジョアンディエン	
骨董品店 古玩店／古董店 グゥワンディエングゥドンディエン	薬局 药房 ヤオファン	
食器店 餐具店 ツァンジュディエン	金物店 五金店 ウージンディエン	釣具店 钓鱼具店 ディアオユイジュディエン
陶磁器店 陶瓷品商店 タオツーピンシャンディエン	アウトレット 名牌折扣店 ミンパイジョーコウディエン	
市場 市场 シーチャン	安売り店 廉价商店 リェンジアシャンディエン	免税店 免税店 ミェンシュイディエン

ショッピング

案内

品選び Shopping 购物

商店で品物を見ているとき、「何かお探しですか」"您找什么？" と聞かれたのに、無視するのは失礼にあたります。買う気がなければ「見ているだけです」"我只是看看。"と答えましょう。商品にはむやみにふれず、手にとって品定めをしたい場合には、店員に言って見せてもらいましょう。衣料品など試着が必要な場合はその旨を伝えます。観光地のみやげ品店などで不要な品を執拗に勧められることがありますが、そのときは「いりません」"不要，够了。"(ブー ヤオ ゴウ ラ)とはっきりとことわりましょう。

衣料品売り場はどこですか Where can I buy clothes?	服装衣料 柜台 在 哪里? フージョアンイーリアオ グイタイ ザァイ チーリ
店内の案内図はありますか Do you have a map of the store?	有 店内 示意图 吗? ヨウ ディエンネイ シーイートゥ マ
エスカレーター（エレベーター）はどこですか Where is the escalator (elevator)?	自动扶梯 （电梯） 在 哪里? ズードンフーティ ディエンティ ザァイ チーリ
アクセサリーを買いたいのですが、どこにありますか I would like to buy some accessories. Where can I buy some?	我 想买 装饰品， 在 哪里 有 卖 的? ウォ シアンマイ ジョアンシーピン ザァイ チーリ ヨウ マイ ダ
この地方特産の珍しいものはありませんか Do you have something made specially in this area?	这地方 有 稀有 的 土特产 吗? ジョーディファン ヨウ シーヨウ ダ トゥトーチャン マ
母へのみやげを探しています I'm looking for something for my mother.	我 在 找 给 我 妈妈 的 礼物。 ウォ ザァイ ジャオ ゲイ ウォ マーマ ダ リーウー
何かみやげに適当な物はありませんか Could you recommend something good for a souvenir?	有 合适 的 东西 可以 作为 礼品 吗? ヨウ ホーシー ダ ドンシ コォイー ズオウェイ リーピン マ
いらっしゃいませ。何かお探しですか Hello. May I help you?	欢迎光临。 您 找 什么? ホォニンイングァンリン ニン ジャオ シェンモ
見ているだけです。ありがとう I'm just looking. Thank you.	我 只是 看看， 谢谢! ウォ ジーシー カンカン シエシエ
セーターはありますか Do you have sweaters?	有 毛衣 吗? ヨウ マオイー マ

⭐ あの<u>セーター</u>を見せて下さい Could you show me that <u>sweater</u>?	请给我看一下那件毛衣。 チン ゲイ ウォ カン イーシア ナー ジェン マオイー
これを見たいのですが I'd like to see this.	我想看看这个。 ウォ シアン カンカン ジョーグ
私に合うサイズのものを見せて下さい Could you show me something in my size?	有适合我穿的尺寸吗? ヨウ シーホー ウォ チュアン ダ チーツン マ
手に取ってもいいですか Can I pick it up?	可以拿过来看看吗? コォイー ナーグオライ カンカン マ
これと同じものはありますか Do you have one like this?	有没有跟这个一样的呢? ヨウメイヨウ ゲン ジョーグ イーヤン ダ ナ
ウインドーにあるものがいいのですが I'd like the one in the window.	我想要那个摆在橱窗里的。 ウォ シアン ヤォ ナーグ バイ ザデイ チューチュアン リ ダ
ほかのものを見せて下さい Could you show me another one?	请给我看看别的。 チン ゲイ ウォ カンカン ビエ ダ
何色がありますか What kinds of colors do you have?	有什么颜色的? ヨウ シェンモ イェンソー ダ
<u>10歳の男の子</u>（女の子）用のシャツを探しています I'm looking for a shirt for a <u>ten</u> year-old <u>boy</u> (girl).	我在找十岁的男孩（女孩）穿的衬衣。 ウォ ザアイ ジャオ シースイ ダ ナンハイ ニュハイ チュアン ダ チェンイー
もっと<u>小さい</u>（大きい）ものはないですか Do you have a <u>smaller</u> (bigger) one?	有更小（大）的吗? ヨウ ゴン シアオ ダー ダ マ
⭐ <u>赤い</u>のはありますか Do you have a <u>red</u> one?	有红色的吗? ヨウ ホンソー ダ マ
ほかの型はありますか Do you have any other style?	还有其他样子的吗? ハイヨウ チィター ヤンズ ダ マ
<u>カジュアルな</u>（ドレッシーな）ものを探しています I'd like something <u>casual</u> (dressy).	我在找休闲的（优雅的）服装。 ウォ ザアイ ジャオ シィウシエン ダ ヨウヤー ダ フージョアン

ショッピング

品選び

(探してくれた物に対して)これはちょっとちがいます This is not what I'm looking for.	我要的不是这种。 ウォ ヤォ ダ ブーシー ジョージョン
大き(小さ)すぎます This is too big (small).	大(小)了一点儿。 ダー シァオ ラ イーディアル
派手(地味)すぎます This is too flashy (plain).	有点太花哨(素)了。 ヨウディエン タイ ホアシャオ スゥ ラ
もっと派手(地味)なのはありますか Do you have a flashier (plainer) one?	有没有再花哨(素)一点儿的? ヨウメイヨウ ザァイ ホアシャオ スゥ イーディアル ダ
この色(デザイン)はあまり好きではありません I don't like this color (design).	我不太喜欢这个颜色(样式)的。 ウォ ブータイ シーホアン ジョーグ イェンソー ヤンシー ダ
これと同じで色違いはありますか Do you have the same thing in any other colors?	和这一样,有其他的颜色的吗? ホー ジョー イーヤン ヨウ チィター ダ イェンソー ダ マ
綿素材のものはありますか I'd like something in cotton.	有纯棉的衣服吗? ヨウ チュンミェン ダ イーフー マ
★ 試着をしてみていいですか Can I try this on?	能试穿吗? ノン シーチュアン マ
試着室はどこですか Where is the fitting room?	试衣间在哪里? シーイージェン ザァイ チーリ
ぴったりです This is just my size.	很合身。 ヘン ホーシェン
サイズが合いません This is not my size.	尺寸不合适。 チーツン ブー ホーシー
★ 短か(長/きつ/ゆる)すぎます This is too short (long/tight/loose).	太短(长/紧/肥)了。 タイ ドゥアン チャン ジン フェイ ラ
もう一度着てみていいですか May I try it on again?	再试穿一次,行吗? ザァイ シーチュアン イーツー シン マ
ここがきついみたいです It feels tight here.	这个地方有点紧。 ジョーグ ディファン ヨウディエン ジン
寸法直しをお願いします Could you alter this, please?	请改一下尺寸。 チン ガィ イーシァ チーツン

ショッピング

どのくらいかかりますか〔時間〕 How long does it take?	要 多长 时间？ ヤオ ドゥオチャン シージエン
白いチャイナドレスはありませんか Do you have a Chinese dress in white?	有 白色 的 旗袍 吗？ ヨウ バイソー ダ チイパオ マ
私に似合いますか How do I look?	我 穿着 合适 吗？ ウオ チュアンジョ ホーシー マ
素材は何ですか What is this made of?	这 是 用 什么 料子 做 的？ ジョー シー ヨン シェンモ リアオズ ズオ ダ
この指輪を見せて下さい Could you show me this ring?	请 把 这 只 戒指 给 我 看看。 チン バー ジョー ジー ジエジ ゲイ ウオ カンカン
★ これは何という宝石ですか What kind of stone is this?	这 是 什么 宝石？ ジョー シー シェンモ バオシー
つけてみていいですか May I try this on?	能 戴 一下 试试 吗？ ノン ダイ イーシア シーシ マ
とてもきれいですね This is very beautiful.	真 好看！／真 漂亮！ ジェン ハオカン ジェン ピアオリアン
★ いくらですか How much is it?	多少 钱？ ドゥオシャオ チエン
私には高すぎます It's too expensive for me.	对 我 来 说 太 贵 了。 ドゥイ ウオ ライ シュオ タイ グイ ラ
500元くらいで何かありますか Do you have anything else around 500 Kuai?	有 五百块 左右 的 东西 吗？ ヨウ ウーバイクアイ ズオヨウ ダ ドンシ マ
このデザインは好きではありません I don't like this design.	我 不 喜欢 这 样式。 ウオ ブー シーホアン ジョー ヤンシー

品選び

ショッピング

品選び

★ ごめんなさい。また来ます / I'm sorry. I'll come later.	对不起，下次再来。 ドゥイブチイ シアツー ザァイ ライ
もう少し考えます / I need more time to think.	再考虑一下。 ザァイ カオリュ イーシア
少し安くなりますか / Can I get a little discount?	能不能再便宜一点? ノンブノン ザァイ ビエンイ イーディエン
★ これを下さい / I'll take this.	我买这个。 ウォ マイ ジョーグ
これと同じ物を<u>3</u>つ下さい / I'd like <u>three</u> the same as this.	给我三个和这个一样的东西。 ゲイ ウォ サング ホー ジョーグ イーヤン ダ ドンシ
それはいりません / I don't need that.	不要那个。 ブー ヤオ ナーグ
贈り物にしたいのですが / This is a present.	我想把它作为礼物。 ウォ シアン バー ター ズオウェイ リーウー
きれいに包んでいただけますか / Can you wrap it as a gift?	请包得好看一点，好吗? チン バオダ バオカン イーディエン ハオ マ
★ 別々に包んでくれますか / Can you wrap these separately?	分开包一下，好吗? フェンカイ バオ イーシア ハオ マ
紙袋をいただけますか / Can I have a paper bag?	能给我个纸袋吗? ノン ゲイ ウォ グ ジーダイ マ
他にお買い物はございますか / Anything else?	还需要别的吗? ハイ シューヤオ ビエ ダ マ
この部分が壊れているようです / I think this is broken here.	这地方好像坏了。 ジョー ディファン ハオシアン ホアイ ラ
ここが汚れています / I found a stain here.	这里有点脏。 ジョーリ ヨウディエン ザン
! 返品したいのですが / I'd like to return this.	我要退货，可以吗? ウォ ヤオ トゥイフオ コオイー マ
これを取り替えてもらえますか / Could you exchange this, please?	把这个给我换一下，好吗? バー ジョーグ ゲイ ウォ ホアン イーシア ハオ マ
これが領収書です / Here is a receipt.	这是发票。 ジョー シー ファビアオ

カラー・柄のいろいろ

赤 紅色 ホン ソー	ピンク 粉紅色 フェン ホン ソー	オレンジ 桔黄色 ジュ ホアン ソー	黄 黄色 ホアン ソー
緑 緑色 リュ ソー	青 蓝色 ラン ソー	紺 藏青色 ザン チン ソー	紫 紫色 ズー ソー
グレー 灰色 ホォイ ソー	茶 茶色 チャ ソー	黒 黒色 ヘイ ソー	白 白色 バイ ソー
ストライプ 条紋 ティアオ ウェン	チェック 格子 ゴー ズ	水玉 水珠花样 シュイジュー ホア ヤン	無地 素色 スゥ ソー

衣料品のサイズについて

中国の衣料品のサイズはメーカーによりまちまちですが、主なサイズ表記は以下の3通りです。
　欧州式表記
　ＳＭＬ表記
　身長による表記（「160」、「170」など日本の子供服と同じ）
欧州式は日本ではあまりなじみがないので、比較表を示しておきます。
ただし比較表はあくまで目安なので、必ず試着するようにしましょう。

男性用	ワイシャツ	日本	36	37	38	39	40	41	42	43
		欧州	36	37	38	39	40	41	42	43
	スーツ・コート	日本	S		M		L		LL	
		欧州	44	46	48	50	52	54	56	58
	靴	日本	24	24½	25	25½	26	26½	27	27½
		欧州	38	39	40	41	42		43	
女性用	洋服	日本	7	9	11	13	15	17	19	
		欧州	36	38	40	42	44	46	48	
	靴	日本	22	22½	23	23½	24	24½	25	
		欧州	35	36	36	37	37	38	38	

ショッピング

品選び

自由市場とバザール

格安のおみやげを探しながら、地元の人々の生活感まで感じ取れる自由市場やバザールに足を運んでみましょう。広場や裏通りに小さな露店が設営され、縁日とバーゲンを合わせたような活気に満ちています。

自由市場　自由市场　ヌーヨウシーチャン

北京の潘家園旧貨市場は、陶磁器や仏像、民具などがおびただしく並ぶアンティーク・マーケット。旧貨とは読んで字のごとく古物のことです。上海にも、ウエアから刺繍小物まで、おみやげグッズ満載の市場や、チープな古道具市の東台路古玩市場などがあります。アンティークはほとんどが偽物だといわれるので、低価格帯に絞って掘り出し物を探す方が無難でしょう。こうした市場では値段交渉がつきものです。言い値の半額から始めるのが相場ともいわれますが、雰囲気を楽しみながら各自判断してみましょう。どこもたくさんの人で賑わっています。貴重品はホテルに預けておき、すりなどに十分注意してください。

このパジャマはいくらですか?　这件睡衣多少钱? ジョー ジエン シュイ イー ドゥオ シャオ チエン

- 80元です（売り手）
  80 块钱。 バーシー クアイ チエン
- 安くしてもらえますか
  能不能再便宜一点? ノンブノン ザァイ ピエンイ イーディエン
- いくらならいいですか（売り手）
  你要多少钱的? ニー ヤオ ドゥオシャオ チエン ダ
- 40元ではどうですか
  40 块怎么样? スーシー クアイ ゼンモヤン
- じゃ2着で100元にしときましょう（売り手）
  那，两件要 100 块吧。 ナー リアンジエン ヤオ イーバイ クアイ バ

バザール　巴扎　バージャ

シルクロードのバザールは、シシカバブを焼く匂いが漂う中、生活用品全般から馬やラバなどの家畜まで取引されています。観光客向けの商品は特にありませんが、クッションサイズの絨毯などはおみやげにもおすすめです。また少数民族が多く住む雲南や貴州などの地域では、手作りの雑貨や農作物を持ち寄る市場が賑わい、藍染めや刺繍、その他独特の民族工芸品が並びます。ここでも値引き交渉を楽しんでみて下さい。なお果物などは通常500g(1斤)単位で売られていますが、交渉すればたいがいバラ売りしてもらえます。

ワードバンク

ファッション	时装／服饰 シー ジョアン フー シー	シルク製品	丝织品 スー ジー ピン	アンティーク	旧货／古玩 ジウ フォ グゥ ウン
絨毯	地毯 ディ タン	絞り染め	扎染 ザァ ラン	バラ売り／小売り	零卖 リン マイ

注意　中国の文物のうち1795年以前のものは国外への持ちだし禁止です。象牙製品はワシントン条約により日本へ持ち込めません。生鮮食品は日本へ持ち込むときに検査が必要です。

ショッピング単語集 Shopping Vocabulary 购物词汇

スタイル 样式

長袖	长袖	半袖	短袖	ノースリーブ	无袖
丸首	圆领	Vネック	V字领	タートルネック	高领
襟	领子	チャイナカラー	中式领子	襟なし	无领
ボタン	纽扣	ジッパー（ファスナー）	拉链	ポケット	口袋
フード	帽子	スリット	开衩	手編み	手织

アイテム 项目

上着	上衣	スーツ	西服	ブレザー	西装夹克
ベスト	背心/马甲	セーター	毛衣	カーディガン	对襟毛衣
パンツ（ズボン）	裤子	短パン	短裤	ジーンズ	牛仔裤
Tシャツ	T恤衫	トレーナー	运动服	スウェットパンツ	运动裤
ブラウス	女罩衫	ワイシャツ	（男式）衬衫		
スカーフ	（女用）围巾/丝巾	マフラー	围巾		
ネクタイ	领带	カフスボタン	袖扣儿	ワンピース	连衣裙
ツーピース	套装	スカート	裙子	チャイナドレス	旗袍

下着など 内衣等

下着	内衣	ブリーフ	三角裤	トランクス	短内裤
シャツ	汗衫	靴下	袜子	ストッキング	长筒袜
ブラジャー	胸罩	ショーツ	（女式）短内裤		
スリップ	衬裙	ガードル	束腰	パジャマ	睡衣

ショッピング

ショッピング単語集

靴・バッグ・小物など 鞋・包・小商品 シエ バオ シアオ シャンピン

ブーツ	靴子 シュエ ズ	ハイヒール	高跟鞋 ガオ ゲン シエ	ローヒール	平底鞋 ピン ディ シエ
スニーカー	球鞋 チウ シエ	布靴	布鞋 ブー シエ	サンダル	涼鞋 リアン シエ
ベルト	皮帯 ピー ダイ	ハンドバッグ	手提包 ショウ ティ バオ	リュック	背包 ベイ バオ
ショルダーバッグ	挎包 クア バオ	眼鏡	眼鏡 イェン ジン	サングラス	太陽眼鏡 タイ ヤン イェン ジン
財布	銭包 チェン バオ	腕時計	手表 ショウ ビアオ	傘	傘 サン
帽子	帽子 マオ ズ	ハンカチ	手帕 ショウ パー	手袋	手套 ショウ タオ

アクセサリー・貴金属 装飾品・貴重飾品 ジュアン シー ピン グイ ジョン シー ピン

指輪	戒指 ジエ ジ	ネックレス	項鏈 シアン リェン	ペンダント	垂飾 チュイ シー
ピアス	(穿孔)耳環 チュアン コン アル ホアン			イヤリング	耳環 アル ホアン
ブローチ	胸針 ション ジェン	ブレスレット	手鐲 ショウ ジュオ	翡翠	翡翠 フェイ ツォイ
真珠	珍珠 ジェン ジュー	純金	純金 チュン ジン	銀	銀 イン

化粧品など 化妆品等 ホア ジュアン ピン ドン

香水	香水 シアン シュイ	口紅	口紅 コウ ホン	化粧水	化妆水 ホア ジュアン シュイ
ファンデーション	粉底 フェン ディ	日焼け止めクリーム	防晒霜 ファン シャイ シュアン	クリーム	护肤霜 フウ ラー シュアン
歯みがき	牙膏 ヤー ガオ	ティッシュ・ペーパー	巾紙 ジン ジー	漢方薬	中药 ジョン ヤオ

書画用品・雑貨 书画用品・杂货 シュー ホア ヨン ピン ザー フオ

硯	硯 イェン	筆	毛笔 マオ ビー	墨	墨 モー
紙	紙 ジー	印鑑	印章 イン ジャン	水墨画	水墨画 シュイ モー ホア
ボールペン	圆珠笔 ユアン ジュー ビー	万年筆	钢笔 ガン ビー	手帳	笔记本 ビー ジィ ベン
カレンダー	日历 リー リー	雑誌	杂志 ザー ジー	新聞	报纸 バオ ジー

スーパーマーケット　超级市场 チャオ ジィ シー チャン

水	水 シュイ	ジュース	果汁 グオ ジー	牛乳	牛奶 ニゥ ナイ
ミネラルウォーター	矿泉水 クアン チュアン シュイ	インスタントコーヒー	速溶咖啡 スゥ ロン カ フェイ		
お茶	茶／茶水 チャ チャ シュイ	ヨーグルト	酸奶 スワン ナイ	月餅	月饼 ユエ ビン
ビスケット	饼干 ビン ガン	ポテトチップス	薯片 シュー ピエン	チョコレート	巧克力 チアオ コォ リー
パン	面包 ミエン バオ	サンドイッチ	三明治 サン ミン シー	ハム	西式火腿 シー シー フオ トォイ
チーズ	奶酪 ナイ ラオ	缶詰	罐头 グアン トゥ	果物	水果 シュイ グオ
インスタント食品	速食 スゥ シー	酒類	酒类 ジウ レイ	洗剤	洗涤剂 シー ディ ジィ

デパート　商场 シャン チャン

化粧品	化妆品 ホア ジョアン ピン	婦人服	女装 ニュ ジョアン	紳士服	男装 ナン ジョアン
服飾品	服饰 フー シー	ベビー用品	婴儿用品 イン アル ヨン ピン	子供服	儿童服装 アル トォン フー ジョアン
日用品	日用品 リー ヨン ピン	台所用品	厨房用品 チュ ファン ヨン ピン	食器	餐具 ツァン ジュ
スポーツ用品	运动用品 ユンドン ヨン ピン	文房具	文具 ウェン ジュ	玩具	玩具 ワン ジュ

インテリア・生活用品　室内装饰品・生活用品 シー ネイ ジョアン シー ピン ション フオ ヨン ピン

カーペット	地毯 ディ タン	バスマット	澡巾 ザオ ジン	タオル	毛巾 マオ ジン
バスタオル	浴巾 ユィ ジン	鏡	镜子 ジン ズ	スリッパ	拖鞋 トゥオ シエ
シーツ	床单 チュアン ダン	クッション	靠垫 カオ ディエン	テーブル	桌子 ジュオ ズ
椅子	椅子 イー ズ	ソファ	沙发 シャ ファ	テーブルクロス	台布 タイ ブー
栓抜き	起子 チィ ズ	缶切り	罐头起子 グアン トゥ チィ ズ	ポット	热水瓶 ロー シュイ ピン
コーヒーカップ	咖啡杯 カ フェイ ベイ	皿	盘子 パン ズ	カトラリー	刀叉餐具 ダオ チャ ツァン ジュ
グラス	玻璃杯 ポー リ ベイ	カーテン	窗帘 チュアン リエン	ごみ箱	垃圾箱 ラー ジィ シアン

ショッピング

ショッピング単語集

趣向 喜好 シー ハオ

明るい色	亮色 リアン ソー	暗い色	暗色 アン ソー	淡い	淡 ダン
鮮やかな	鮮艶 シエン イエン	派手な	花哨 ホァ シャオ	地味な	(朴) 素 プゥ スゥ

素材 材质 ツァイ ジー

木綿 (コットン)	棉 ミエン	麻	麻 マー	絹	丝绸 スー チョウ
ウール	毛料 マオ リアオ	カシミア	羊绒 ヤン ロン	アンゴラ	安哥拉兔毛 アン ゴー ラー トゥ マオ
化学繊維	化学纤维 ホァ シュエ シエン ウェイ	ナイロン	尼龙 ニー ロン	ポリエステル	聚酯 ジュ ジー
レーヨン	人造丝 レン ザオ スー	アクリル	丙烯纤维 ビン シー シエン ウェイ	サテン	软缎 ルゥアン ドゥアン
デニム	粗斜纹棉布 ツゥ シエ ウェン ミエン ブー			コーデュロイ	条绒 ティアオ ロン
ビロード	平绒 ピン ロン	毛皮	毛皮 マオ ピー	牛革	牛皮 ニウ ピー
羊皮	羊皮 ヤン ピー	ミンク	水貂 シュイ ディアオ	スエード	反毛皮革 ファン マオ ピー ゴー

サイズ 尺寸 チー ツン

大きい	大 ター	小さい	小 シアオ	長い	长 チャン
短い	短 ドゥアン	ゆるい	肥 フェイ	きつい	紧 ジン
(素材が) 厚い	厚 ホウ	薄い	薄 バオ	大きめ	大一点 ター イー ディエン

その他 其他 チィ ター

刺繍	刺绣 ツー シィウ	工芸品	工艺品 ゴン イー ピン	しぼり染め	绞染 ジアオ ラン
手製の	手工制作的 ショウ ゴン シーズ オタ	既製の	现成的 シエン チョンタ	オーダーメイドの	定做的 ティンズオタ
シングル (背広)	单排扣 タン パイ コウ	ダブル (背広)	双排扣 シュアン パイ コウ	カジュアルな	休闲的 シィウ シエンタ
ドレッシーな	优雅的 ヨウ ヤーダ	好きな	喜欢的 シー ホァンダ	伝統的な	传统的 チュアン トンダ
最新の	最新的 ズゥイ シンダ	流行の	流行的 リィウ シンダ	オリジナルの	独创的 ドゥ チュアンダ

190

支払い Payment　　　　　　　　　　　　　付款

　大きな「友誼商店」、デパート、古美術品店などではクレジットカードも利用できます。国営店や大型店での現金の支払い方は、売り場の係からまず販売伝票を受け取り、客はそれをもって会計窓口で支払います。ここで伝票の控えをもらってから再び売り場へ戻り、商品と引き換える、というシステムです。これ以外の小さな個人経営の店などでは、支払い方法は日本と同様です。

会計はどこですか Where is the cashier?	在 哪里 付款? ザァイ チーリ フークァン
これを下さい I'll take this.	我 要 这个。 ウォ ヤオ ジョーグ
いくらですか How much is it?	多少 钱? ドゥオシャオ チエン
全部でいくらですか How much is it altogether?	一共 多少 钱? イーゴン ドゥオシャオ チエン
このカードは使えますか Do you accept this credit card?	可不可以 用 这个 信用卡? コォブコォイー ヨン ジョーグ シンヨンカ
どこのクレジットカードが使えますか What kind of credit cards do you accept?	你们 这里 可以 用 哪些 信用卡? ニーメン ジョーリ コォイー ヨン ナーシエ シンヨンカ
免税で買えますか Can I buy it tax-free?	可以 免税 吗? コォイー ミエンシュイ マ
両替所はありますか Is there a money exchange counter?	有 兑换处 吗? ヨウ ドゥイホアンチュ マ
日本円で払えますか Can I pay in Japanese Yen?	可以 用 日元 付款 吗? コォイー ヨン リーユアン フークァン マ
小銭はありません There is no small change.	我 没有 零钱。 ウォ メイヨウ リンチエン
領収書を下さい Can I have a receipt, please?	请 给 我 开 张 发票。 チン ゲイ ウォ カイ ジャン ファピアオ
計算が違っていませんか Is there a mistake in this bill?	你 是不是 算错 了? ニー シーブシー スウンツォ ラ

ショッピング　支払い

おつりが違っています You gave me the wrong change.	零钱 找错 了。 リンチエン ジャオツォラ
おつりをまだもらってません I don't have my change back yet.	还 没有 找 我钱。 ハイ メイヨウ ジャオ ウォチエン
代金はもう払いました I already paid.	我 已经 付过 钱 了。 ウォ イージン フーグォ チエン ラ
返品(交換)したいのですが I'd like to return (change) this.	我 想 退 (换)货。 ウォ シアントゥイ ホアン フォ

配達・別送 Delivering/Sending Goods 配送・托运

北京飯店まで届けてもらえますか Could you deliver it to Beijing Hotel?	可以 送到 北京饭店 吗? コォイー ソンダオ ベイジンファンディエン マ
今日中に届けてほしいのですが I'd like to have it today.	最好 今天 能 送到。 ズォイハオ ジンティエン ノン ソンダオ
日本への配送はいくらぐらいかかりますか How much does it cost to send this to Japan?	送到 日本 要 多少 钱? ソンダオ リーベン ヤオ ドゥオシャオ チエン
日本への配送をお願いできますか Could you please send it to Japan?	请 送到 日本。 チン ソンダオ リーベン
この荷物を日本に送るにはどうしたらいいですか What would be the best way to send this to Japan?	怎样 才能 把 这个 行李 寄到 日本? ゼンヤン ツァイノン バー ジョーグ シンリ ジィダオ リーベン
保険をかけてもらえますか Can I insure it?	能 给 我 加入 保险 吗? ノン ゲイ ウォ ジアルゥ バオシエン マ
申告をする必要がありますか Will I have to declare it?	要不要 海关申报? ヤオブヤオ ハイグァンシェンバオ

ワードバンク

現金	现金 シエンジン	おつり	找钱 ジャオチエン
領収書	发票/收据 ファ ピアオ ショウジュ	クレジットカード	信用卡 シンヨンカ
会計窓口	收银台 ショウイン タイ	販売伝票	销售单 シアオショウダン

トラブル
Trouble
发生问题

紛失・盗難 Lost/Stolen　　　　丢失・被盗

　パスポートやクレジットカード、貴重品を紛失したり、盗難に遭ったりしたら、気が動転してしまうかもしれませんが、まずは落ち着いてホテルの警備係または警察に届け、盗難証明書を作ってもらいましょう。これは、再発行や保険請求の時に必要です。貴重品は部屋に置いたままにしたり持ち歩いたりしないで、ホテルのフロントや室内にあるセーフティボックスに預けましょう。

パスポートをなくしました I've lost my passport.	我 丢 了 护照。 ウオ ディウラ フウジャオ	
★ 日本大使館はどこにありますか Where is the Japanese Embassy?	日本 大使馆 在 哪里? リーベン ダーシーグアン ザァイ チーリ	
日本語(英語)の話せる係員を呼んで下さい Could you call for a <u>Japanese (English)</u>- speaking staff?	请 叫 会 讲 日语 チン ジアオ ホォイ ジアン リーユィ (英语) 的 工作人员 来。 インユィ タ ゴンズオレンユアン ライ	
クレジットカードをなくしました I've lost my credit card.	我 把 信用卡 丢 了。 ウオ バー シンヨンカ ディウラ	
★ 財布を盗まれました My purse was stolen.	钱包 被 偷 了。 チエンバオ ベイ トウ ラ	

トラブル

紛失・盗難

財布をすられたようです My wallet was taken by a pickpocket.	钱包 大概 被 偷 了。
タクシーにバッグを置き忘れました I left my bag in the taxi.	我 把 包 忘 在 出租汽车 里 了。
部屋を空けている間にペンダントがなくなりました My pendant was stolen while I was away from my room.	我 不在 房间 的 时候 垂饰 没有 了。
ここにバッグがありませんでしたか Did you see a bag here?	你 在 这里 看到 一个 包 吗?
先ほどバッグをここに置いたのですが、なくなってしまいました I left my bag here but it was gone when I came back.	我 刚才 把 包 放 在 这里,一转眼 就 没 了。
誰に知らせたらいいですか Whom should I inform?	应该 问 谁 好 呢?
遺失物係はどこですか Where is the Lost and Found?	失物招领处 在 哪里?
警察署はどこですか Where is the police station?	公安局 在 哪里?
探して下さい Could you help me to find it?	请 帮 我 找一找。
盗難証明書を作って下さい Could you make out a theft report?	请 给 我 开 一张 被盗证明书。
どんなバッグですか What kind of bag?	什么样 的 包?
黒いバッグです A black bag.	是 黑色 的 包。
名札がついています It has a name tag.	上面 有 姓名牌。
何が入っていますか What's in it?	里边 有 些 什么?

着替えと地図です My extra clothes and a citymap.	一些 换洗衣服 和 地图。 イーシエ ホアンシーイーフ ホー デイトゥ	トラブル
見つかったら連絡します We'll call you if we find it.	找到 了 就 通知 你。 ジャオダオ ラ ジウ トォンジー ニー	
この書類に記入して下さい Could you fill out this form?	请 填写 这个 申报单。 チン ティエンシエ ジョァーグ シェンバオダン	
ここにはいつまで滞在していますか How long will you be staying here?	你 打算 在 这里 呆 ニー ダースウン ザアイ ジョーリ ダイ 多久? ドゥオジウ	
いつごろ連絡をもらえますか When can you let me know the result?	什么 时候 可以 给 我 シェンモ シーホウ コォイー ゲイ ウォ 回音? ホォイイン	
どこに取りに行けばよいですか Where should I come to get it?	到 哪里 去 取 呢? ダオ ナーリ チュー チューナ	
クレジットカードの入った財布をなくしました I've lost my purse with my credit card.	我 丢 了 钱包, 里面 有 ウォ ディウラ チエンバオ リーミエン ヨウ 信用卡。 シンヨンカ	紛失・盗難
カードを無効にして下さい Could you please cancel my card number?	请 吊销 我 的 信用卡。 チン ティアオシアオ ウォ ダ シンヨンカ	
緊急です! Emergency!	有 紧急 情况! ヨウ ジンジィ チンクアン	
助けて! Help!	救人 啊!／救命 啊! ジウレン ア ジウミン ア	
一緒に来て! Come with me!	请 跟 我 来! チン ゲン ウォ ライ	
開けて! Open up!	打开!／开门! ダーカイ カイメン	
やめて! Stop it!	住手! ジューショウ	
出ていけ! Get out of here!	出去! チュチュー	

トラブル

警察に電話して! Call the police!	请 给 警察 打 电话! チン ゲイ ジンチャ ダー ディエンホア
泥棒! A robber!	小偷儿! シアォトゥル

紛失・盗難

ワードバンク

クレジットカード	信用卡 シン ヨン カ	トラベラーズ チェック	旅行支票 リュ シン ジー ピアオ
パスポート	护照 フゥ ジャオ	ハンド バッグ	手提包 ショウティ バオ	スーツ ケース	行李箱 シン リ シアン
お金	钱 チエン	カメラ	照相机 ジャオ シアン ジィ	札入れ	票夹子／钱夹 ピアオ ジア ズ チエン ジア
警察署	公安局／派出所 ゴン アン ジュ パイ チュ スオ			警察官	警察 ジン チャ
盗難品	被盗品 ベイ ダオ ピン	盗難証明書／ 事故証明書	被盗证明书／事故证明书 ベイ ダオ ジョン ミン シュー シー グゥ ジョン ミン シュー
財布	钱包 チエン バオ	月日	日期 リー チィ	場所	地点 ディ ディエン
駅で	在车站 ザァイ チョ ジャン	道で	在路上 ザァイ ルー シャン	列車 内で	在火车里 ザァイ フォ チョ リ
ホテルの部屋で	在饭店的房间里 ザァイ ファン ディエンダ ファン ジエン リ			所有者の 名前	失主姓名 シー ジュー シン ミン
住所	地址 ディ シー	連絡先	联系地址 リエン シー ディ シー

交通事故 Traffic Accident　　　　交通事故

事故が起きたら、まず警察に通報します。そのうえで保険会社などに連絡をとります。当事者の場合は、むやみに「ごめんなさい」"对不起"と言わないこと。自分の非を認めたことになります。万一のために海外旅行傷害保険には必ず入っておきましょう。保険請求のためにも、事故証明は必ずもらっておきます。

交通事故が起きました There's been an accident.	发生了交通事故。 ファションラ　ジアオトォンシーグゥ
空港高速です It's on airport highway.	在机场高速公路。 ザアイ　ジイチァンガオスゥゴンルー
警察（救急車／医者）を呼んで下さい Please call the police (an ambulance/a doctor).	请赶快叫警察 チン　ガンクァイ　ジアオ　ジンチャ （救护车／医生）。 ジウフゥチョ　イーション
病院へ連れて行って下さい Could you take me to a hospital, please?	请带（送）我到医院 チン　ダイ　ソン　ウォ　ダオ　イーユアン 去。 チュー
急いで下さい Please hurry.	快一点儿！ クァイ　イーディアル
車にはねられました I was hit by a car.	被车撞了。 ベイ　チョ　ジョアンラ
はねたのは赤いタクシーです It was a red taxi that hit me.	是红色的出租汽车撞的。 シー　ホンソー　ダ　チュズゥチィチョ　ジョアンダ
状況はよく覚えていません I don't remember what happened.	情况我记得不太清楚。 チンクァン　ウォ　ジィダ　ブータイ　チンチュ
応急処置をお願いします Please give me first aid.	请给我紧急救护。 チン　ゲイ　ウォ　ジンジィジウフゥ
私の血液型はA（O／B／AB）型です My blood type is A (O/B/AB).	我的血型是A（O／ ウォダ　シュエシン　シー　エイ　オー B／AB）型。 ビー　エイビー　シン
どこが痛みますか Where do you have a pain?	哪里疼呢？ ナーリ　トン　ナ
ここが痛いのです I have a pain here.	这里疼。 ジョーリ　トン

トラブル

めまいがします I feel dizzy.	头晕。 トウユン
気持ちが悪いのです I feel sick.	不舒服。 ブーシューフ
足首をねんざしました I sprained my ankle.	脚腕扭伤了。 ジアオウン ニウシャン ラ
どこが悪いのですか What is wrong with me?	哪里不好? チーリ ブーハオ
どのくらいで治りますか How long will it take to get well?	什么时候能好? シェンモ シーホウ ノン ハオ
だいぶよくなりました I feel much better.	好多了。 ハオドゥオ ラ
あまりよくなりません I don't feel better.	还不怎么好。 ハイ ブー ゼンモ ハオ
旅行を続けてもいいですか Can I continue my trip?	可以继续旅行吗? コォイー ジィシュー リュシン マ
入院する必要があります You need to be hospitalized.	需要住院。 シューヤオ ジューユアン

交通事故

事故証明書はどうやって申請しますか How can I apply for an accident report?	怎么申请事故证明书? ゼンモ シェンチン シーグゥジョンミンシュー
★ 事故証明書を下さい May I have an accident report?	请给我开一张 チン ゲイ ウォ カイ イージャン 事故证明书。 シーグゥジョンミンシュー
これが私の連絡先です You can contact me from here.	这是我的联系地址。 ジョー シー ウォ タ リエンシーディジー

病気 Illness 　　　　　　　　　　　　　　　　生病

旅行中病気になったら、まず泊まっているホテルのフロントに連絡し、ホテルドクターかホテルの指定医を紹介してもらいます。外国人専門の病院は医療費が高いので、出発前に海外旅行傷害保険に加入しておきましょう。保険請求のためにも、治療費の領収書はとっておくことが必要です。

ホテルで　At the Hotel　　　　　　　　　　　　在饭店

おなかが痛いのですが、薬をもらえますか I have a stomachache. May I have some medicine?	我肚子疼，请拿点儿药来。
★ 医師を呼んで下さい Please call a doctor.	请叫一下医生。
この近くに病院はありますか Is there a hospital near here?	这附近有没有医院?
病院へ連れて行って下さい Could you take me to a hospital, please?	请带（送）我到医院去。
★ 日本語の話せる医師はいますか Is there a doctor who speaks Japanese?	有没有会讲日语的医生?
診察予約をとってもらえますか Can I make an appointment?	可以帮我预约门诊吗?

病院で　At the Hospital　　　　　　　　　　　　在医院

★ 気分が悪いです I feel sick.	不舒服。
熱があります I have a fever.	发烧。
頭（胃／歯）が痛いです I have a headache (stomachache/toothache).	头疼（胃疼／牙疼）。
めまいがします I feel dizzy.	头晕。
★ ここが少し（ひどく）痛いです I have a little (severe) pain here.	这里有点儿（很）疼。

トラブル

病気

寒気がします I have chills.	我　浑身　发　冷。 ウォ　フンシェン　ファ　ロン
食欲がありません I have a poor appetite.	没有　食欲。 メイヨウ　シーユイ
★ 下痢をしています I have diarrhea.	我　拉　肚子　（泻肚／拉稀）。 ウォ　ラー　ドゥズ　シエドゥ　ラーシー
特に悪いものは食べていません I didn't eat anything wrong.	没有　吃　什么　坏　东西。 メイヨウ　チー　シェンモ　ホアイ　ドンシ
のどが痛いです I have a sore throat.	嗓子　疼。 サンズ　トン
息が苦しいです I have difficulty breathing.	呼吸　有　点儿　困难。 フゥシー　ヨウ　ディアル　クゥンナン
10分おきにトイレに行きます I have to go to the toilet every 10 minutes.	隔　十分钟　就　得　去　一趟　厕所。 ゴー　シーフェンジョン　ジウ　デイ　チュー　イータン　ツォスオ
吐き気がします I feel nauseous.	恶心。 オーシン
何回か吐きました I've been vomiting.	吐　了　几次。 トゥ　ラ　ジィツー
右（左）足首をねんざしました I sprained my right (left) ankle.	右（左）脚腕　扭伤　了。 ヨウ　ズオ　ジアオウン　ニウシャン　ラ
友人がひどいけがをしました My friend is seriously injured.	我　朋友　受　重伤　了。 ウォ　ポンヨウ　ショウ　ジョンシャン　ラ

彼(彼女)はひどく出血しています He (She) is bleeding heavily.	他（她）出血 很 厉害。 ター　ター　チュシエ　ベン　リーハイ
彼(彼女)は意識がありません He (She) is unconscious.	他（她）昏迷 不醒。 ター　ター　ランミー　ブーシン
★ 私はアレルギー体質です I have allergies.	我 是 过敏性 体质。 ウオ　シー　グオミンシン　ティジー
どのくらいで治りますか How long will it take to get well?	什么 时候 能 好? シェンモ　シーホウ　ノン　ハオ
★ 旅行を続けてもいいですか Can I continue my trip?	可以 继续 旅行 吗? コォイー　ジィシュー　リュシン　マ
相変わらずよくありません I don't feel better.	还是 不好。 ハイシ　ブーハオ
少しよくなりました I feel a little better.	稍 好 一点儿 了。 シャオ　ハオ　イーディアル　ラ
旅行保険に入っています I have insurance.	我 加入 旅行 保险 了。 ウオ　ジアルウ　リュシン　バオシエン　ラ
★ 診断書を下さい Can I have a medical certificate?	请 给 我 开 诊断书。 チン　ゲイ　ウオ　カイ　ジェンドゥアンシュー
領収書を下さい Can I have a receipt, please?	请 给 我 收据。 チン　ゲイ　ウオ　ショウジュ

ワードバンク

救急車	救护车 ジウフゥチョ	病院	医院 イーユアン	医師	医生 イーション
内科医	内科医生 ネイコォイーション	外科医	外科医生 ウイコォイーション	眼科医	眼科医生 イェンコォイーション
歯科医	牙科医生 ヤーコォイーション	婦人科医	妇科医生 フーコォイーション	漢方医	中医 ジョンイー
看護師	护士 フゥシ	手術	手术 ショウシュー	注射	打针 ダージェン
湿布	湿敷/伤湿止痛膏 シーラー/シャンシー ジートォンガオ	軟膏	药膏/软膏 ヤオガオ/ルゥアンガオ		
薬	药 ヤオ	処方箋	药方 ヤオファン	消毒液	消毒液 シアオドゥイエ
脱脂綿	药棉 ヤオミエン	ばんそうこう	橡皮膏 シアンピーガオ	包帯	绷带 ボンダイ
目薬	眼药 イェンヤオ	かぜ薬	感冒药 ガンマオヤオ	鎮痛剤	止痛药 ジートォンヤオ
胃腸薬	肠胃药 チャンウェイヤオ	入院	住院 ジューユアン	退院	出院 チュユアン

医師からの質問例 Questions From the Doctor — 来自医生的询问

動かないで下さい / Don't move.	请别动。
どこが痛みますか / Where does it hurt?	哪里疼呢？
どんな感じの痛みですか / What kind of pain is it?	疼的时候是什么样的感觉？
★ にぶく（キリキリ／ズキズキ／絶えず）痛みます / It is a dull (sharp/throbbing/constant) pain.	隐隐作痛（针扎似的疼／一阵一阵地疼／不断地疼）。
どのくらいこの感じが続いていますか / How long have you been feeling this way?	这种感觉持续了多久？
こんなことが以前にもありましたか / Have you had this before?	以前也有过这种症状吗？
血圧（体温）を計りましょう / I'll check your blood pressure (temperature).	量一下血压（体温）。
熱がありますか / Do you have a fever?	发烧吗？
口をあけて下さい / Open your mouth.	请张嘴。
食欲はどうですか / How is your appetite?	有食欲吗？
あります（ありません） / It's good (It's not good).	有（没有）。
常用の薬は何ですか / What is your regular dose?	常服用的药是什么？
あなたの血液（便／尿）の検査をします / I'll examine your blood (stool/urine).	需要检查你的血液（大便／尿）。

注射をうちます I'll give you an injection.	需要 打针。 シューヤオ ダージェン
あなたはただのかぜです You've caught a cold.	你 只是 感冒 而已。 ニー ジーシー ガンマオ アルイー
食べ過ぎでしょう You have eaten too much.	饮食 过度 吧。 インシー グオドゥ パ
食あたりでしょう You have got food poisoning.	食物 中毒 吧。 シーウー ジョンドゥ パ
専門医にみてもらった方がよいでしょう You need to see a specialist.	最好 还是 请这 方面 ズォイハオ ハイシ チンジョー ファンミエン 的 专家 看一看。 ダ ジュアンジア カンイカン
手術が必要です You need to have an operation.	需要 做 手术。 シューヤオ ズオ ショウシュー
すぐに入院して下さい You should be hospitalized immediately.	请 马上 住院。 チン マーシャン ジューユアン

トラブル

病気

ワードバンク

かぜ	感冒 ガン マオ	過労	过度劳累 グオドゥ ラオレイ	ぜんそく	哮喘 シアオ チュアン
食あたり	食物中毒 シー ウー ジョンドゥ	肝炎	肝炎 ガン イエン	盲腸炎	阑尾炎 ラン ウェイ イェン
打撲	撞伤 ジョアン シャン	ねんざ	扭伤 ニウ シャン	骨折	骨折 グウ ジョー
消化不良	消化不良 シアオ ホア ブー リアン			胃けいれん	胃痉挛 ウェイ ジン ルアン
へんとうせん炎	扁桃体炎 ビエン タオ ティ イエン	検査	检查 ジエン チャ		
持病	老病 ラオ ビン			生理日	月经日 ユエ ジン リー

トラブル

薬を買う Buying Medicine　　　　　　　　　　买药

薬には、日本と同様、処方薬と市販薬があります。街なかには一般の西洋薬や漢方薬の市販薬を販売している薬局があり、相談すれば症状に合わせて薬を選んでくれます。漢方医のいる薬局では、漢方薬の処方も扱っていますが、なるべく中国語のわかる人と同行する方がいいでしょう。

病院で　In the Hospital　　　　　　　　　　在医院

薬を下さい May I have some medicine?	请 给 我 拿 药。 チン ゲイ ウォ チー ヤオ
★ 処方箋を書いて下さい Can you give me a prescription?	请 开 药方 （处方）。 チン カイ ヤオファン チュファン
この処方箋を持って薬局に行き、薬を買って下さい Take this prescription to a pharmacy and have it filled.	请 拿 这个 药方 到 药房 取药 吧。 チン ナー ジョーグ ヤオファン ダオ ヤオファン チューヤオ バ
私はアレルギー体質です I have allergies.	我 是 过敏性 体质。 ウォ シー グォミンシン ティシー
★ 薬は1日何回飲むのですか How many times a day should I take it?	一天 吃 几次 药? イーティエン チー ジィツー ヤオ
1回に何錠飲むのですか How many pills should I take at a time?	一次 吃 几片? イーツー チー ジィピエン
1日3回食前（後）に服用して下さい Take it three times a day before (after) meals.	一天 三次，请 饭前 （后） 服用。 イーティエン サンツー チン ファンチエン （ホウ） フーヨン
この薬をスプーンに2杯飲んでください Take two spoonfuls of it at a time.	这个 药，请 一次 喝 两勺。 ジョーグ ヤオ チン イーツー ホー リアンシャオ
水と一緒に1粒飲んで下さい Take one pill with a glass of water.	用水 服用 一粒。 ヨンシュイ フーヨン イーリー

薬を買う

薬局で　At the Pharmacy　　　　　　　　　　在药房

かぜ（頭痛／胃痛／歯痛）の薬がほしいのですが Do you have anything for a cold (headache/stomachache/toothache)?	我 要 治 感冒 （头疼／胃疼／牙疼） 的 药。 ウォ ヤオ シー ガンマオ トウトン ウェイトン ヤートン ダ ヤオ
どのように飲むのですか How should I take this?	怎么 吃? ゼンモ チー

★ この処方箋の薬を下さい Please fill this prescription.	请按这个药方配药。 チン アン ジョーグ ヤオフテン ペイヤオ	
処方箋がありません I don't have a prescription.	没有药方。 メイヨウ ヤオフテン	
処方箋がなくてはだめです I'm sorry. We can't sell anything without a prescription.	没有药方不行。 メイヨウ ヤオフテン ブーシン	
ここで漢方薬の処方をしてもらえますか Could you prescribe Chinese medicine here for me?	可以在这里开中药的药方吗? コォイー ザァイ ジョーリ カイ ジョンヤオ ダ ヤオフテン マ	

ワードバンク

食後	饭后 ファン ホウ	1日1回	一天一次 イー ティエン イー ツー	～時間おきに	每隔～小时 メイ ゴー シアオ シー
大さじ1杯	一大匙 イー ター チー	小さじ1杯	一小匙 イー シアオ チー	服用法	服用方法 フー ヨン ファン ファ
医師の指示通りに	遵医嘱 ズン イー ジュー	成分	成分 チョン フェン	使用上の注意	注意事项 ジューイー シー シアン
液剤	药水 ヤオ シュイ	錠剤	药片 ヤオ ピエン	カプセル剤	胶囊 ジアオ チン
丸薬	丸药 ウン ヤオ	散剤	散剂 サン ジィ	アンプル剤	瓶剂 ピン ジィ
顆粒剤	冲剂/粉末药 チョンジィ フェンモー ヤオ	糖衣錠	糖衣药片 タン イー ヤオ ピエン	内服薬	口服药 コウ フー ヤオ
軟膏	药膏/軟膏 ヤオ ガオ ルゥアン ガオ	座薬	肛药/坐药 ガン ヤオ ズォ ヤオ	うがい薬	漱口药 シュー コウ ヤオ
西洋薬	西药 シー ヤオ	漢方薬	中药 ジョン ヤオ	ワクチン	疫苗 イー ミアオ

トラブル

身体の部位

身体の部位

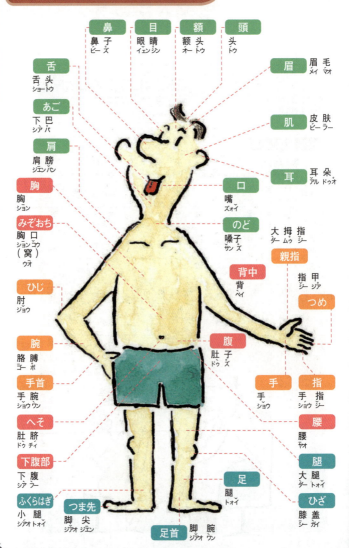

- 鼻 / 鼻子 ビーズ
- 目 / 眼睛 イェンジン
- 額 / 額头 オートウ
- 頭 / 头 トウ
- 眉 / 眉毛 メイマオ
- 舌 / 舌头 ショートウ
- あご / 下巴 シアバ
- 肩 / 肩膀 ジェンバン
- 肌 / 皮肤 ピーフー
- 耳 / 耳朵 アルドゥオ
- 胸 / 胸 ション
- みぞおち / 胸口窩 ションコウウオ
- 口 / 嘴 ズォイ
- のど / 嗓子 サンズ
- 大拇指 タームウジー / 親指
- 背中 / 背 ベイ
- 指甲 ジージア
- つめ
- ひじ / 肘 ジョウ
- 腕 / 胳膊 ゴーボ
- 手首 / 手腕 ショウワン
- へそ / 肚脐 ドゥチィ
- 腹 / 肚子 ドゥズ
- 手 / 手 ショウ
- 指 / 手指 ショウジー
- 腰 / 腰 ヤオ
- 下腹部 / 下腹 シアフー
- 腿 / 大腿 ダートォイ
- ふくらはぎ / 小腿 シアオトォイ
- つま先 / 脚尖 ジアオジェン
- 足 / 腿 トォイ
- ひざ / 膝盖 シーガイ
- 足首 / 脚腕 ジアオワン

電話・通信
Telecommunication

電話　Telephones　　　　　　　　　　电话

　中国での公衆電話は、基本的に日本と変わりありません。コインやテレフォンカードを利用します。テレフォンカードは郵便局や街頭の雑誌スタンドで購入することができます。このほか、小さな雑貨店の店先に普通の電話器を備えた"电话亭"(ディエン ホアティン)とよばれるものもあり、公衆電話として利用できます。

公衆電話はどこですか Where is a public telephone?	公用电话　在　哪里? ゴンヨンディエンホア ザァイ チーリ
ヒルトンホテルの電話番号を調べてもらえますか Can I have the Hilton Hotel's number?	请　查　一下 チン　チャ　イーシア 希尔顿酒店　　　　　的 シーアルドゥンジウティエンダ 电话号码，　好　吗? ディエンホアハオマー ハオ マ
★ もしもしヒルトンホテルですか Hello. Is this Hilton Hotel?	喂，是　希尔顿酒店　　　吗? ウェイ シー　シーアルドゥンジウティエン マ
★ もしもし周さんのお宅ですか Hello. Is this Mr. (Ms.) Zhou's residence?	喂，是　周　先生　（小姐／ ウェイ シー ジョウ シエンション シアオジェ 女士）的　家　吗? ニュシー タ　ジア マ
20号室をお願いします Could you connect me to room 20?	请　转　20号房间。 チン ジュアン アルシーハオファンジエン
内線123をお願いします I want extension 123.	请　转　123分机。 チン ジュアン ヤオアルサンフェンジィ
周さんをお願いします May I talk to Mr. (Ms.) Zhou?	请　找　周　先生　（小姐／ チン ジャオ ジョウ シエンション シアオジェ 女士）。 ニュシー
どちら様ですか May I have your name, please?	请问，您　是　哪位? チンウェン ニン シ　ナーウェイ
★ こちらは山下です This is Yamashita speaking.	我　叫　山下。 ウオ ジアオ シャンシア

電話・通信

電話

日本語	中文 (カタカナ発音)
★ 張さんと話したいのですが May I speak to Mr. Zhang, please?	请 找 一下 张 先生。 チン ジャオ イーシア ジャン シエンション
私は張さんの友人の山下です This is Yamashita speaking. Mr. Zhang's friend.	我 是 张 先生 的 朋友, ウォ シー ジャン シエンション ダ ポンヨウ 叫 山下。 ジアオ シャン シア
少しお待ち下さい Please wait for a little while.	请 稍 等。 チン シャオ ドン
今電話中です He is on another line.	他 正在 接 电话。 ター ジョンザイ ジエ ディエンホア
彼は外出中です He is out now.	他 出去 了。 ター チュチュー ラ
彼(彼女)はいつ戻りますか When will he (she) be back?	他 (她) 什么时候 回来? ター ター シェンモシーホウ ホォイライ
★ また電話します I'll call him (her) later.	我 等 会儿 再 打。 ウォ ドン ホォアル ザイ ダー
私に電話するよう彼(彼女)に伝えて下さい Please tell him (her) to call me back.	请 让 他 (她) 给 我 回 チン ラン ター ター ゲイ ウォ ホォイ 个 电话。 グ ディエンホア
彼(彼女)に山下から電話があったと伝えて下さい Please tell him (her) that Yamashita called.	请 告诉 他 (她) 山下 チン ガオスウ ター ター シャンシア 来过 电话。 ライグオ ディエンホア
★ 日本語(英語)の話せる人はいますか Is there someone who speaks Japanese (English)?	有 人 会 说 日语 ヨウ レン ホォイ シュオ リーユイ (英语) 吗? インユイ マ

英語で話していいですか Can I talk in English?	我 用 英语 说 可以 吗? ウオ ヨン インユィ シュオ コォイー マ	電話・通信
もう少しゆっくり話して下さい Could you speak more slowly?	请 慢 点儿 说。 チン マン ディアル シュオ	
すみません。よく聞こえませんでした Excuse me. I couldn't catch what you said.	对不起。听 不太 清楚。 ドゥイプチイ ティン ブータイ チンチュ	
❗ かけ違いです You have the wrong number.	您 打错 电话 了。 ニン ダーツオ ディエンホア ラ	
ごめんなさい。間違えました I'm sorry. I have the wrong number.	对不起。打错 电话 了。 ドゥイプチイ ダーツオ ディエンホア ラ	
急用です It's an emergency.	我 有 急事。 ウオ ヨウ ジイシー	

電話

ワードバンク

公衆電話	公用 电话 ゴン ヨン ディエン ホア	硬貨	硬 币 イン ビー	電話番号	电话 号码 ディエン ホア ハオ マー
市外局番	地区 号 ディ チュー ハオ	テレフォンカード	电话 卡 ディエン ホア カ	プッシュボタン	按 钮 アン ニウ
受話器	听话筒 ティン ホア トオン	電話帳	电话 簿 ディエン ホア ブー	番号案内	查号服务 チャ ハオ フー ウー
交換手	接线员 ジエ シエン ユアン	代表電話	总机 ゾオン ジイ	内線	分机 フェン ジイ
支払い	付 款 フー クアン	通話中	占 线 ジャン シエン	雑誌スタンド	书报亭 シュー バオ ティン

国際電話 International Calls　　国际电话

　国際電話は、ホテルや公衆電話などからダイヤル直通でかけられるほか、オペレーターを通しての番号指定通話、指名通話、コレクトコールなどを利用することができます。オペレーターを通すと割高になります。

日本へ国際電話をかけたいのですが I'd like to make an international call to Japan.	我　想　往　日本　打 ウオ シアン ワン リーベン ダー 国际电话。 グオジィディエンホア
おかけになりたい番号をどうぞ What's the phone number?	请　问　您　要　打 チン ウェン ニン ヤオ ダー 什么号码? シェンモハオマー
市外局番は <u>03</u>、番号は、<u>3123-4567</u> です The area code is <u>03</u>. The number is <u>3123-4567</u>.	地区号　<u>03</u>，电话号码 ディチューハオ リンサン ディエンホアハオマー <u>3123-　　4567</u>。 サンヤオアルサンスー ウーリィウチィ
<u>0-0081-3-3123-4567</u> とプッシュして下さい。81は日本の国番号です Dial <u>0-0081-3-3123-4567</u>. "81" is the Japanese country code.	请　按　<u>0-　0081-　　3-</u> チン アン リン リンリンバーヤオサン <u>3123-　　4567</u>。　　　81 サンヤオアル サンスーウーリィウチィ バーヤオ 是　日本　国家号码。 シー リーベン グオ ジアハオマー
コレクトコール(指名通話)で日本へ電話したいのですが I'd like to make a <u>collect call</u> (person-to-person call) to Japan.	我　想　用　对方　付款 ウオ シアン ヨン ドゥイファン フークアン 方式（叫人电话）　　往 ファンシー ジアオレンディエンホア ウン 日本　打　电话。 リーベン ダー ディエンホア
そのままお待ち下さい Please hold the line.	请　稍　等。 チン シャオ ドン
誰も出ません There is no answer.	没　人　接。 メイ レン ジエ

郵便 Mail　　　　　　　　　　　　　　　　邮政

　切手は郵便局の窓口などで買うことができます。大きなホテルならフロントで切手を購入でき、郵便物の投函も頼めます。小包［邮包］は郵便局から発送しますが、国際小包を取扱わない郵便局もあるので、ホテルなどで聞いてから出しに行きましょう。

　日本の宛名（住所・名前）は日本語で書いてよいのですが、必ず目立つように「JAPAN」と書き、航空便の場合は「AIRMAIL」または「航空」と書くのを忘れないようにしましょう。

郵便局はどこですか Where is the post office?	邮局 在 哪里？ ヨウジュ ザァイ チーリ
郵便局は何時に開き（閉まり）ますか What time does the post office open (close)?	邮局 几点 开门（关门）？ ヨウジュ ジィティエン カイメン グァンメン
このはがきを日本に送りたいのですが I'd like to send this postcard to Japan.	我 想 把 这张 明信片 寄到 日本。 ウォ シァンバー ジョージャン ミンシンピエン ジィダオ リーベン
(ホテルのフロントで) ここで出してもらえますか Can you mail this?	在 这里 能不能 寄 这封 信？ ザァイ ジョーリ ノンブノン ジィ ジョーフォン シン
私宛ての手紙はきていますか Is there any mail for me?	我 的 信 到 了 吗？ ウォ タ シン ダオ ラ マ
切手を売る窓口はどこですか Which window sells stamps?	邮票 在 哪个 窗口 卖？ ヨウピアオ ザァイ ナーグ チュアンコウ マイ
切手を下さい Can I have some stamps?	请 给 我 邮票。 チン ゲイ ウォ ヨウピアオ
これを日本へ出したいのですが I'd like to send this to Japan.	我 想 把 这个 寄到 日本。 ウォ シァンバー ジョーグ ジィダオ リーベン
★ 航空便（船便）でお願いします By air mail (sea mail), please.	请 用 航空（船运）寄。 チン ヨン ハンコン チュアンユン ジィ
日本への郵便料金は航空便（船便）でいくらですか How much is the postage for Japan by air mail (sea mail)?	寄到 日本 的 邮费，用 航空（船运）多少 钱？ ジィダオ リーベン タ ヨウフェイ ヨン ハンコン チュアンユン ドゥオシャオ チエン
日本には何日くらいで着きますか How long does it take to reach Japan?	到 日本 需要 多少 天？ ダオ リーベン シューヤオ ドゥオシャオ ティエン

電話・通信

郵便

速達にして下さい Can you send it express?	请 用 快递。 チン ヨン クアイディ
追加料金はいくらですか How much is the extra charge?	要 加 多少 钱? ヤオ ジア ドゥオシャオ チエン
国際小包を扱う郵便局はどこですか Where is a post office which accepts international parcels?	请问 可以 寄 国际邮包 チンウェン コイー ジィ グオジィヨウバオ 的 邮局 在 哪里? ダ ヨウジュ ザアイ チーリ
この小包（この手紙）を書留にして下さい Can you register this parcel (this letter)?	这个 邮包 （这封信） 请 ジョーグ ヨウバオ ジョーフォンシン チン 寄 挂号。 ジィ グアハオ
ポストはどこですか Where is the mailbox?	信箱 在 哪里? シンシアン ザアイ チーリ
この小包を日本に送りたいのですが I'd like to send this parcel to Japan.	我 想 把 这邮包 寄到 ウオ シアン バー ジョーヨウバオ ジィダオ 日本。 リーベン
中身は何ですか What are the contents?	里面 是 什么? リーミエン シー シェンモ
全部印刷物（私物）です It is all printed matter (personal effects).	都是 印刷品 （私人物品）。 ドウシー インシュアピン スーレンウーピン
ここに名前、住所、中身、受取人の住所、氏名、中身の価格を書いて下さい Please put your name, address, the contents, the recipient's address, name and value of the contents here.	请 在 这里 填上 姓名、 チン ザアイ ジョーリ ティエンシャン シンミン 地址、所寄物品、收件人 ティジー スオジィウーピン ショウジエンレン 的 地址、姓名、所寄物品 ダ ティジー シンミン スオジィウーピン 的 价格。 ダ ジアゴー

ワードバンク

速達	快 递 クアイ ディ	書留	挂 号 グア ハオ	航空便	航 空 邮 件 ハン コン ヨウ ジエン
船便	船 运 邮 件 チュアン ユン ヨウ ジエン	小型小荷物	小 型 邮 件 シアオ シン ヨウ ジエン	ポスト	信 箱 シン シアン
封筒	信 封 シン フォン	住所	地 址 ティ ジー	郵便番号	邮 政 编 码 ヨウ ジョン ビエン マー
記念切手	纪 念 邮 票 ジィ ニエン ヨウ ピアオ	取扱い注意	小 心 轻 放 シアオ シン チン ファン	こわれ物	易 碎 物 品 イー スイ ウー ピン

インターネット Internet 　　　　　　　　因特网

山下です。インターネットで予約しました My name is Yamashita. I made a reservation over the Internet.	我 叫 山下。我 已经 在 网上 预订 了。
このホテルではインターネットが利用できますか Can I access the Internet in this hotel?	在 这个 饭店 能 上网 吗?
この近くにインターネットカフェはありますか Is there any Internet cafe near here?	这 附近 有 网吧 吗?
1時間いくらですか How much does it cost per hour?	一个 小时 多少 钱?
動かなくなってしまったのですが The computer doesn't work.	死机 了。

ワードバンク

パソコン	个人电脑	クリック	点击
マウス	鼠标	画面	画面
キーボード	键盘	電源	电源

コミュニケーション
Communication

挨拶をする Greetings　　　　　　　　　　　　　　问候

　行く先で出会った人とのコミュニケーションは、旅の楽しみのひとつです。話しかけられたり、挨拶されたりしたら、笑顔でこたえましょう。そして、口に出して挨拶の言葉を交わすことが大事です。基本表現（→ P30〜）も参考にして下さい。

おはようございます Good morning.	你早！／早上好！ ニーザオ　　ザオシャンハオ
こんにちは Hello./Good afternoon.	你好！ ニーハオ
こんばんは Good evening.	晚上好。 ワンシャンハオ
★ はじめまして、お会いできてうれしいです Nice to meet you.	你好！见到你，我很高兴。 ニーハオ　ジエンダオニー　ウォ　ヘン　ガオシン
こちらこそ Nice to meet you, too.	我也很高兴。 ウォ イエ ヘン ガオシン
ごきげんいかがですか How are you?	你好吗? ニー ハオ マ
上々です。ありがとう。あなたは？ Fine, thank you. And you?	我很好。谢谢。你呢? ウォ ヘン ハオ シエシエ ニー ナ
私も元気です Fine.	我也很好。 ウォ イエ ヘン ハオ
どちらからいらっしゃったのですか Where are you from?	你是从哪里来的? ニー シー ツォンナーリ ライ ダ
私は日本から来ました I'm from Japan.	我是从日本来的。 ウォ シー ツォン リーベン ライ ダ
★ 中国ははじめて（2回目）です This is my first (second) visit in China.	我是第一次（第二次）到中国。 ウォ シー ディーイーツー　ディアルツー　ダオ ジョングォ

⭐ 上海へ行ってきたばかりです I went to Shanghai.	我 刚 去过 了 上海。 ウオ ガン チューグオラ シャンハイ
とてもエキサイティングな街ですね I thought it was a very exciting city.	真 是 个 充满活力 的 城市。 ジェン シー グ チョンマンフオリー ダ チョンシー
これからどちらへ行かれるのですか Where are you going?	你 现在 去 哪里? ニー シエンザアイ チュー ナーリ
北京です I'm going to Beijing.	我 去 北京。 ウオ チュー ベイジン
⭐ 休暇(研修)で旅行をしています I'm on vacation (a study trip).	我 在 度假 (进修)旅行。 ウオ ザアイ ドゥジア ジンシィウ リュシン
私も北京に行く予定です I'll go to Beijing too.	我 也 准备 去 北京。 ウオ イエ ジュンベイ チュー ベイジン
北京では何が有名ですか What should I see in Beijing?	北京 都 有些 什么 名胜? ベイジン ドゥ ヨウシエ シェンモ ミンション
日本に来たことはありますか Have you ever been to Japan?	你 去过 日本 吗? ニー チューグオ リーベン マ
ぜひ来て下さい I hope you can come.	请 一定 来。 チン イーディン ライ
私は25歳です I'm 25 years old.	我 今年 二十五岁。 ウオ ジンニエン アルシーウースイ
ご職業は何ですか What do you do?	你 做 什么 工作? ニー ズオ シェンモ ゴンズオ
私は会社員です I'm an office worker.	我 是 公司职员。 ウオ シー ゴンスージーユアン
お会いできてうれしかったです It was very nice to meet you.	能 认识 你, 真 高兴。 ノン レンシ ニー ジェン ガオシン
⭐ よい旅行を Have a nice trip.	一路平安! イールーピンテン
よい1日を Have a nice day.	祝 你 度过 愉快 的 一天。 ジュー ニー ドゥグオ ユイクアイ ダ イーティエン
さようなら Goodbye.	再见! ザアイジエン
またお会いしましょう See you again.	希望 能 再 见到 你。 シーウン ノン ザアイ ジエンダオ ニー

コミュニケーション

挨拶をする

コミュニケーション — 挨拶をする

ワードバンク

会社員	公司职员 ゴン スー ジー ユアン	会社役員	公司董事 ゴン ズー ドン シー	教授	教授 ジアオ ショウ
教師	教师 ジアオ シー	技師	工程师 ゴン チョン シー	主婦	家庭妇女 ジテ ティン フー ニュ
生徒	学生 シュエション	中学生	初中学生 チュ ジョン シュエ ション	高校生	高中生 ガオ ジョン ション
大学生	大学生 ダー シュエ ション	1(2/3/4)年生	1(2/3/4)年级 イー(アル/サン/スー) ニエン ジイ		
銀行員	银行职员 イン ハン ジー ユアン	ジャーナリスト	记者 ジィ ジョー	弁護士	律师 リュ シー
運転士	司机 スー ジィ	コック	厨师 チュ シー	計理士	会计师 クアイ ジィ シー
編集者	编辑 ビェン ジィ	サービス業	服务行业 フー ウー ハン イェ	事務員	办公人员 バン ゴン レン ユアン
商店	商店 シャン ティエン	農業	农业 ノン イェ	漁業	渔业 ユイ イェ
医師	医生 イー ション	看護師	护士 フゥ シ	店員	店员 ディエン ユアン
営業	推销员 トゥイ シアオ ユアン	無職	无业人员 ウー イェ レン ユアン	公務員	公务员 ゴン ウー ユアン
フリーター	自由职业者 ズー ヨウ ジー イェ ジョー	システムエンジニア	系统工程师 シー トォン ゴン チョン シー		
デザイナー	设计师 ショー ジィ シー	カメラマン	摄影师 ショー イン シー	自営業	个体经营 ゴー ティ ジン イン
保険会社	保险公司 バオ シェン ゴン スー	金融業	金融业 ジン ロン イェ	旅行会社	旅行社 リュ シン ショー
自動車メーカー	汽车制造公司 チィ チョ シー ザオ ゴン スー	化粧品会社	化妆品公司 ホア ジョアン ピン ゴン スー		
商社	贸易公司 マオ イー ゴン スー	建設会社	建筑公司 ジェン ジュー ゴン スー	出版社	出版社 チュ バン ショー
マーケティング会社	市场策划公司 シー チャン ツォ ホア ゴン スー	広告会社	广告公司 グァン ガオ ゴン スー		
印刷会社	印刷公司 イン シュア ゴン スー	家電メーカー	家用电器厂商 ジア ヨン ディエン チィ チャン シャン		
運輸会社	运输公司 ユン シュー ゴン スー	社長	总经理 ゾン ジン リー	課長	科长 コェ ジャン
広報	宣传 シュエン チュアン	コンサルタント	顾问/咨询 グゥ ウェン ズー シュン	通信	通信 トォン シン
駐在	常驻 チャン ジュー	派遣	派遣 パイ チェン	出張	出差 チュ チャイ
仕事	工作 ゴン ズオ	留学	留学 リィウ シュェ	休暇	度假/休假 ドゥ ジア/シィウ ジア
研修	进修 ジン シィウ	観光	观光 グァン グァン	ゴールデンウィーク	黄金周 ホアン ジン ジョウ

日本を紹介する　Telling People about Japan　　介紹日本

挨拶と感謝の言葉のほか、自己紹介や日本の文化などについてのちょっとした会話ができると、現地の人たちとのコミュニケーションはさらに深まります。日本を知らない人々に、あなたの口から日本の様子を伝えてみましょう。相手の国のことも聞けたら、会話はさらに広がります。

日本は4つの大きな島と、数多くの小さな島からなっています Japan consists of four big islands and many other small ones.	日本 是 由 四个 大島 和 很多 小島 組成 的。 リーベン シー ヨウ スーグ ダーダオ ホー ヘンドゥオ シアオダオ ズゥチョン タ
はっきりした四季があります There are four distinct seasons.	四季 很 分明。 スージィ ヘン フェンミン
6月には雨がよく降ります The rainy season is in June.	6月份 是 雨季。 リィユエフェン シー ユイジィ
春の桜と秋の紅葉は美しいです The cherry blossoms in spring and autumn colors are beautiful.	春天 的 櫻花 和 秋天 的 紅叶 很美。 チュンティエン タ インホア ホー チウティエン タ ホンイエ ヘンメイ
7～8月はとても蒸し暑いです It is very hot and humid during July and August.	7、8月份 天气 闷热。 チィ バーユエフェン ティエンチー ヌンロー
夏にはたくさんの人々が海水浴に出かけます Large numbers of people go to the beach in summer.	夏天 很多 人 去 海边 游泳。 シアティエン ヘンドゥオ レン チュー ハイビエン ヨウヨン
冬は、日本北部や山間部で雪が降ります In winter we have snowfall in the northern part of Japan and in the mountainous regions.	冬天，在 日本北部 和 山区 常 下雪。 ドンティエン ザァイ リーベンベイブー ホー シャンチュー チャン シアシュエ

コミュニケーション

日本を紹介する

スキーは人気スポーツの一つで、スキー場もたくさんあります Skiing is one of the most popular sports. We have many places to ski.	在 日本，滑雪 是 一个 很受 欢迎 的 体育运动。并且 有 很多 滑雪场。	
日本には温泉がたくさんあります There are a lot of hot springs in Japan.	日本 有 很多 温泉。	
日本人は温泉に入るのがたいへん好きです Japanese people love to bathe in hot springs.	日本人 很 喜欢 洗 温泉。	
東京の土地はとても高いです Land prices are extremely high in Tokyo.	东京 的 地皮 很贵。	
私が住んでいるアパートの家賃は<u>8万</u>円です I live in an <u>eighty thousand</u> yen-a-month apartment.	我住 的 公寓，每月 要 付 八万日元 的 房租。	
東京はファッションの中心地です Tokyo is a center of fashion.	东京 是 一个 时装中心。	
和食を食べたことがありますか Have you ever eaten Japanese food?	你 吃过 日本菜 吗?	
日本では米が主食です The staple food in Japan is rice.	日本人 以 大米 为 主食。	
食事は箸を使って食べます We eat with chopsticks.	日本人 吃饭 时 使用 筷子。	
休暇は夏に1週間、年末年始に1週間くらいです They take about seven days of vacation at both midsummer and the end of the year.	在 夏季 和 新年 各 有 一个星期 左右 的 公共 假期。	

休暇のシーズンは行楽地がたいへん混雑します The holiday resorts are very crowded during vacation season.	休假　旺季，各个 旅游景点　　人 很多。
東京から地方へ向かう高速道路は大渋滞します The expressways, from Tokyo to the provinces, tend to be heavily jammed.	东京　通往　外地　的　高速公路， 交通堵塞　很 严重。
さまざまな伝統行事が行われます Various traditional events are held during the season.	这　期间　还　举行　各种各样 的　传统活动。
正月には、お餅を食べます We eat rice cakes in the new year.	我们　在　新年　的　时候 吃　年糕。
最近は休暇を海外で過ごす人が増えています Recently, many people have started to travel abroad on their holidays.	最近　到　海外　度假　的 人　越来越 多。
歌舞伎は日本の伝統芸能の一つです Kabuki is one of the traditional Japanese performing arts.	歌舞伎　是 日本 传统表演艺术　　　之 一。
茶道はお茶を出したり、飲んだりする古典的な儀式です The tea ceremony is a traditional cultural activity involving the serving and drinking of tea.	茶道 是　一种　奉茶　和 品茶　的　古典仪式。
生け花とは、花を花瓶や鉢に生ける芸術です Ikebana is the art of arranging flowers in vases or basins.	花道 是　把　鲜花　插入 花瓶　或　花盆 里 的 一种　造型　艺术。
相撲は伝統スポーツの一つで、年6回本場所が開かれます Sumo wrestling is one of the traditional sports. Tournaments are held six times a year.	相扑　是　一项　传统 的　体育运动，一年　举行 六次　正式　比赛。

世間話をする Everyday Conversation　　　聊天儿

日本でも、ちょっとしたコミュニケーションに天気や相手の服装、趣味などについての会話を交わすことがあるでしょう。同じように、海外でも、そんな類の会話をしてみましょう。ボディランゲージなども交えると、伝わり方も増すようです。

★ いいお天気ですね It's a nice day, isn't it?	今天 天气 真 好 啊。 ジンティエン ティエンチイ ジェン ハオ ア
今朝は寒いですね It's chilly this morning.	今天 早上 好 冷 啊。 ジンティエン ザオシャン ハオ ロン ア
きょうは蒸し暑いですね It's very hot and humid today.	今天 可真 闷热。 ジンティエン コォジェン ヌンロー
気温は何度くらいあるのですか What's the temperature?	今天 气温 有 多少 度? ジンティエン チイウェン ヨウ ドゥオシャオ ドゥ
雨が降りそうですね It looks like rain.	看上去 要 下雨。 カンシャンチュ ヤオ シアユイ
この雨は雪になりますか Is the rain going to change to snow?	这场 雨 是不是 会 变成 雪? ジョーチャン ユイ シーブシー ホォイ ビエンチョン シュエ
晴れるといいですね I hope it will be fine.	天 要 放晴 就 好 了。 ティエン ヤオ ファンチン ジウ ハオ ラ
★ テニスは好きですか Do you like tennis?	喜欢 打 网球 吗? シーホアン ダー ワンチウ マ
テニスをしたことがありますか Have you ever played tennis?	你 打过 网球 吗? ニー ダーグオ ワンチウ マ
私はスキーが得意です I'm good at skiing.	我 滑雪 很 拿手。 ウオ ホアシュエ ヘン ナーショウ
高校の時、サッカーをしていました I played soccer when I was a high school student.	我 上 高中 的 时候 常踢 足球。 ウオ シャン ガオジョン ダ シーホウ チャンティ ズゥチウ
よくサッカーの応援に出かけます I often go to support soccer game.	经常 去 观看 足球比赛。 ジンチャン チュー グアンカン ズゥチウビーサイ
中国の京劇が好きです I like Beijing opera.	我 喜欢 中国 的 京剧。 ウオ シーホアン ジョングオ ダ ジンジュ
あなたの趣味は何ですか What is your hobby?	你 的 爱好 是 什么? ニー ダ アイハオ シー シェンモ

いつ頃からですか	How long have you been doing that?	从 什么 时候 开始 的? ツォン シェンモ シーホウ カイシー ダ
私の趣味は音楽鑑賞です	I like listening to music.	我 的 爱好 是 音乐欣赏。 ウォ ダ アイハオ シー インユエシンシャン
最近映画を見ましたか	Have you seen any movies lately?	你 最近 看 了 什么 电影 了 吗? ニー ズイジン カン ラ シェンモ ディエンイン ラ マ
いま人気のある映画は何ですか	What is the most popular movie now?	目前 最 受 欢迎 的 电影 是 什么? ムウチエン ズイ ショウ ホアンインダ ディエンイン シー シェンモ
まだ日本ではやっていませんでした	It is not on in Japan yet.	这 部 片子 在 日本 还 没有 上映。 ジョー ブー ピエンズ ザァイ リーベン ハイ メイヨウ シャンイン
あなたの好きな俳優(女優)は誰ですか	Who is your favorite actor (actress)?	你 喜欢 哪个 男演员(女演员)? ニー シーホアン ナーグ ナンイェンユアン (ニュイェンユアン)
そのシャツすてきですね	I like your shirt.	你 的 衬衫 很 漂亮。 ニー ダ チェンシャン ヘン ピアオリアン
あなたは魅力的です	You are charming.	您 很 有 魅力。 ニン ヘン ヨウ メイリー
あなたといると楽しいです	You are fun to be with.	和 您 在 一起 很 开心。 ホー ニン ザァイ イーチィ ヘン カイシン

ワードバンク

天気	天 气 ティエン チィ	天気予報	天 气 预 报 ティエン チィ ユィ バオ	雨が降る	下 雨 シア ユィ
涼しい	凉 快 リアン クアイ	雪が降る	下 雪 シア シュエ	曇った	阴 天 イン ティエン
暑い	热 ロー	寒い	冷 ロン	趣味	爱 好 アイ ハオ
太極拳	太 极 拳 タイ ジィ チュアン	テニス	网 球 ウン チゥ	スキー	滑 雪 ホア シュエ
スケート	滑 冰 ホア ビン	サッカー	足 球 ズゥ チゥ	釣り	钓 鱼 ディアオ ユィ
水泳	游 泳 ヨウ ヨン	京劇	京 剧 ジン ジュ	書道	书 法 シュー ファ

招待される Invitations / 邀请

　旅の途中、海外の友人や知人の家に招待されることがあるかもしれません。招かれたらちょっとした日本のみやげを持っていくのがいいでしょう。食事の時間になって次から次へと運ばれる料理の量にびっくりすることもしばしばですが、中国では食べ切れないほどの料理を出すのがもてなしの基本です。当然食べ切れずに残すことも失礼ではありません。笑顔で「お腹いっぱいです」"吃饱了"(チー バオ ラ)と言えば OK です。

はじめまして、よろしくお願いします How do you do?	初次 见面，请 多 关照。 チューツー ジエンミエン チン ドゥオ グアンジャオ
お会いできてうれしいです Nice to meet you.	见到 您 很 高兴。 ジエンダオ ニン ヘン ガオシン
またお会いできてうれしいです I'm glad to see you again.	很 高兴 能 再次 见到 您。 ヘン ガオシン ノン ザァイツー ジエンダオ ニン
★ お招きいただいてありがとう Thank you for inviting me.	承 您 招待，非常 感谢。 チョン ニン ジャオダイ フェイチャン ガンシエ
お飲み物は何がいいですか Would you like something to drink?	您 喝 什么 饮料? ニン ホー シェンモ インリアオ
どんな種類がありますか What kinds of drinks do you have?	有 什么 饮料? ヨウ シェンモ インリアオ
ビールをいただけますか May I have a beer, please?	我 想 喝 啤酒。 ウォ シアン ホー ピージウ
もう1杯飲み物を持ってきましょうか Would you like another one?	再 喝 一杯，怎么样? ザァイ ホー イーベイ ゼンモヤン
★ これはおみやげです This is a little gift for you.	这 是 给 您 的 礼物。 ジョー シー ゲイ ニン ダ リーウー

日本語	中文 (カタカナ発音)
日本の人形です This is a Japanese doll.	这 是 日本 娃娃。 ジョー シー リーベン ワーワ
気に入るといいのですが I hope you will like it.	希望 您 能 喜欢。 シーウン ニン ノン シーホアン
たばこを吸っていいですか May I smoke?	我 能 抽烟 吗? ウォ ノン チョウイェン マ
すみませんが、遠慮して下さい I'm sorry. I'd rather you wouldn't.	对不起, 请 不要 抽烟。 ドゥイブチ チン ブーヤオ チョウイェン
すばらしい家ですね This is a splendid house.	好 漂亮 的 家。 ハオ ピアオリアン ダ ジア
すてきな家具ですね What beautiful furniture!	这 家具 很 不错。 ジョー ジアジュ ヘン ブーツォ
いい趣味をお持ちですね You have good taste.	您 的 爱好 很 有 品味。 ニン ダ アイハオ ヘン ヨウ ピンウェイ
おいしそうな料理ですね This dish looks good.	这 菜 看起来 很 好吃。 ジョー ツァイ カンチライ ヘン ハオチー
★ これは何という料理ですか What kind of dish is this?	这 是 一道 什么 菜? ジョー シー イーダオ シェンモ ツァイ
とてもおいしいです This is very good.	很 好吃。 ヘン ハオチー
おかわりはいかがですか Would you like some more?	再 来 一点, 怎么样? ザァイ ライ イーディエン ゼンモヤン
いただきます Yes, please.	好 的,谢谢。 ハオ ダ シェシェ
★ ありがとう。でも、もうお腹がいっぱいです Thanks, but I'm full now.	谢谢。我 已经 吃得 很 饱 了。 シェシェ ウォ イージン チーダ ヘン バオ ラ
今日はどうもありがとう Thank you for today.	今天 真 是 谢谢 您 了。 ジンティエン ジェン シー シェシェ ニン ラ
★ とても楽しかったです I had a great time.	很 开心。 ヘン カイシン
いい思い出になります It will be a nice memory.	给 我 留下 了 美好 的 回忆。 ゲイ ウォ リゥシアラ メイハオ ダ ホォイー

感激・感動 Expressing Emotions and Impressions　　感叹

珍しい景色やすばらしいものを見て心が動かされたら、素直に口に出してみましょう。周囲の人たちと自然に会話の糸口が見つかるものです。

とても美しいですね It is very beautiful.	真 美 啊。 ジェン メイ ア
素晴らしい！ Wonderful!	好 极 了！ ハオ ジィ ラ
すてき！ Fantastic!	真 好看！ ジェン ハオカン
すごい！ Great!	真 棒！ ジェン バン
信じられない Incredible!	简直 难以 相信。 ジェンジー ナンイー シアンシン
おもしろいですね It's interesting, isn't it?	真 有意思。 ジェン ヨウイース
とても珍しいですね It's unusual.	真 少见。 ジェン シャオジェン
こんなの初めて見ました This is the first time I've ever seen anything like this.	我 还是 第一次 见到 这个。 ウオ ハイシ ディーイーツー ジェンダオ ジョーク
私も同感です I agree.	我 也 是 这样 想。 ウオ イエ シー ジョーヤン シアン
ほんとうですか？ Really?	真 的 吗？ ジェンダ マ
楽しかった！ That was fun!	真 开心！ ジェン カイシン

トラブル・しつこく誘われたら　Refusing　遇到纠纷、纠缠时

本当に興味のある場合以外は、あいまいな返事をしないこと。断るときはきっぱりと。

興味ありません I'm not interested.	我　对此　不感　兴趣。 ウオ　ドゥイツー　ブーガン　シンチュー
予定があります I have plans.	我　有　事。 ウオ　ヨウ　シー
あなたのことは嫌いです I don't like you.	我　讨厌　你。 ウオ　タオイェン　ニー
そんな気はありません I didn't mean that.	我　没有　这个　意思。 ウオ　メイヨウ　ジョーグ　イース
2度と電話しないで下さい Please don't call me again.	请　不要　再　给　我　打 チン　ブーヤオ　ザァイ　ゲイ　ウオ　ダー 电话。 ディエンホア
近寄らないで下さい Stay away.	离　我　远　点。 リー　ウオ　ユアン　ディエン
やめて下さい Stop it!	住手！ ジューショウ
ほうっておいて下さい Leave me alone!	别　管　我。 ビエ　グアン　ウオ
出て行って下さい Please get out of here.	出去！ チュチュー
警察を呼びます I'll call the police.	我　要　叫　警察　了。 ウオ　ヤオ　ジアオ　ジンチャ　ラ

学ぶ Studying — 学習

今中国でも外国人が多く住んでいる大都市には、たくさんの語学学校があります。短期滞在者のためのショートプログラムについても相談にのってくれるので、学校に行って直接交渉してみましょう。ホームステイも、語学だけでなくその国の生活を体験するよい機会です。

語学学校や、部屋探しのための不動産の情報は、ホテルなどに置いてある外国人向けのフリーペーパーに掲載されています。北京、上海、大連では、日本語の情報誌も出ているので、利用してみるとよいでしょう。

中国語を勉強したいのですが I'd like to study Chinese.	我 想 学 汉语。 ウオ シアン シュエ ハンユイ
いい学校をご存じですか Could you recommend a good school?	你 知道 什么 好 学校 吗? ニー シーダオ シェンモ ハオ シュエシアオ マ
2週間くらいの特別コースはありますか Is there a course about two weeks long?	有 两周 左右 的 特别 教程 吗? ヨウ リアンジョウ ズオヨウ タ トービエ ジアオチョン マ
入学を受け付けていますか Are you admitting students at this time?	现在 接受 新生 吗? シエンザァイ ジエショウ シンション マ
日本人の学生はいますか Are there any Japanese students?	有 日本 学生 吗? ヨウ リーベン シュエション マ
2週間のショートプログラムを受講したいのですが I'd like to attend the two week short program.	我 想 参加 两周 的 短期班。 ウオ シアン ツァンジア リアンジョウ タ ドゥアンチィバン
授業料はどのように支払うのですか How should I pay the tuition?	怎么 付 学费? ゼンモ フー シュエフェイ
今日はお金を持っていません I don't have enough money today.	我 今天 没有 带 钱。 ウオ ジンティエン メイヨウ ダイ チエン
いつまでに払えばいいですか By when should I pay the tuition?	我 应该 在 什么 时候 付 钱? ウオ インガイ ザァイ シェンモ シーホウ フー チエン
教室の場所を教えて下さい Could you tell me where the classroom is?	请问 教室 在 哪里? チンウェン ジアオシー ザァイ ナーリ
教科書はどこで買うのですか Where can I get the textbooks?	在 哪里 买 教科书? ザァイ ナーリ マイ ジアオコォシュー

中国の家庭に泊まる・ホームステイ / Homestays / 住在中国人家里

1か月間お世話になります
I'll be staying for a month.
我 将 在 这里 住 一个月, 给 您 添 麻烦 了。

これは日本で買ってきたおみやげです
This is a gift for you. I bought it in Japan.
这 是 从 日本 买来 的 礼物。

息子さん（娘さん）は何というお名前ですか
What is your son's (daughter's) name?
您 儿子 （女儿） 叫 什么 名字？

⭐ **何か手伝えることがありますか**
Is there anything I can do for you?
我 能 帮 什么 忙 吗？

これは何ですか
What's this?
这 是 什么？

朝食（夕食）は何時ですか
What time is breakfast (dinner)?
几 点 吃 早饭 （晚饭）？

一番好きな料理は何ですか
What is your most favorite dish?
最 喜欢 吃 什么 菜？

何でも食べます
I don't have any preferences.
我 什么 都 吃。

ニンジンが苦手です
I don't like carrots.
我 不爱 吃 胡萝卜。

シャワーは何時に使えますか
What time can I take a shower?
我 几点 能 用 淋浴？

⭐ **洗濯機を使ってもいいですか**
Can I use the washing machine?
我 可以 用 洗衣机 吗？

洗剤は買ってきました
I've bought detergent.
我 把 洗衣粉 买来 了。

電話を使ってもいいですか
May I use the telephone?
可以 用 电话 吗？

日本に来たら連絡を下さい
Please contact me when you come to Japan.
来 日本 的 话，请 与 我 联系。

コミュニケーション / 学ぶ

部屋を借りる Renting a Room 租房

部屋を借りたいのですが	I'd like to rent a room.	我想租房。 ウォ シアン ズゥファン
1か月だけなんですが	I'll be staying here only a month.	就租一个月。 ジウ ズゥ イーグユェ
予算は月1000元です	I can afford 1000 Kuai per month.	打算一个月出一千块。 ダースウン イーグユェ チュ イーチエンクァイ
学生専用のアパートはありますか	Are there any apartments just for students?	有学生专用的宿舍吗? ヨウ シュエション ジュアンヨン ダ スゥショー マ
場所はどこですか	Where is it?	地点在哪里? ディディエン ザァイ チーリ
キッチンはついていますか	Is there a kitchen?	有厨房吗? ヨウ チュファン マ
家具はついていますか	Is it furnished?	带家具吗? ダイ ジアジュ マ
部屋を見せていただけますか	Can I see the room?	能让我看一下房间吗? ノン ラン ウォ カン イーシア ファンジエン マ
部屋代はいくらですか	How much is the rent?	房租多少钱? ファンズゥ ドゥオシャオ チエン
治安は良いですか	Is this area safe?	治安好吗? シーアン ハオ マ
考えさせて下さい	Let me think.	让我考虑一下。 ラン ウォ カオリュ イーシア
ここに決めます	I'll take it.	好吧,那就决定租这里了。 ハオバ ナー ジウ ジュエディン ズゥ ジョーリ ラ

ワードバンク

保証金	押金 ヤージン	電気代	电费 ディエン フェイ	水道代	水费 シュイ フェイ
2階	2楼 アルロウ	不動産業者	房地产公司 ファンディ チャンゴン スー		

ファミリー Family　　　　　　　　　　　　　　　　家庭

　最近は日本人の旅も多様化し、家族でゆっくりと海外旅行を楽しむ人たちも増えてきました。中国人はとても子供に優しいので、中国は家族旅行が楽しい国ともいえるでしょう。レストランの "服务员"（フー ウー ユアン）も子供にはとても親切です。時には遊び相手になってくれることもありますが、公共の場では他人の迷惑にならないように充分気をつけましょう。

子供連れでもいいですか Can I take children along?	能 带 孩子 吗? ノン タイ ハイズ マ
何歳まで（から）が子供料金にあたりますか Up to (From) what age do children get a discount?	到 几岁 为止 （从 几岁 ダオ ジイスイ ウェイシー ツォン ジイスイ 开始）算 儿童费? カイシー スウン アルトォンフェイ
子供は 3 歳です。 My child is three years old.	我 的 孩子 三岁。 ウオ ダ ハイズ サンスイ
子供向けのメニューはありますか Do you have a children's menu?	有 儿童菜谱 吗? ヨウ アルトォンツァイプゥ マ
子供用の椅子はありますか Do you have a children's chair?	有 小孩儿 用 的 椅子 吗? ヨウ シアオハアル ヨン ダ イーズ マ
大人 2 人と子供 2 人です Two adults, two children.	两个 大人 和 两个 小孩儿。 リアンゲ ターレン ホー リアンゲ シアオハアル
禁煙席をお願いします Non-smoking, please.	我 要 禁烟座位。 ウオ ヤオ ジンイェンズオウェイ
隅の方のテーブルで結構です A table in the corner will be fine.	靠边 的 桌子 就 可以。 カオビエン ダ ジュオズ ジウ コォイー
辛くないものはどれですか Which ones are mild?	哪个 菜 是 不辣 的? ナーゲ ツァイ シー ブーラー ダ
少量にして下さい May I have a small portion?	我 要 量 少 一些。 ウオ ヤオ リアン シャオ イーシエ

コミュニケーション

熱くしないで下さい	Please don't make it too hot.	不要 太 烫。 ブーヤオ タイ タン
卵(牛乳)が使われていない料理はどれですか	Which ones are without egg (milk)?	哪些 是 不用 鸡蛋 ナーシェ シー ブーヨン ジィダン (牛奶) 做 的 菜? ニゥナイ ズォ ダ ツァイ
卵アレルギーなので特別料理をお願いできますか	I am allergic to eggs. Can you make something special for me?	我 对 鸡蛋过敏, 能不能 做 ウォ ドォイ ジィダングォミン ノンブノン ズォ 一些 特别 的 菜? イーシェ トービエ ダ ツァイ
小さいスプーンとフォークを下さい	May I have a small spoon and fork?	请 给 我 小 勺子 和 叉子。 チン ゲイ ウォ シァオ シャオズ ホー チャズ
果汁100%ですか	Is this a 100% pure fruit juice?	这 是 百分之百 的 纯 ジョー シー バイフェンジーバイ ダ チュン 果汁 吗? グオジー マ
ストローを下さい	Please give me a straw.	请 给 我 吸管。 チン ゲイ ウォ シーグァン

ファミリー

ベビーカーをここに置いてもいいですか	May I leave this baby carriage here?	婴儿车 放 在 这里 可以 インアルチョ ファン ザァイ ジョーリ コォイー 吗? マ
子供用のプールはありますか	Do you have a kids pool?	有 小孩 用 的 游泳池 吗? ヨウ シァオハイ ヨン ダ ヨウヨンチー マ
着替えさせたいのですが	I would like to change his (her) clothes.	我 想 给 孩子 换 衣服。 ウォ シァンゲイ ハイズ ホアン イーフ
❗ 子供が迷子になりました	My child is missing.	孩子 不见 了。 ハイズ ブージェン ラ

ワードバンク

子供向けメニュー	儿 童 菜 谱 アル トン ツァイ プゥ	コネクティング・ルーム		过 间 グオ ジェン	
ベビーベッド	婴儿床 インアルチュアン	ベビーカー	婴儿车 インアルチョ	ベビーフード	婴儿食品 インアルシーピン
粉ミルク	奶粉 ナイフェン	哺乳びん	奶瓶 ナイピン	紙おむつ	尿不湿 ニァオブーシー
無添加/無着色	无 添 加 剂/无 色 素 ウー ティエン ジァ ジィ ウー ソー スゥ				

辞書・リファランス

辞書

| 日中辞書 | 232 |
| 中日辞書 | 261 |

リファランス

中国語文法	288
資料・単語編	294
資料・実用編	300
旅の30フレーズ	303

日中辞書

あ

日本語	中国語 (読み)
合鍵	备用钥匙 (ベイ ヨン ヤオ シ)
あいさつ	问候／寒喧 (ウェン ホウ／ハン シュエン)
相手	对方 (ドゥイ ファン)
曖昧な	含糊的 (ハン フゥ ダ)
アイロン	熨斗 (ユン ドウ)
会う	见面 (ジェン ミェン)
合う	合适 (ホー シー)
アウトレット	名牌折扣店 (ミン パイ ジョー コウ ディェン)
青(い)	蓝(色) (ラン ソー)
青信号	绿灯 (リュ ドン)
あおむけ	仰卧 (ヤン ウォ)
赤(い)	红(色) (ホン ソー)
赤信号	红灯 (ホン ドン)
明かり	灯 (ドン)
明るい	亮 (リアン)
赤ん坊	婴儿／小娃娃 (イン アル／シアオ ワー ウ)
秋	秋天 (チウ ティェン)
飽きる	腻 (ニー)
握手する	握手 (ウォ ショウ)
アクセサリー	装饰品／附属品 (ジュアン シー ピン／フー シュー ピン)
開ける	开／打开／拉开 (カイ／ダー カイ／ラー カイ)
あご	下巴／颌／颚 (シア バ／ホー／オー)
憧れる	憧憬 (チョン ジン)
麻	麻 (マー)
朝	早上／早晨 (ザオ シャン／ザオ チェン)
浅い	浅 (チェン)
あさって	后天 (ホウ ティェン)
鮮やかな	鲜明 (シェン ミン)
足 [足首から上]	腿 (トゥイ)
味	味道 (ウェイ ダオ)
明日	明天 (ミン ティェン)
足元灯	脚灯 (ジアオ ドン)
足浴	足浴 (ズゥ ユイ)
預ける	寄存／存／寄放 (ジィ ツン／ツン／ジィ ファン)
アスピリン	阿司匹林 (ア スー ピー リン)
汗	汗 (ハン)
遊ぶ	玩 (ウン)
暖かい	暖和／温暖 (ヌァン フォ／ウェン ヌァン)
温かい	热 (ロー)
頭	头／脑袋 (トウ／ナオ ダイ)
頭金	定金／押金 (ディン ジン／ヤー ジン)
新しい	新 (シン)
暑い	热 (ロー)
熱い	烫 (タン)
厚い	厚 (ホウ)
集める	集中 (ジィ ジョン)
アドレス	地址 (ディ シー)
アナウンス	广播／播音 (グァン ボー／ボー イン)

232

日本語	中国語	ピンイン
あなた	你／您	ニー／ニン
アパート	公寓	ゴン ユィ
危ない	危险	ウェイ シエン
甘い	甜	ティエン
雨傘	雨伞	ユィ サン
網	网	ウン
飴	糖	タン
雨(が降る)	（下）雨	シア ユィ
謝る	道歉／抱歉	ダオ チエン／バオ チエン
粗い	粗糙	ツゥ ツァオ
洗う	洗	シー
ありがとう	谢谢	シエ シエ
歩く	走／步行	ゾウ／ブー シン
アルコール類	酒类	ジウ レイ
アレルギー	过敏／变质	グオ ミン／ビェン ジー
アロマテラピー	芳香疗法	ファン シアン リァオ ファ
安全な	安全的	アン チュアン ダ
アンダーシャツ	汗衫／贴身内衣	ハン シャン／ティエ シェン ネイ イー
案内所	问讯处／咨询处	ウェン シュン チュ／ズー シュン チュ

い

日本語	中国語	ピンイン
胃	胃	ウェイ
言う	说	シュオ
家	房子	ファン ズ
息	呼吸	フゥ シー
行き先	目的地	ムゥ ディ ディ
生きる	活／生存	フオ／ションツン
いくら	多少钱	ドゥオ シャオ チエン
池	池塘／池子	チー タン／チー ズ
胃けいれん	胃痉挛	ウェイ ジン ルェン
意見	意见	イー ジェン
囲碁(を打つ)	（下）围棋	シア ウェイ チィ
石	石头	シー トウ
維持する	维持	ウェイ チー
遺失物取扱所	失物招领处	シー ウー ジャオ リン チュ
医者	医生／大夫	イー ション／ダイ フ
異常な	异常	イー チャン
椅子	椅子	イー ズ
遺跡	遗迹	イー ジィ
急いで!	快点儿!	クァイ ディアル
忙しい	忙	マン

日本語	中国語	ピンイン
偉大な	伟大的	ウェイ ダー ダ
痛む(痛み)	疼／痛	トン トォン
イタリア料理	意大利菜	イー ダー リー ツァイ
位置	位置	ウェイ ジ
1月	一月	イー ユェ
一時預かり所	临时寄存处	リン シー ジィ ツン チュ
1日	一天	イー ティエン
1日1回	一天一次	イー ティエン イー ツー
市場	市场	シー チャン
胃腸薬	肠胃药	チャン ウェイ ヤオ
いつ	什么时候	シェン モ シー ホウ
1週間	一个星期／一周	イー グ シン チィ／イー ジョウ
一生懸命に	拼命地	ピン ミン ダ
一緒に	一起	イー チィ
一対の	一对	イー ドゥイ
1等	一等／头等	イー ドン／トウ ドン
1等座席	软座	ルゥアン ズオ
1等寝台	软卧	ルゥアン ウオ
いっぱいの	满的	マン ダ
一般的な	一般的	イー バン ダ

日中辞書

いっーうん

一方通行	単行道／ダンシンダオ 単向通行／ダンシアントンシン
いつも	経常／ジンチャン
糸	线／シエン
移動する	移动／イードン
田舎	郊区／ジァオチュー 乡村／シアンツン 乡下／シアンシア
犬	狗／ゴウ
今	现在／シエンザァイ
意味	意思／イース
イミテーション	仿造品／ファンザオピン
イヤホーン	耳机／アルジィ
イヤリング	耳环／アルホァン 耳坠儿／アルジュアル
いらない	不要／ブーヤオ
入口	入口／ルゥコウ 进口／ジンコウ 门口／メンコウ
衣料品	衣服／イーフ 衣类／イーレイ
色（色彩）	颜色／イェンソー 色彩／ソーツァイ
岩	岩／イェン
祝う	庆祝／チンジュー 祝贺／ジューホー
印鑑	印章／インジャン 图章／トゥジャン
印章店	印章专卖店／インジャンジョァンマイディエン 图章店／トゥジャンディエン
印象	印象／インシアン
飲食代	餐饮费／ツァンインフェイ

う

ウール	毛料／マオリアオ
上	上／上边／シャンシャンビエン 上面／シャンミエン
ウエイター	男服务员／ナンフーウーユァン
ウエイトレス	女服务员／ニュフーウーユァン
ウエスト	腰／腰部／ヤオヤオブー 腰身／ヤオシェン
うがい薬	漱口药／シューコウヤオ
受取人	收信人／ショウシンレン 收件人／ショウジェンレン
ウシ	牛／ニウ
失う	丢／丢失／ディウディウシー
後ろ	后边／ホウビェン 后面／ホウミェン
薄い	薄／バオ
嘘	谎话／谎言／ホァンホァ ホァンイェン
嘘をつく	撒谎／サーホァン 说谎话／シュオホァンホァ
歌（う）	（唱）歌／チャンゴー
疑う	怀疑／ホァイイー
宇宙	宇宙／ユィジョウ
打つ	打／ダー
美しい	美丽／メイリー 漂亮／好看／ピァオリァン ハオカン
うつ伏せ	俯卧／フーウォ
腕	胳膊／ゴーボ
腕時計	手表／ショウビァオ
ウマ	马／マー
海	大海／ダーハイ
うらやましい	羨慕／シェンムゥ
売り切れ	售完／卖完／ショウウァン マイウァン 脱销／トゥォシアオ
売る	卖／售／マイショウ
うれしい	高兴／ガオシン
上着	上衣／シャンイー
運賃	车费／运费／チョフェイ ユンフェイ 票价／ピァオジア
運転手	司机／スージィ
運転する	驾驶／开车／ジアシー カイチョ
運転免許証	驾驶执照／ジアシー ジージャオ
運動	运动／ユンドン

え

日本語	中国語	ピンイン
絵	画／絵画	ホア／ホォイ ホア
エアコン	空调	コン ティアオ
映画	电影	ティエン イン
映画館	电影院	ティエン イン ユアン
映画をみる	看电影	カン ティエン イン
影響	影响	イン シアン
営業時間	营业时间	イン イエ シー ジエン
営業職	推销职业	トォイ シアオ ジー イエ
英語	英语	イン ユイ
エイズ	艾兹病	アイ ヅー ビン
衛星中継	卫星实况转播	ウェイ シン シークアン ジュアン ボー
駅	火车站／车站	フォ チョ ジャン／チョ ジャン
駅弁	盒式客饭	ホー シー コォ ファン
エキストラベッド	加床	ジテ チュアン
エスカレーター	自动扶梯	ヅー ドン フー ティ
越劇	越剧	ユエ ジュ
絵はがき	美术明信片	メイ シューミン シン ピエン
エビ	虾	シテ
絵本	图画书	トゥ ホア シュー
襟	领子	リン ズ
エレベーター	电梯	ディエン ティ
延期する	延期／展期	イェンチー ジャン チー
演劇	戏剧	シー ジュ
炎症	炎症／发炎	イェン ジョン ファ イェン
エンジン	发动机	ファ ドン ジー
演奏会	演奏会	イェン ヅォ ホォイ
円高	日元升值	リー ユアン ション ジー
延長する	延长／拖延／推迟	イェンチャン／トゥオ イェン／トゥイ チー
延長戦	延长赛	イェン チャン サイ
鉛筆	铅笔	チエン ビー

お

日本語	中国語	ピンイン
おいしい	好吃	ハオ チー
応急手当	应急措施	イン ジィ ツォ シー
横断歩道	人行横道	レン シン ホン ダオ
嘔吐(袋)	呕吐(袋)	オウ トゥ(ダイ)
往復	往返／双程／往复	ウン ファン／シュテン チョン／ウン フー
往復切符	往返票	ウン ファン ピアオ
大きい	大	ダー
大さじ1杯	一大匙	イー ダー チー
オーデコロン	花露水	ホア ルー シュイ
オート三輪	三轮摩托车	サン ルン モー トゥオ チョ
オートバイ	摩托车	モー トゥオ チョ
オードブル	冷盘／拼盘	ロン パン ピン パン
丘	山丘	シャン チウ
お金	钱	チエン
小川	小河	シアオ ホー
置き時計	座(坐)钟	ヅオ ヅオ ジョン
起きる	起床	チィ チュアン
置く	放	ファン
贈り物	礼物／礼品	リー ウー／リー ピン
贈る	赠送	ヅン ソン
送る	寄／送	ジィ／ソン
遅れる	晚／误／迟到	ウン ウー チー ダオ
怒る	生气	ション チィ
おごる	请客	チン コォ
教える	教／告诉	ジアオ ガオ スゥ
おしぼり	热毛巾	ロー マオ ジン
押す	推／按	トゥイ アン

235

日中辞書

お〜かい

日本語	中国語	ピンイン
遅い[時間]	晩	ウン
遅い[スピード]	慢	マン
落ちる	落下／掉下	ルオ シア／ディアオ シア
お茶	茶／茶水	チャ／チャ シュイ
おつり	找銭	ジャオ チエン
音	声音	ション イン
男	男／男人	ナン／ナン レン
男の子	男孩儿／男孩子	ナン ハアル／ナン ハイ ズ
訪れる	訪問／来訪	ファン ウェン／ライ ファン
おととい	前天	チエン ティエン
大人	大人	ター レン
踊る	跳舞	ティアオ ウー
驚く	吃驚	チー ジン
同じ	一様／相同	イー ヤン／シアン トン
おはよう	你早！／您早！	ニー ザオ／ニン ザオ
オフィス	办公室	バン ゴン シー
おめでとう	恭喜恭喜！	ゴン シー ゴン シー
重い	重	ジョン
思い出	回忆	ホイ イー
重い(病気)	重（病）	ジョン ビン
思う	想	シアン
おもしろい	有意思／有趣	ヨウ イー ス／ヨウ チュー
おもちゃ	玩具	ウン ジュ
親	父母	フー ムウ
お湯	开水／热水	カイ シュイ／ロー シュイ
泳ぎに行く	去游泳	チュー ヨウ ヨン
オリンピック	奥运会	アオ ユン ホォイ
折る	折	ジョー
オレンジ色	橘黄色	ジュ ホアン ソー
オレンジジュース	橙汁／桔子汁	チョン ジー／ジュ ズ シー
終わる	完／結束	ウン ジエ シュー
音楽家	音乐家	イン ユエ ジア
温泉	温泉	ウェン チュアン
温度	温度	ウェン ドゥ
女の子	女孩儿／女孩子	ニュ ハアル／ニュ ハイ ズ

か

日本語	中国語	ピンイン
蚊	蚊子	ウェン ズ
カーテン	窓帘	チュアン リエン
カード	卡片	カ ピエン
カーペット	地毯	ディ タン
ガールフレンド	女朋友	ニュ ポン ヨウ
会員証	会员证	ホォイ ユアン ジョン
外貨	外币／外汇	ウイ ビー／ウイ ホォイ
外貨交換証明書	外汇兑换证明书	ウイ ホォイ ドゥイ ホアン ジョン ミン シュー
海岸	海岸	ハイ アン
開館時間	开门时间	カイ メン シー ジエン
会計	付款／会计	フー クアン クアイ ジィ
会計係	付款处	フー クアン チュ
会計窓口	收银台	ショウ イン タイ
解決(する)	解决	ジエ ジュエ
外交(官)	外交(官)	ウイ ジアオ グアン
外国人	外国人／外宾	ウイ グオ レン／ウイ ビン
改札口	检票口／检票处	ジエン ピアオ コウ／ジエン ピアオ チュ
会社員	公司职员	ゴン スー ジー ユアン
海草	海草	ハイ ツァオ
階段	楼梯	ロウ ティ
懐中電灯	手电筒	ショウ ディエン トン
快適な	舒服	シュー フ

日本語	中国語 (読み)
ガイド	导游 ダオ ヨウ
街灯	路灯 ルー ドン
ガイドブック	旅游指南／导游手册 リュ ヨウ シーナン／ダオ ヨウ ショウ ツォ
ガイド料	导游费 ダオ ヨウ フェイ
回復する	恢复 ホイ フー
買い物(に行く)	(去)买东西 チュー マイ ドン シ
外来診察	门诊 メン ジェン
会話	会话 ホイ ホア
買う	买 マイ
帰る	回来／回去 ホイ ライ／ホイ チュー
カエル	青蛙／田鸡 チン ワー／ティエン ジィ
顔(色)	脸(色) リエン ソー
香り	香味 シアン ウェイ
画家	画家 ホア ジア
鏡	镜子 ジン ズ
鍵	钥匙／锁 ヤオ シ／スオ
書留郵便	挂号信 グア ハオ シン
華僑	华侨 ホア チアオ
書く	写 シエ
学生	学生 シュエション
学生証	学生证 シュエション ジョン
拡大する	放大 ファン ダー
カクテル	鸡尾酒 ジィ ウェイ ジウ
確認(する)	确认 チュエ レン
家具(店)	家具(店) ジア ジュ ディエン
傘(をさす)	(打)伞 ダー サン
菓子	点心 ディエン シン
火事	火灾／失火 フオ ザイ／シー フオ
賢い	聪明 ツォン ミン
歌手	歌手 ゴー ショウ
貸す	借给 ジエ ゲイ
数	数字 シュー ズ
風(が吹く)	(刮)风 グア フォン
かぜ(薬)	感冒(药)／伤风(药) ガン マオ ヤオ／シャン フォン ヤオ
課税	征税／上税 ジョン シュイ／シャン シュイ
カセットテープ	盒式录音带 ホー シー ルー イン ダイ
家族	家属 ジア シュー
ガソリンスタンド	加油站 ジア ヨウ ジャン
肩	肩膀 ジエン バン
型	型号 シン ハオ
固い	坚固 ジエン グゥ
肩書	头衔 トウ シエン
肩が凝る	肩膀酸痛 ジエン バン スゥン トン
形	形状 シン ジョアン
片道	单程 ダン チョン
片道切符	单程票 ダン チョン ピアオ
カタログ	目录 ムゥ ルー
花壇	花坛 ホア タン
家畜	家畜 ジア チュ
勝つ	赢／胜 イン／ション
楽器店	乐器店 ユエ チィ ディエン
学校	学校 シュエ シアオ
滑走路	跑道 パオ ダオ
家庭	家庭 ジア ティン
仮定する	假定 ジア ティン
角	拐角 グアイ ジアオ
悲しい	伤心／难过 シャン シン／ナン グオ 悲伤 ベイ シャン
金持ち	有钱人 ヨウ チエン レン
可能な	可能的 コォ ノン ダ
彼女	她 ター
かばん	书包／提包／皮包 シュー バオ／ティ バオ／ピー バオ
花瓶	花瓶 ホア ピン

日本語	中文 (ピンイン風カナ)
カフェテリア	自助餐厅 ズー ジュー ツァン ティン
壁	墙／墙壁 チアン チアン ビー
髪	头发 トウ ファ
紙	纸／纸张 シー シー ジャン
紙おむつ	尿不湿 ニアオ ブー シー
紙コップ	纸杯 シー ベイ
紙タオル	纸巾 シー ジン
雷（が鳴る）	（打）雷 ダー レイ
噛む	咬 ヤオ
ガム	口香糖 コウ シアン タン
亀	乌龟 ウー グイ
カメラ	照相机 ジャオ シアン ジィ
カメラ店	照相用品店／相机店 ジャオ シアン ヨン ピン ディエン／シアン ジィ ディエン
カメラマン	摄影师 ショー イン シー
画面	画面 ホア ミエン
かゆい	痒 ヤン
火曜日	星期二 シン チィ アル
辛い	辣 ラー
カラオケ	卡拉ＯＫ カ ラー オー ケイ
からし	芥末 ジエ モ
ガラス	玻璃 ボー リ
体	身体 シェン ティ
借りる	借 ジエ
軽い	轻 チン
彼	他 ター
カレンダー	日历／挂历／台历 リー リー グア リー タイ リー
過労	过度劳累 グオ ドゥ ラオ レイ
革	皮革 ピー ゴー
川	河／江 ホー ジアン
かわいい	可爱的 コォ アイ ダ
乾いた	干的 カン ダ
為替レート	外汇牌价 ウイ ホイ バイ ジア
癌	癌症 アイ ジョン
肝炎	肝炎 カン イェン
考える	想／考虑 シアン カオ リュ
環境	环境 ホアン ジン
缶切り	罐头起子／罐头刀 グアン トウ チィ ズ／グアン トウ タオ
観光	观光／旅游 グアン グアン／リュ ヨウ
観光案内所	旅游咨询处 リュ ヨウ ズー シュン チュ
観光ツアー	旅游团 リュ ヨウ トゥアン
観光バス	旅游车／游览车 リュ ヨウ チョ／ヨウ ラン チョ
看護師	护士 フゥ シ
患者	病人 ビン レン
感謝(する)	感谢 カン シエ
勘定	结帐／算帐 ジエ ジャン スゥン ジャン
勘定書	帐单 ジャン ダン
関税	关税 グアン シュイ
肝臓（病）	肝脏（病） カン ザン ビン
簡単	简单 ジエン ダン
感嘆する	感叹 カン タン
乾電池	干电池 カン ディエン チー
乾杯	干杯 カン ベイ
缶ビール	罐装啤酒 グアン ジョアン ピー ジウ
カンフー映画	功夫片／武打片 ゴン フ ピエン／ウー ダー ピエン
漢方茶	中药茶 ジョン ヤオ チャ
漢方薬	中药 ジョン ヤオ
漢方料理	药膳 ヤオ シャン
歓楽街	闹市 ナオ シー

き

木	树／木头 シュー ムウ トウ
黄色(い)	黄(色) ホアン ソー
気温	气温 チイ ウェン
機械	机械 ジイ シエ
機会	机会 ジイ ホォイ
期間	期间 チイ ジエン
機関	机关 ジイ グァン
企業	企业 チイ イエ
貴金属	贵重饰品／グイ ジョンシー ピン 贵金属 グイ ジン シュー
聞く	听 ティン
喜劇	喜剧 シー ジュ
危険	危险 ウェイ シエン
気候	气候／チイ ホウ 天气 ティエンチイ
既婚の	已婚 イー ラン
技術	技术 ジイ シュー
既製品	成品／チョンピン 现成的 シエンチョンダ
季節	季节 ジイ ジエ
規則	规则 グイ ゾー
北	北(方) ベイ ファン
汚い	脏 サン
貴重品	贵重物品 グイ ジョンウー ピン
喫煙する	抽烟／吸烟 チョウイェン シー イエン
キッチン	厨房 チュ ファン
切手	邮票 ヨウ ピアオ
切手収集	集邮 ジイ ヨウ
きつね	狐狸 フウ リ
切符	票 ピアオ
切符売場	售票处 ショウピアオチュ
記入する	填写 ティエンシエ
絹	丝绸 スー チョウ
記念館	纪念馆 ジイ ニエングァン
記念碑	纪念碑 ジイ ニエンベイ
昨日	昨天 ズオ ティエン
寄付する	捐助／ジュエンジュー 捐款 ジュエンクアン
気分が悪い	不舒服 ブー シューラ
希望する	希望 シー ワン
義務	义务 イー ウー
義務教育	义务教育 イー ウー ジアオユイ
決める	决定 ジュエディン
着物(和服)	和服 ホー フー
客	客人 コー レン
客席	观众席 グァンジョンシー
客船	客轮 コー ルン
キャンセル	取消 チュー シアオ
休暇(をとる)	度假／休假 ドウ ジア シゥウジア
救急車	救护车 ジウ フゥ チョ
憩室	休息室 シゥウシー シー
急行列車	快速列车 クアイスゥ リエ チョ
休日	休息日／シゥウシー リー 假日 ジア リー
旧正月	春节 チュンジエ
旧姓	原姓 ユアンシン
休息	休息 シゥウシ
宮殿	宫殿 ゴン ディエン
牛肉	牛肉 ニウ ロウ
牛乳	牛奶 ニウ ナイ
救命胴衣	救生衣 ジウ ションイー
今日	今天 ジン ティエン
教育	教育 ジアオユイ
教科書	教科书／ジアオコォ シュー 课本 コォ ベン
競技場	体育场 ティ ユイ チャン

日本語	中国語	ピンイン
京劇	京剧	ジン ジュ
共産主義	共产主义	ゴン チャン ジューイー
教師	教师／老师	ジアオ シー／ラオ シー
行事	仪式／活动	イー シー／フオ ドン
教室	教室	ジアオ シー
教授	教授	ジアオ ショウ
郷土料理	家乡菜／地方风味	ジア シアン ツァイ／ディ ファン フォン ウェイ
興味深い	兴趣浓	シン チュー ノン
協力	协力／合作	シエ リー／ホー ズオ
許可	许可	シュー コォ
魚介類	水产类	シュイ チャン レイ
漁業	渔业	ユィ イエ
曲	歌曲／乐曲	ゴー チュー／ユエ チュー
去年	去年	チュー ニエン
距離	距离	ジュ リー
切る	切割／断／剪	チエ ゴー／ドゥアン／ジエン
着る	穿	チュアン
きれいな	好看／漂亮	ハオ カン／ピアオ リアン
キログラム	公斤	ゴン ジン
キロメートル	公里	ゴン リー
議論する	议论	イー ルン
気をつける	注意／小心	ジュー イー／シアオ シン
金	金	ジン
銀	银	イン
禁煙[標示]	请勿吸烟	チン ウー シー イエン
禁煙(する)	戒烟／禁烟	ジエ イエン／ジン イエン
禁煙席	禁烟席	ジン イエン シー
金額	金额	ジン オー
緊急	紧急	ジン ジィ
緊急電話	紧急电话	ジン ジィ ディエン ホア
銀行	银行	イン ハン
銀行員	银行职员	イン ハン ジー ユアン
禁止(する)	禁止／不准	ジン シー／ブー ジュン
近代化	现代化	シエン ダイ ホア
金曜日	星期五	シン チィ ウー

く

空港	机场	ジィ チャン
空席	空位／空座	コン ウェイ／コン ズオ
偶然	偶然	オウ ラン
空腹	肚子饿了／空腹	ドゥ ズ オー ラ／コン フー
9月	九月	ジウ ユエ
臭い	臭／有臭味	チョウ／ヨウ チョウ ウェイ
腐る	坏／烂	ホアイ／ラン
苦情	抱怨／意见	バオ ユアン／イー ジエン
薬(を飲む)	(吃)药	テー ヤオ
果物	水果	シュイ グオ
口	嘴	ズイ
口コミ情報	小道消息	シアオ ダオ シアオ シ
口紅	口红／唇膏	コウ ホン／チュン ガオ
靴	鞋	シエ
靴下	袜子	ウー ズ
クッション	靠垫	カオ ディエン
靴磨き	擦鞋	ツァ シエ
国	国家	グオ ジア
首	脖子	ボー ズ
熊	熊	ション
クモ	蜘蛛	ジー ジュー
雲	云／云彩	ユン／ユン ツァイ
曇った	阴天	イン ティエン

暗い	暗 アン
クラシック音楽	古典音乐 グゥ ディエン インユエ
グラス	玻璃杯 ホー リ ベイ
クラスメート	同班同学 トォン バン トォン シュエ
グラム	克／公分 コォ／ゴン フェン
栗	栗子 リー ズ
クリーニング	干洗 ガン シー
繰り返す	重复／反复 チョン フー／ファン フー
クリスマス	圣诞节 ションダン ジエ
クリック	点击 ディエン ジイ
来る	来 ライ
車椅子	轮椅 ルン イー
クレジットカード	信用卡 シン ヨン カ
黒い	黑／黑色 ヘイ／ヘイ ソー
苦労	辛苦 シン クゥ
クローク	寄存处 ジイ ツン チュ

け

毛	毛 マオ
計画	计划 ジイ ホア
経済	经济 ジン ジイ
警察官	警察 ジン チャ
警察署	公安局／派出所 ゴン アン ジュ／パイ チュ スオ
計算する	算／计算 スワン ジイ スワン
芸術	艺术 イー シュー
軽食	小吃 シアオ チー
軽食堂	小吃店 シアオ チー ディエン
警笛	警笛 ジン ディ
警報	警报 ジン バオ
契約(書)	合同 ホー トォン
経由	经过／路过 ジン グオ／ルー グオ
経理	会计 クアイ ジイ
ケーブルカー	缆车 ラン チョ
毛織物	毛织品 マオ シー ピン
けが(する)	(受)伤／(负)伤 ショウ シャン／フー シャン
毛皮	毛皮 マオ ピー
劇	戏／戏剧 シー／シー ジュ
劇場	剧场／戏院 ジュ チャン／シー ユアン
景色	景色 ジン ソー
化粧品	化妆品 ホア ジョアン ピン
化粧品会社	化妆品公司 ホア ジョアン ピン ゴン スー
ゲスト	客人／佳宾 コォ レン／ジア ビン
下船	下船 シア チュアン
血液	血液 シュエ イエ
血液型	血型 シュエ シン
血圧	血压 シュエ ヤー
結婚(する)	结婚 ジエ ラン
結婚式	婚礼／结婚典礼 ラン リー／ジエ ラン ディエン リー
月餅	月饼 ユエ ビン
月曜日	星期一 シン チイ イー
解熱剤	退烧药 トイ シャオ ヤオ
煙	烟 イエン
下痢	拉肚子／泻肚／拉稀 ラー ドゥ ズ／シエ ドゥ／ラー シー
県	县 シエン
現金	现金／现款／现钱 シエン ジン／シエン クアン／シエン チエン
言語	语言 ユイ イエン
健康	健康 ジエン カン
検査	检查 ジエン チャ
研修	进修 ジン シィウ
原子力	原子能 ユアン ズー ノン

日本語	中国語(ピンイン)
建築	建筑 ジエンジュー
現地(の)	当地(的) ダンディダ
拳法	拳术 チュアンシュー

こ

日本語	中国語(ピンイン)
恋人	对象 ドゥイシアン
幸運	幸运 シンユン
公演	演出 イェンチュ
公園	公园 ゴンユアン
効果	效果 シアオグォ
硬貨	硬币 インビー
郊外	郊区 ジアオチュー
航空会社	航空公司 ハンコンゴンスー
航空券	飞机票／机票 フェイジィピアオ／ジィピアオ
航空便	航空信／航空邮件 ハンコンシン／ハンコンヨウジェン
合計	总计 ゾンジィ
高血圧	高血压 ガオシュエヤー
高原	高原 ガオユアン
高校生	高中生 ガオジョンション
広告会社	广告公司 グァンガオゴンスー
交差点	十字路口／交叉口 シーズールーコウ／ジアオチャコウ
口座(番号)	户头 フゥトウ／(帐号) ジャンハオ／银行帐户(帐号) インハンジャンフゥ(ジャンハオ)
工事	工程／施工 ゴンチョン／シーゴン
公衆電話	公用电话 ゴンヨンディエンホア
公衆トイレ	公厕／公共厕所 ゴンツォ／ゴンゴンツォスォ
工場	工厂 ゴンチャン
香水	香水 シアンシュイ
高層ビル	高层大楼 ガオツォンダーロウ
高速道路	高速公路 ガオスゥゴンルー
高速バス	高速汽车 ガオスゥチィチョ
紅茶	红茶 ホンチャ
交通事故	交通事故／车祸 ジアオトォンシーグゥ／チョフォ
交通渋滞	交通阻塞／堵车 ジアオトォンズゥソー／ドゥチョ
強盗	强盗／抢劫 チアンダオ／チアンジエ
公務員	公务员 ゴンウーユアン
声	声音 ションイン
コート[洋服]	大衣／外套 ダーイー／ワイタオ
コーヒー	咖啡 カフェイ
コーヒーカップ	咖啡杯 カフェイベイ
コーラ	可乐 コォロー
氷	冰／冰块 ビン／ビンクァイ
5月	五月 ウーユェ
小切手	支票 シーピアオ
故郷	家乡／老家 ジアシアン／ラオジア
国際線	国际航班 グォジィハンバン
国際電話	国际电话 グォジィディエンホア
国籍	国籍 グォジィ
国内線	国内航班 グォネイハンバン
国立の	国立 グォリー
午後	下午 シアウー
小さじ1杯	一小匙 イーシアオチー
小皿	碟子 ディエズ
故障	故障／毛病 グゥジャン マオビン
故障中	坏了 ホァイラ
個人	个人 ゴーレン
小銭	零钱 リンチェン
午前	上午 シャンウー
骨董品	古董／古玩 グゥドン／グゥワン

骨董品店	古董店/古玩店 グゥドンディエン/グゥワンディエン
今年	今年 ジンニェン
子供	孩子/儿童 ハイズ/アルトン
小鳥	小鸟 シァオニァオ
ことわざ	俗语/谚语 スゥユィ/イェンユィ
断る	谢绝/拒绝 シエジュエ/ジュジュエ
ごみ箱	垃圾箱 ラージィシァン
米	大米 ターミー
ごめんなさい	对不起 ドゥイブチィ
ゴルフ	高尔夫 ガオアルラー
これ	这个 ジョーグ
こわれ物	易碎物品 イースイウーピン
紺	深蓝色 シェンランソー
昆曲	昆曲 クゥンチュー
今月	这个月/本月 ジョーグユェ/ベンユェ
コンサート	音乐会 インユェホゥイ
今週	这个星期/本周 ジョーグシンチィ/ベンジョウ
コンシェルジュ	礼宾部 リービンブー
コンセント	插座 チャーズオ
こんにちは	你好!/您好! ニーハオ/ニンハオ
コンパートメント	包厢/包间 バオシァン/バオジェン
今晩	今晚 ジンウァン
こんばんは	晚上好! ウァンシャンハオ
コンビニエンスストア	方便商店 ファンビェンシャンディェン
コンピュータ	计算机/电脑 ジィスァンジィ/ディェンナオ

さ

サーカス(団)	杂技(团) ザァジィ(トゥァン)
SARS(新型肺炎)	非典型肺炎 フェイディェンシンフェイイェン
サービス料	服务费 フーウーフェイ
最近	最近 ズイジン
サイクリング	骑车 チィチョー
最後(の)	最后(的) ズイホウ(ダ)
最小(の)	最小(的) ズイシァオ(ダ)
最新(の)	最新(的) ズイシン(ダ)
サイズ	尺寸 チーツン
最大(の)	最大(的) ズイダー(ダ)
再発行する	重新发行/再发行 チョンシンファシン/ザァイファシン
財布	钱包 チェンバオ
サイン(する)	签字/签名 チェンズー/チェンミン
魚	鱼 ユィ
桜	樱花 インホァ
酒(を飲む)	(喝)酒 ホージウ
笹の葉	竹叶 ジューイェ
差出人	寄件人 ジィジェンレン
座席	座位/位子 ズオウェイ/ウェイズ
座席指定	对号入座 ドゥイハオルゥズオ
座席番号	座位号码 ズオウェイハオマー
札入れ	票夹子/钱夹 ピァオジアズ/チェンジア
撮影禁止	禁止拍照/请勿拍照 ジンジーパイジャオ/チンウーパイジャオ
サッカー(をする)	(踢)足球 (ティ)ズウチウ
雑技	杂技 ザァジィ
雑誌	杂志 ザァジー
砂糖	糖 タン
砂漠	沙漠 シャモー
寒い	冷 ロン
さようなら	再见! ザァイジェン
皿	碟子/盘子 ディエズ/パンズ

243

日本語	中国語	ピンイン
猿	猴子	ホウ ズ
参加（する）	参加	ツァン ジア
三角	三角	サン ジアオ
3月	三月	サン ユエ
三脚	三脚架	サン ジアオ ジア
サングラス	太阳镜	タイ ヤン ジン
産地	产地	チャン ディ
サンドイッチ	三明治	サン ミン シー
散髪	理发／剪发／修头发	リー ファ／ジェン ファ／シゥトウ ファ
サンプル	样品	ヤン ピン
散歩する	散步／逛逛	サン ブー／グアン グアン

し

日本語	中国語	ピンイン
市	市	シー
詩	诗	シー
試合	比赛	ビー サイ
CD店	音像店	イン シアン ディエン
シーツ	床单	チュアン ダン
シートベルト	安全带	アン チュアン ダイ
自営業	个体经营	ゴー ティ ジン イン
自営業者	个体户	ゴー ティ フゥ
私営の	私营	スー イン
塩	盐	イェン
塩辛い	咸	シェン
歯科医	牙科医生	ヤー コォ イー ション
市外局番	地区号	ディ チュー ハオ
市街地図	市内地图	シー ネイ ディ トウ
市外通話	长途电话	チャントゥ ディエン ホア
四角	四角	スー ジアオ
4月	四月	スー ユエ
時間	时间	シー ジエン
事故	事故	シー グゥ
時刻表	时刻表	シー コォ ビアオ
事故証明書	事故证明书	シー グゥ ジョン ミン シュー
刺繍	刺绣	ツー シゥ
システムエンジニア	系统工程师	シー トン コン チョン シー
舌	舌头	ショー トウ
7月	七月	チィ ユエ
市庁舎	市政府楼	シー ジョン フー ロウ
湿度	湿度	シー ドゥ
湿布	湿敷／伤湿止痛膏	シー フー／シャン シー／ジー トォン ガオ
室料	房费	ファン フェイ
指定席	对号入座	ドゥイ ハオ ルゥ ズオ
辞典	辞典	ツー ディエン
自転車	自行车	ズー シン チョ
自動券売機	自动售票机	ズー ドン ショウ ピアオ ジー
自動車メーカー	汽车制造厂	チィ チョ ジー サオ チャン
始発電車／始発バス	头班车	トウ バン チョ
支払う	付款／付钱	フー クアン フー／チエン
持病	老病	ラオ ビン
紙幣	纸币	ジー ビー
島	岛／岛屿	ダオ／ダオ ユイ
ジム	健身房	ジェン シェン ファン
事務員	办公人员	バン ゴン レン ユアン
氏名	姓名	シン ミン
閉める	关（闭）	グアン ビー
ジャーナリスト	记者	ジィ ジョー
蛇口	水龙头	シュイ ロン トウ
写真	照片／相片	ジャオ ピエン／シアン ピエン
写真を撮る	照相／拍照	ジャオ シアン／パイ ジャオ

日本語	中国語	ピンイン
ジャズクラブ	爵士乐俱乐部	ジュエシー ユエ ジュ ロー プー
社長	总经理	ゾォンジン リー
シャツ [下着]	汗衫	ハン シャン
シャツ [洋服]	衬衫／衬衣	チェンシャン チェンイー
シャッター	快门	クァイメン
ジャム	果酱	グオ ジアン
シャワー	淋浴	リン ユィ
シャンプー	香波／洗发膏	シアンボー シー ファ ガオ
自由市場	自由市场	ズー ヨウ シー チャン
10月	十月	シー ユエ
11月	十一月	シー イー ユエ
収集	收集	ショウ ジィ
住所	地址	ディ ジー
ジュース	果汁	グオ シー
終電／終バス	末班车	モー バン チョ
12月	十二月	シー アル ユエ
重要な	重要的	ジョンヤオ ダ
重要文化財	重点文物	ジョンディエン ウェンウー
修理（する）	修理	シィウ リー

祝日	节日	ジエ リー
宿泊する	住／投宿	ジュー トウ スゥ
手術をする	动手术／开刀	ドン ショウシュー カイ タオ
出血（する）	出血	チュ シュエ
出港	出港	チュ ガン
出国	出境／出国	チュ ジン チュ グオ
出発時間	出发时间	チュ ファ シー ジエン
出発（する）	出发	チュ ファ
出発ロビー[空港の]	起飞候机厅	チィ フェイ ホウ ジィ ティン
出版社	出版社	チュ バン ショー
首都	首都	ショウ ドゥ
主婦	家庭妇女	ジャ ティン フー ニュ
趣味	爱好／兴趣	アイ ハオ シン チュ
省	省	ション
紹介（する）	介绍	ジエ シャオ
消化不良	消化不良	シアオホァ ブー リアン
乗客	乘客／旅客	チョンコォ リュ コォ
錠剤	药片	ヤオ ピエン
商社	贸易公司	マオ イー ゴン スー
上段寝台	上铺	シャン プゥ

消毒液	消毒液	シアオドゥ イエ
消毒（する）	消毒／杀菌	シアオドゥ シャ ジュン
正面	正面	ジョン ミエン
常用薬	常服用的药／常备药	チャンフー ヨン ダ ヤオ チャン ベイ ヤオ
ショーウインドウ	橱窗	チュ チュアン
食あたり	食物中毒	シー ウー ジョンドゥ
食前	饭前	ファン チエン
食後	饭后	ファン ホウ
食堂	餐厅／菜馆	ツァンティン ツァイグァン
食堂車	餐车	ツァンチョ
植物	植物	ジー ウー
植物園	植物园	ジー ウー ユアン
食欲	食欲	シー ユィ
食料品(店)	食品(店)	シー ピン ディエン
食器店	餐具店	ツァンジュ ディエン
ショッピング	买东西／购物	マイ ドン シ ゴウ ウー
書店	书店	シューディエン
書道	书法	シーファ
署名	签名	チエン ミン

245

日本語	中国語	ピンイン
女優	女演员	ニュイェンユアン
シルク	丝绸	スーチョウ
シルクロード	丝绸之路	スーチョウシールー
白い	白色	バイソー
シワ	皱纹	ジョウウェン
鍼灸	针灸	ジェンジウ
寝具	寝具	チンジュ
人口	人口	レンコウ
人工	人工	レンゴン
申告(する)	申报	シェンバオ
診察	诊察／诊疗	ジェンチャ／ジェンリアオ
寝室	卧室	ウォシー
紳士服	男装	ナンジョアン
親戚	亲戚	チンチー
寝台車	卧铺车	ウォプーチョ
寝台バス	卧铺汽车／卧铺大巴	ウォプーチーチョ／ウォプーターバー
寝台料金	卧铺费	ウォプーフェイ
診断書	诊断书	ジェンドゥアンシュー
新聞	报纸	バオジー
人民元	人民币	レンミンビー

す

日本語	中国語	ピンイン
水泳	游泳	ヨウヨン
水族館	水族馆	シュイズウグアン
スイッチ	开关／电门	カイグアン／ディエンメン
睡眠薬	安眠药	アンミエンヤオ
水曜日	星期三	シンチーサン
数字	数字	シューズー
スーツ	西服	シーフー
スーツケース	行李箱	シンリシァン
スーパーマーケット	超级市场／超市	チャオジーシーチャン／チャオシー
スカート	裙子	チュンズ
スキー(をする)	滑雪	ホアシュエ
好きな	喜欢的	シーホアンダ
涼しい	凉快	リアンクアイ
硯	砚台	イェンタイ
酸っぱい	酸	スアン
素敵な	漂亮的	ピアオリアンダ
ストッキング	长筒袜／丝袜	チャントンワー／スーワー
すばやく	迅速	シュンスウ
スプーン	汤匙	タンチー
スポーツ	体育	ティユイ

日本語	中国語	ピンイン
ズボン	裤子	クウズ
墨	墨	モー
スリ	扒手／小偷	パーショウ／シアオトウ
スリッパ	拖鞋	トゥオシエ
鋭い	尖锐／敏锐	ジエンルイ／ミンルイ
座る	坐	ズオ

せ

日本語	中国語	ピンイン
生花店	鲜花店	シェンホアディェン
税関	海关	ハイグアン
税関申告書	海关行李申报单	ハイグアンシンリシェンバオタン
世紀	世纪	シージィ
請求書	帐单／付款通知单	ジャンタン／フークアントンジータン
請求する	请求／要求(付款)	チンチウ／ヤオチウ(フークアン)
税金	税款	シュイクアン
清潔な	干净／清洁	ガンジン／チンジエ
制限	限制	シェンジー
成功する	成功	チョンゴン
政治	政治	ジョンシー
正常な	正常	ジョンチャン

日本語	中国語 / ピンイン
生徒	学生 シュエション
生年月日	出生 チュ ション / 年月日 ニエン ユエ リー
成分	成分 チョン フェン
性別	性別 シン ビエ
姓名	姓名 シン ミン
西洋料理	西餐 シー ツァン
生理日	月経日 ユエ ジン リー
生理用ナプキン	卫生巾 ウェイ ション ジン
セーター	毛衣 マオ イー
世界	世界 シー ジエ
世界遺産	世界遺産 シー ジエ イー チャン
咳(が出る)	咳嗽 コォ ソウ
石像	石像 シー シアン
責任	责任 ゾー レン
積極的な	积极的 ジィ ジィ タ
石鹸	肥皂 フェイ ザオ
説明書	说明书 シュオ ミン シュー
背中	背 ベイ
背広	西服 シー フー / 上装 シャン ジュアン
栓	塞子 サイ ズ
川劇	川剧 チュアン ジュ
洗剤	洗衣粉 シー イー フェン / 洗涤剂 シー ディ ジィ
船室	客舱 コォ ツァン
前日	前一天 チエン イー ティエン
船室係	船舱 チュアン ツァン / 服务员 フー ウー ユアン
洗濯機	洗衣机 シー イー ジィ
船長	船长 チュアン ジャン
栓抜き	启子 チィ ズ
前方	前面 チエン ミエン
専門店	专卖店 ジュアン マイ ティエン

そ

象	大象 ダー シアン
増加する	增加 ゾン ジア
双眼鏡	双筒 シュアン トン / 望远镜 ウン ユアン ジン
象牙	象牙 シアン ヤー
掃除	打扫 ダー サオ
掃除中	正在打扫 ジョン ザイ ダー サオ
痩身	瘦身 ショウ シェン / 减肥 ジエン フェイ
痩身茶	减肥茶 ジエン フェイ チャ

日本語	中国語 / ピンイン
騒々しい	吵 チャオ
僧侶	和尚 ホー シャン
速達	快递 クアイ ディ / 快信 クアイ シン / 快件 クアイ ジエン
底	底 ディ
率直な	坦率的 タン シュアイ タ
ソファ	沙发 シャ ファ
空	天空 ティエン コン
それ	那个 ナー ガ
損害	损害 スン ハイ / 损失 スン シー

た

体温(計)	体温(計) ティ ウェン ジィ
大学	大学 ダー シュエ / 学院 シュエユアン
大学生	大学生 ダー シュエション
太極拳	太极拳 タイ ジィ チュアン
滞在する	停留 ティン リィウ / 逗留 ドウ リィウ
大使館	大使馆 ダー シー グアン
体操	体操 ティ ツァオ
大統領	总统 ゾン トン
台所	厨房 チュ ファン
台風	台风 タイ フォン
大仏	大佛像 ダー フォ シアン

タイヤ	轮胎 ルン タイ
ダイヤモンド	钻石／ズアン シー 金刚石 ジン ガン シー
太陽	太阳 タイ ヤン
タオル	毛巾 マオ シン
高い[高さ]	高 ガオ
高い[値段]	贵 グイ
滝	瀑布 プー ブー
タクシー	出租汽车／チュ ズゥ チィ チョ 的士 ディ シ
タクシー乗り場	出租汽车站／チュ ズゥ チィ チョ ジャン 的士站 ディ シ ジャン
助けて！	救人啊！ジウ レン ア
助ける	帮助 バン ジュー
建物	建筑 ジェン ジュー
谷	山谷／谷 シャン グゥ グゥ
楽しい	快乐／愉快 クアイ ロー ユィ クアイ
頼む	拜托 バイ トゥオ
タバコ	烟／香烟 イェン シアン イェン
ダブルルーム	双人房 シュアン レン ファン
食べる	吃 チー
試す	试／试试 シー シー シ

誰	谁 シェイ
単語	单词／词汇 ダン ツー ツー ホゥイ
短所	短处／ドゥアン チュ 缺点 チュエ ディエン
誕生日	生日 ション リ
ダンス(をする)	跳舞 ティアオ ウー
団体	团体 トゥアン ティ
暖房	暖气 ヌアン チィ

ち

地位	地位 ディ ウェイ
小さい	小 シアオ
チェックアウト	退房 トゥイ ファン
チェックイン[ホテル]	住宿登记 ジュースゥ ドン ジィ
チェックインカウンター	办票处 バン ピアオ チュ
近い	近 シン
違い	区别 チュー ビエ
地下鉄	地铁 ディ ティエ
力	力量 リー リアン
地球	地球 ディ チゥ
チケット[航空券]	机票 ジィ ピアオ
チケット[コンサート]	票 ピアオ

知識	知识 シー シ
地図	地图 ディ トゥ
地平線	地平线 ディ ピン シエン
地方	地方 ディ ファン
チャイナドレス	旗袍 チィ パオ
茶色	茶色 チャ ソー
茶館	茶馆 チャ グアン
着陸	着陆／ジュオルー 降落 ジアン ルオ
茶葉店	茶叶店 チャ イエ ディエン
注意！	注意！ジュー イー
中学生	初中学生 チュ ジョン シュエション
中国語	汉语／ハン ユィ 中文 ジョン ウェン
中国料理	中国菜 ジョングオ ツァイ
中国料理店	中餐厅 ジョン ツァンティン
忠実な	忠实的 ジョンシー ダ
注射する	打针 ダー ジェン
駐車場	停车场 ティンチョ チャン
昼食	午饭／ウー ファン 午餐 ウー ツァン
中心	中心 ジョン シン
中毒	中毒 ジョン ドゥ

(料理を)注文する	点 菜 ディエン ツァイ	通貨申告	货 币 申 报 フォ ビー シェンバオ	綱	粗 绳 ツゥ ション
長距離バス	长 途 汽 车 チャントゥ チィ チョ	通過する	通 过/经 过 トォン グォ ジン グォ	翼	翅 膀 チー バン
彫刻	雕 刻 ディアオ コォ	通信	通 信 トォン シン	爪切り	指 甲 刀 ジー ジア ダオ
調査する(調べる)	调 查 ディアオ チャ	通知	通 知 トォン ジー	冷たい	冷 的 ロン ダ
長所	优 点/长 处 ヨウ ディエン チャン チュ	通訳(する)	翻 译 ファンイー	強い	强 チアン
頂上	顶 峰/山 顶 ディン フォン シャン ディン	通路	通 道/过 道 トォン ダオ グォ ダオ	つらい	难 受 ナン ショウ
長城	长 城 チャンチョン	通路側	靠 通 道(边) カオ トォン ダオ ビエン	釣り	钓 鱼 ディアオ ユイ
朝食	早 饭/早 餐 ザオ ファン ザオ ツァン	通話中	正 在 通 话 ジョンザァイトォン ホア	釣具店	钓 鱼 具 店 ディアオ ユイ ジュ ディエン
長方形	长 方 形 チャン ファン シン	使う	用/使 用 ヨン シー ヨン	釣り銭	找 钱 ジャオ チエン
貯金	存 款 ツン クァン	疲れ	累 レイ	連れ	同 伴 トォン バン
直行バス	直 达 车 シー ダー チョ	月	月 亮/月 ユエ リアン ユエ	**て**	
直行便	直 达 航 班 シー ダー ハン バン	次の	下 一 个 シア イー ガ	手	手 ショウ
鎮痛剤	止 痛 药 シー トォン ヤオ	月日	时 光 シー グァン	庭園	庭 园/花 园 ティン ユアン ホア ユアン
つ		机	桌 子 ジュォ ズ	Tシャツ	T 恤 ティ シュー
ツアー	旅 游 团 リュ ヨウ トゥアン	作る	做 ズォ	定食	套 餐 タオ ツァン
ツアー料金	旅 游 费 リュ ヨウ フェイ	漬物	咸 菜 シエン ツァイ	ディスコ	迪 斯 科 舞 厅 ディ スー コォ ウー ティン
追加の	追 加 的 ジュイジア ダ	土	土 トゥ	ティッシュペーパー	巾 纸/卫 生 纸 ジン ジー ウェイションジー
ツインルーム	双 人 房 シュアンレン ファン	続ける	继 续 ジィ シュー	定年退職	退 休 トゥイシゥウ
通貨	货 币 フォ ビー	包み紙	包 装 纸 バオ ジュアンジー	停留所	公 共 汽 车 站 ゴン ゴン チィ チョ ジャン
		包む	包/包 上 バオ バオ シャン		

日本語	中国語	ピンイン
テーブル	桌子／餐桌	ジュオ ズ／ツァン ジュオ
手紙(を書く)	(写)信	シエ シン
出口	出口	チュ コウ
デザート	甜食／甜点	ティエン シー／ティエン ディエン
デザイナー	设计师	ショー ジィ シー
デジタルカメラ	数码相机	シューマー シアンジィ
手数料	手续费	ショウ シュー フェイ
手製の	手工制作的	ショウ ゴン ジー ズオ ダ
手帳	笔记本	ビー ジィ ベン
手伝う	帮忙	バン マン
手続き	手续	ショウ シュー
鉄道	铁路	ティエ ルー
鉄道駅	火车站	フオ チョ ジャン
テニス(をする)	(打)网球	ダー ウン チウ
テニスコート	网球场	ウン チウ チャン
テニスボール	网球	ウン チウ
手荷物	随身行李	スイ シェン シン リ
デパート	百货(商)店／商场	バイ フオ シャン ディエン／シャン チャン
手袋(をはめる)	(戴)手套	ダイ ショウ タオ
寺	寺庙	スー ミアオ
テレビ	电视(机)	ティエン シー ジィ
テレフォンカード	电话卡	ティエン ホア カ
店員	店员／售货员	ティエン ユアン／ショウ フオ ユアン
天気	天气	ティエン チィ
電気	电气	ティエン チィ
電気代	电费	ティエン フェイ
天気予報	天气预报	ティエン チィ ユィ バオ
電源	电源	ティエン ユアン
伝言	留言	リィウ イェン
天井	天花板	ティエン ホア バン
添乗員	陪同	ペイ トン
点心	点心	ティエン シン
伝染病	传染病	チュアン ラン ビン
電池	电池	ティエン チー
伝統	传统	チュアン トン
電報(を打つ)	(打)电报	ダー ティエン バオ
展覧会	展览会	ジャン ラン ホゥイ
電話代	电话费	ティエン ホア フェイ
電話番号	电话号码	ティエン ホア ハオ マー
電話ボックス	电话亭／电话间	ティエン ホア ティン／ティエン ホア ジェン
電話(をかける)	(打)电话	ダー ティエン ホア

と

日本語	中国語	ピンイン
ドア	门	メン
トイレットペーパー	手纸／卫生纸	ショウ ジー／ウェイ ション ジー
トイレ(に行く)	(上)厕所	シャン ツォ スオ
塔	塔	ター
同意する	同意	トン イー
陶器	陶器	タオ チィ
道教寺院	道观	ダオ グアン
陶磁器店	陶瓷品商店	タオ ツー ピン シャン ディエン
当日券	当天票	ダン ティエン ピアオ
搭乗ゲート	登机口	ドン ジィ コウ
搭乗券	登机牌	ドン ジィ バイ
搭乗手続き	登机手续	ドン ジィ ショウ シュー
銅像	铜像	トン シアン
到着	到达	ダオ ター
到着時間	到达时间	ダオ ター シー ジェン
盗難品	被盗品	ベイ ダオ ピン
動物	动物	ドン ウー

日本語	中国語 / ピンイン
動物園	动物园 ドン ウー ユァン
トースト	烤面包 カオ ミエン バオ
遠い	远 ユァン
特産品	土特产／特产 トゥ トー チャン／トー チャン
得点	得分 ドゥ フェン
時計(店)	钟表(店) ジョン ビアオ ティエン
どこ	哪儿／哪里 チァール／チァー リ
図書館	图书馆 トゥ シューグァン
途中下車	中途下车 ジョン トゥ シァ チョ
特急列車	特快列车 トー クァイ リエ チョ
徒歩で	徒步 トゥ ブー
泊まる	住宿 ジュー スゥ
土曜日	星期六 シン チー リィウ
トラ	老虎 ラオ フー
ドライクリーニング	干洗 ガン シー
ドライヤー	吹风机 チュイ フォン ジィ
トラベラーズチェック	旅行支票 リュ シン シー ピアオ
トランク	行李箱 シン リ シァン
トランプ(をする)	(打)扑克 ダー プゥ コォ
鳥	鸟 ニアオ
取扱い注意	小心轻放 シアオ シン チン ファン
取消し待ち	等退票 ドン トゥイ ピアオ
取消し料	取消手续费 チュー シアオ ショウ シュー フェイ
鶏肉	鸡肉 ジィ ロウ
ドリンク	饮料 イン リアオ
どれ	哪个 ナー ゲ
泥棒	小偷／小偷儿 シアオ トウ／シアオ トウル

な

日本語	中国語 / ピンイン
内科医	内科医生 ネイ コォ イー ション
内服薬	口服药 コウ フー ヤオ
内容	内容 ネイ ロン
長い	长 チャン
なくす	丢／丢失 ディウ ディウ シー
なぜ	为什么 ウェイ シェン モ
夏	夏天 シア ティエン
夏休み	暑假 シュー ジア
なに	什么 シェン モ
名札	姓名牌 シン ミン パイ
名前	姓名／名字 シン ミン／ミン ズ
生臭い	有腥味儿 ヨウ シン ウェル

日本語	中国語 / ピンイン
生ビール	鲜啤酒／鲜啤／扎啤 シエン ピー ジウ／シエン ピー／ジャ ピー
涙	眼泪 イェン レイ
悩み	烦恼 ファン ナオ
慣れ	习惯 シー グァン

に

日本語	中国語 / ピンイン
似合う	适合／合适 シー ホー／ホー シー
匂う	有臭味儿 ヨウ チョウ ウェル
2階	二楼／二层 アル ロウ／アル ツォン
苦い	苦 クゥ
2月	二月 アル ユエ
ニキビ	青春痘 チン チュン ドウ
肉まん	肉包子 ロウ バオ ズ
西	西(方) シー ファン
虹	彩虹 ツァイ ホン
偽物	假货 ジア フォ
日常	日常 リー チャン
日曜日	星期日／星期天 シン チー リー／シン チー ティエン
2等座席	硬座 イン ズオ
2等寝台	硬卧 イン ウオ

251

日本語	中国語	ピンイン
日本円	日元	リー ユアン
日本語	日语／日文	リー ユイ／リー ウェン
日本人	日本人	リー ベン レン
日本料理	日本菜	リー ベン ツァイ
荷物(棚)	行李(架)	シン リ ジア
入院する	住院	ジュー ユアン
入国管理	入境管理	ルゥ ジン グアン リー
入国(審査)	入境(审査)	ルゥ ジン (シェン チャ)
入場券	门票	メン ピアオ
入場料	门票费／入场费	メン ピアオ フェイ／ルゥ チャン フェイ
ニュース	新闻	シン ウェン
入浴する	洗澡	シー ザオ
尿	尿	ニアオ
庭	院子	ユアン ズ
人気のある	受欢迎的／最红的	ショウ ホアン インタ／ズオイ ホンタ
人形	娃娃／玩偶	ウーウ／ワン オウ
人間	人	レン
人数	人数	レン シュー
ニンニク	蒜	スワン

ぬ

縫う	缝	フォン
脱ぐ	脱／脱下	トゥオ トゥオ シア
ぬるい	温的	ウェンタ

ね

ネイルケア	指甲护理	ジー ジア フゥ リー
値切る	讲价／还价	ジアン ジア ホアン ジア
ネクタイ	领带	リン ダイ
猫	猫	マオ
ネズミ	老鼠	ラオ シュー
値段	价钱	ジア チエン
熱が出る	发烧	ファ シャオ
ネックレス	项链	シアン リエン
値引き	降价／打折	ジアン ジア／ダー ジョー
値札	标价签／价格标牌	ビアオ ジア チエン／ジア ゴー ビアオ パイ
眠い	困	クゥン
眠る	睡／睡觉	シュイ／シュイ ジアオ
ねんざ	扭伤	ニウ シャン
年末	年底	ニエン ディ
燃料	燃料	ラン リアオ
年齢	年龄	ニエン リン

の

農業	农业	ノン イエ
農場	农场	ノン チャン
残り	剩下的	ション シア ダ
のど	嗓子	サン ズ
のどが渇いた	口渇了／嗓子干了	コウ コォ ラ／サン ズ ガン ラ
登る[山に]	爬山	パー シャン
飲物	饮料	イン リアオ
飲む	喝	ホー
乗り物酔い	晕车	ユン チョ
乗る[車に]	坐车	ズオ チョ

は

歯	牙齿	ヤー チー
葉	叶子／树叶	イエ ズ／シュー イエ
バー	酒吧	ジウ バー
バーゲン	大减价	ダー ジエン ジア
パーティー	联欢会／晚会／聚会	リエン ホアン ホゥイ／ウン ホゥイ／ジュ ホゥイ
パーマ	烫发	タン ファ
肺炎	肺炎	フェイ イエン

252

日本語	中国語	ピンイン（カナ）
灰皿	烟灰缸／烟灰碟	イェン ホイ ガン／イェン ホイ ディエ
配達	发送／投递	ファ ソン／トウ ディ
売店	小卖部	シァオ マイ ブー
ハエ	苍蝇	ツァン イン
墓	坟墓／墓	フェン ムゥ／ムゥ
はがき	明信片	ミン シン ピェン
拍手	拍手／鼓掌	パイ ショウ／グゥ ジャン
白鳥	天鹅	ティエン オー
博物館	博物馆	ボー ウー グァン
バザール	廉价品售市场	リェン ジァ ピン／ショウ シー チャン
箸	筷子	クァイ ズ
パジャマ	睡衣	シュイ イー
場所	地点	ディ ディエン
バスタオル	浴巾	ユィ ジン
バスタブ（付き）	（带）浴缸	ダイ ユィ ガン
バス（停）	公共汽车（站）／公交车	ゴン ゴン チー チョ（ジャン）／ゴン ジァオ チョ
バス乗り場	公共汽车站	ゴン ゴン チー チョ ジャン
パスポート	护照	フゥ ジャオ
バスルーム	洗澡间／浴室	シー ザオ ジェン／ユィ シー
バス路線図	公共交通图	ゴン ゴン ジァオ トン トゥ
パソコン	个人电脑	ゴー レン ディエン ナオ
肌	皮肤	ピー ラー
バター	黄油	ホァン ヨウ
働く	工作／劳动	ゴン ズォ／ラオ ドン
8月	八月	バー ユェ
ハチミツ	蜂蜜	フォン ミー
発音	发音	ファ イン
バッグ	包	バオ
派手な	花哨／鲜艳	ホァ シャオ／シェン イェン
花	花	ホァ
話す	说话／讲话／谈话	シュォ ホァ／ジァン ホァ／タン ホァ
歯ブラシ	牙刷	ヤー シュァ
歯磨き	刷牙	シュァ ヤー
葉巻	雪茄	シュエ ジァ
早い[時間]	早	ザオ
早い[スピード]	快的／迅速的	クァイ ダ／シュン スゥ ダ
林	树林	シュー リン
バラ	玫瑰花	メイ グイ ホァ
払戻し	退票	トゥイ ピァオ
針	针	ジェン
鍼灸	针灸	ジェン ジウ
春	春天	チュン ティエン
パン	面包	ミェン バオ
ハンカチ	手帕	ショウ パー
番号	号码	ハオ マー
犯罪	犯罪	ファン ズイ
半熟	半熟	バン シュー
～番線	～路车	ルー チョ
絆創膏	橡皮膏	シァン ピー ガオ
パンダ	熊猫	ション マオ
半日	半天	バン ティエン
販売伝票	销售单	シァオ ショウ タン
パンフレット	介绍手册	ジェ シャオ ショウ ツォ
半分	一半	イー バン

ひ

火	火	フォ
日当たりのよい	向阳	シァン ヤン
ビール	啤酒	ピー ジウ

日本語	中国語	ピンイン
日帰り旅行	一日游	イー リー ヨウ
比較	比较	ビー ジアオ
日陰	阴凉地方	イン リアンディ ファン
東	东（方）	ドン ファン
光	光	グアン
引く	拉	ラー
低い	低	ディ
飛行機	飞机	フェイ ジィ
膝	膝盖	シー ガイ
ビザ	签证	チェン ジョン
肘	胳膊肘	コー ポ ジョウ
ビジネスセンター	商务中心	シャンウー ジョンシン
美術館	美术馆	メイ シューグアン
微笑	微笑	ウェイ シアオ
非常口	太平门	タイ ピン メン
非常ボタン	紧急按钮	ジン ジィ アン ニゥ
左	左	ズオ
日付	日期	リー チィ
羊	羊	ヤン
必要	必要	ビー ヤオ
ビデオカメラ	摄像机	ショーシアンジィ
美白	美白	メイ バイ
暇な	空闲的	コン シェンダ
ビャクダン	檀香	タン シアン
日焼け	（皮肤）晒黑	ビー ラー シャイ ヘイ
費用	费用	フェイ ヨン
病院	医院	イー ユアン
美容院	美容院	メイ ロン ユアン
氷河	冰河	ビン ホー
病気	病	ビン
昼	中午	ジョン ウー
ビル	大楼	ダー ロウ
昼休み	午休	ウー シィウ
瓶	瓶子	ピン ズ
品質	质量	シー リアン
便箋	信纸	シン ジー

ふ

日本語	中国語	ピンイン
ファックス	传真	チュアン ジェン
不安	不安	ブー アン
風景	风景	フォン ジン
封筒	信封	シン フォン
プール	游泳池	ヨウ ヨン チー
不可能	不可能的	ブー コォ ノン ダ
普及	普及	ブゥ ジィ
服	衣服	イー フ
副作用	副作用	フー ズオ ヨン
腹痛	肚子疼	ドゥ ズ トン
服用法	服用方法	フー ヨン ファン ファ
袋	袋子	ダイ ズ
婦人科医	妇科医生	フー コォ イー ション
婦人服	女装	ニュ ジョテン
不足	不够	ブー ゴウ
双子	双胞胎	シュテン バオ タイ
部長	部长／处长	ブー ジャン／チュ ジャン
仏教	佛教	フォ ジアオ
普通	普通	ブゥ トォン
筆	毛笔	マオ ビー
ブティック	时装店	シー ジョアンティエン
不動産業者	房地产公司	ファンディ チャン コン スー
船便	海运邮件	ハイ ユン ヨウ ジェン
船酔い	晕船	ユン チュアン
船	船	チュアン
冬	冬天	ドン ティエン

冬休み	寒假	ハン ジア
フライト	航班／班机	ハン バン／バン ジィ
ブラウス	女罩衫	ニュ ジャオ シャン
フラッシュ	闪光灯	シャン グァン ドン
フラッシュ禁止	禁用闪光灯	ジン ヨン シャン グァン ドン
プラットホーム	月台／站台	ユエ タイ／ジャン タイ
フランス料理	法国菜	ファ グオ ツァイ
古い	旧／老	ジゥ／ラオ
故郷	家乡／老家	ジァ シァン／ラオ ジァ
プログラム	节目	ジエ ムゥ
フロント	总台	ゾォン タイ
文化	文化	ウェン ホア
文化遺産	文化遗产	ウェン ホア イー チャン
文法	语法	ユィ ファ
文房具(店)	文具(店)	ウェン ジュ ティエン
文房四宝店	文房四宝店	ウェン ファン スー バオ ティエン

へ

平日	平日	ピン リー
ベジタリアンメニュー	素食	スゥ シー
別送	另托	リン トゥオ
別送手荷物	另寄行李	リン ジィ シン リ
ベッド	床	チュアン
ベビーカー	婴儿车	イン アル チョ
ベビー用品	婴儿用品	イン アル ヨン ピン
部屋	房间	ファン ジェン
部屋代	房租	ファン ズゥ
ベルト	皮带／带子	ピー ダイ／ダイ ス
ペン	笔	ビー
変化	变化	ビェン ホア
返却	归还	グイ ホアン
勉強する	学／学习	シュエ／シュエ シー
弁護士	律师	リュ シー
返事	答复	ダー フー
返事する	回答／答复	ホイ ダー／ダー フー
編集者	编辑	ビェン ジィ
弁償	赔偿	ペイ チャン
弁当	盒饭	ホー ファン
返品	退货	トイ フオ
便利な	方便的	ファン ビェン ダ

ほ

貿易	贸易	マオ イー
冒険	冒险	マオ シェン
宝石	宝石／珠宝	バオ シー／ジュー バオ
放送	播放	ボー ファン
包装する	包装	バオ ジョアン
包帯	绷带	ボン ダイ
方法	方法／办法	ファン ファ／バン ファ
ボーイフレンド	男朋友	ナン ポン ヨウ
ポーター	行李搬运员	シン リ バン ユン ユアン
ボート	小船／船	シァオ チュアン／チュアン
ボールペン	圆珠笔	ユアン ジュー ビー
他の	其他的	チィ ター ダ
保険	保险	バオ シェン
保険会社	保险公司	バオ シェン ゴン スー
埃	灰尘	ホイ チェン
星	星／星星	シン／シン シン
保証金	押金	ヤー ジン
保証書	保证书／保单	バオ ジョン シュー／バオ ダン
ポスター	海报／宣传画	ハイ バオ／シュエン チュアン ホア
ポスト	信筒	シン トン
ボタン[衣類]	纽扣	ニゥ コウ

日本語	中国語	ピンイン
ボタン[スイッチ]	按紐	アン ニウ
ポット	热水壶／暖水瓶	ロー シュイフゥ／ヌアン シュイ ピン
ホテル	宾馆／饭店／旅馆／酒店	ピン グアン／ファン ディエン／リュ グアン／ジウ ディエン
哺乳びん	奶瓶	ナイ ピン
骨	骨头	グゥ トウ
炎	火焰	フォ イェン
保養地	疗养地	リアオ ヤン ディ
ボランティア	志愿者	ジー ユアンジョー
本	书	シュー
翻訳する	翻译／笔译	ファン イー／ビー イー

ま

マージャン(をする)	(打)麻将	(ダー) マー ジアン
マーマレード	橘子果酱	ジュ ズ グオ ジアン
マイク	麦克风	マイ コォ フォン
迷子	迷路的孩子	ミー ルー ダ ハイズ
毎日	每日／每天	メイ リー／メイ ティエン
マウス[PC]	鼠标	シュー ビアオ
前金	预付款／定金	ユィ フー クアン／ディン ジン
枕	枕头	ジェントウ
まじめな	认真的	レン ジェン タ
町	城市／城镇	チョン シー／チョン ジェン
待合室	候车室／候机室	ホウ チョ シー／ホウ ジィ シー
街歩き	逛街	グアン ジエ
待つ	等	ドン
マッサージ	按摩	アン モー
マッサージ室	按摩室	アン モー シー
まっすぐな	直／笔直	ジー／ビー ジー
窓	窗户	チュアン フゥ
窓側	靠窗边	カオ チュアン ビエン
窓口	窗口	チュアン コウ
マフラー	围巾	ウェイ ジン
魔法	魔术	モー シュー
眉	眉毛	メイ マオ
丸い	圆／圆形	ユアン／ユアン シン
満席	客满	コォ マン
満足する	满意	マン イー
真ん中	正中	ジョン ジョン

み

右(の方)	右(边)	ヨウ ビエン
岬	海角	ハイ ジアオ
短い	短	ドゥアン
水	水	シュイ
湖	湖	フゥ
水着	游泳衣	ヨウ ヨン イー
店	店／商店	ディエン／シャンディエン
道	路／道路	ルー／ダオ ルー
道順	路线	ルー シエン
道で	在路上	ザイ ルー シャン
道に迷う	迷路	ミー ルー
見つける	找到	ジャオ ダオ
緑色	绿色	リュ ソー
港	港口	ガン コウ
南	南(方)	ナン ファン
ミニバス	小公共汽车	シアオ ゴン ゴン チィ チョ
ミネラルウォーター	矿泉水	クアン チュアン シュイ
身分証明書	工作证／证件／居民身份证	ゴン ズオ ジョン／ジョン ジエン／ジュ ミン シェン フェン ジョン

日本語	中国語 (ピンイン)
見本市	商品 シャンピン / 交易会 ジアオイーホゥイ
耳	耳朵 アルドゥオ
脈拍	脉搏 マイボー
みやげ	礼品 リーピン / 土特产 トゥートーチャン
みやげ物店	纪念品商店 ジーニエンピン シャンディエン / 土特产店 トゥートーチャンディエン
未来	未来 ウェイライ
見る	看 カン
民芸品	民间工艺品 ミンジエン ゴンイーピン
民芸品店	民间工艺品店 ミンジエン ゴンイーピンディエン
民族	民族 ミンズゥ

む

向い側	对面 ドゥイミエン
無害の	无害的 ウーハイダ
昔	以前 イーチエン
無限	无限 ウーシエン
無効な	无效的 ウーシアオダ
虫	虫子 チョンズ
無地	素色 スゥソー
蒸し暑い	闷热 メンロー
矛盾	矛盾 マオドゥン
無職	无业 ウーイエ
難しい	难 ナン
息子	儿子 アルズ
娘	女儿 ニュアル
無駄	浪费 ランフェイ
夢中	着迷 ジュオミー
無添加/無着色	无添加剂/无色素 ウーティエンジアジィ/ウーソースゥ
胸	胸脯 ションプゥ
村	村庄 ツンジョアン
紫	紫色 ズースー
無料	免费 ミエンフェイ
無料トイレ	免费厕所 ミエンフェイツォスオ

め

目	眼睛 イェンジン
明細表	帐单 ジャンダン / 明细单 ミンシーダン
名所	名胜 ミンション
迷惑	麻烦 マーファン
眼鏡	眼镜 イェンジン
眼鏡店	眼镜店 イェンジンディエン
目薬(をさす)	(点)眼药 (ディエン)イェンヤオ
目覚し時計	闹钟 ナオジョン
目印	标志/标记 ビアオジー/ビアオジィ
目玉焼き	煎鸡蛋 ジエンジィダン / 荷包蛋 ホーバオダン
メニュー	菜单 ツァイダン / 菜谱 ツァイプゥ
麺	面条 ミエンティアオ
面会	会面 ホゥイミエン
免許証	执照 ジージャオ
免税(店)	免税(店) ミエンシュイ(ディエン)
免税品	免税品 ミエンシュイピン

も

申し込む	报名 バオミン
盲腸炎	阑尾炎 ランウェイイェン / 盲肠炎 マンチャンイェン
毛布	毛毯 マオタン
目次	目录 ムゥルー
目的(地)	目的(地) ムゥディ(ディ)
目標	目标 ムゥビアオ
木曜日	星期四 シンチィスー
文字	文字 ウェンズー

日本語	中国語	ピンイン
持ち帰る（料理を）	打包	ダーパオ
持ち物	携帯物品	シエダイウーピン
物語	故事	グーシ
模様	花様／図案	ホアヤン／トゥアン
森	森林	センリン
門	門	メン
文句	牢騒	ラオサオ
門限	関門時間	グアンメン シージエン
問題	問題	ウェンティ

や

日本語	中国語	ピンイン
野球	棒球	バンチウ
約	大体／大約	ダーティ／ダーユエ
役者	演員	イエンユアン
薬草	薬草	ヤオツァオ
約束する	約定	ユエディン
夜景	夜景	イエジン
やけど	焼傷／烫傷	シャオシャン／タンシャン
夜行列車	夜車	イエチョ
野菜	蔬菜	シューツァイ
やさしい	容易／温柔	ロンイー／ウェンロウ
安い	便宜	ピエンイ
安売り	減価／廉売	ジエンジア／リエンマイ
安売り店	廉価商店	リエンジア シャンディエン
休み	休息	シウシ
屋台	摊子	タンズ
薬局	薬店／薬房	ヤオディエン／ヤオファン
屋根	房頂	ファンディン
山（に登る）	（爬）山	パーシャン
闇	黒暗	ヘイアン
柔らかい	軟	ルゥアン

ゆ

湯	開水／熱水	カイシュイ／ローシュイ
遊園地	游楽園	ヨウローユアン
勇気	勇気	ヨンチー
有効	有効	ヨウシアオ
有効期限	有効期	ヨウシアオチー
夕方	傍晩	バンウン
優秀な	優秀的	ヨウシウダ
友情	友情	ヨウチン
夕食（を食べる）	（吃）晩飯	チーウンファン
友人	朋友	ポンヨウ
ユースホステル	青年旅社	チンニエンリュショー
郵送	郵寄	ヨウジ
郵便	郵政	ヨウジョン
郵便局	郵局	ヨウジュ
郵便番号	郵政編碼	ヨウジョンビエンマー
有名な	有名的	ヨウミンダ
ユーモア	幽黙	ヨウモー
有料	収費	ショウフェイ
床	地板	ディバン
雪（が降る）	（下）雪	シアシュエ
輸血	輸血	シューシュエ
輸出	出口	チュコウ
豊かな	豊富	フォンフー
ゆっくり	漫漫	マンマン
輸入	進口	ジンコウ
指	手指／指頭	ショウジー／ジートウ
指輪	戒指	ジエジ
夢（を見る）	（做）夢	ズオモン
由来	由来	ヨウライ

よ

日本語	中国語	ピンイン
夜明け	黎明／天亮	リーミン／ティエンリアン
よい	好	ハオ

酔う[航空機に]	晕机 ユン ジィ	予約(する)	预订/预约 ユィ ディン ユィ ユエ	リコンファーム	座位再确认 ズオ ウェイ ザイ チュエ レン
酔う[酒に]	喝醉 ホー ズォイ	余裕	宽裕 クァン ユィ	理想	理想 リー シアン
酔う[船に]	晕船 ユン チュアン	夜	晚上/夜间 ワン シャン イエ ジエン	立派な	出色 チュ ソー
用意する	准备 ジュンベイ	喜ぶ	高兴 ガオ シン	リニアモーターカー(乗り場)	磁悬浮列车(乗车站) ツー シュアン フー リエ チョ (チョンチョ ジャン)
容易な	容易 ロン イー	弱い	弱 ルゥオ		
陽気な	开朗的 カイ ラン ダ			略図	略图 リュエトゥ
要求	要求 ヤオ チゥ	**ら**		流行の	流行的 リゥシン ダ
用事	事情 シー チン	ライオン	狮子 シー ズ	量	量 リアン
用心する	注意/小心 ジューイー/シアオ シン	来月	下个月 シア ク ユエ	両替(商/所)	兑换(处) ドゥイ ホアン チュ
様子	样子 ヤン ズ	ライター	打火机 ダー フォ ジィ	料金	费用/车费/票价 フェイ ヨン/チョ フェイ/ピアオ ジア
洋服タンス	衣橱 イー チュ	来年	明年 ミン ニエン		
ヨーグルト	酸奶 スァン ナイ	楽	轻松 チン ソン		
余暇	业余时间 イエ ユィ シー ジエン	ラグビー	橄榄球 ガン ラン チゥ	料金表	价格表 ジア ゴー ビアオ
浴室	浴室 ユィ シー	ラケット	球拍 チゥ パイ	料金メーター	计程表 ジィ チョン ビアオ
欲望	欲望 ユィ ワン	ラジオ	收音机 ショウイン ジィ	領収書	发票/收据 ファ ピアオ ショウジュ
汚れ	污垢 ウー ゴウ	ランドリー	洗衣房 シー イー ファン	料理	菜 ツァイ
予算	预算 ユィ スァン			緑茶	绿茶 リュ チャ
予定	预定 ユィ ディン	**り**		旅行	旅游/旅行 リュ ヨウ/リュ シン
呼ぶ	叫 ジアオ	理解する	理解/懂 リー ジエ/ドン	旅行会社	旅行社 リュ シン ショー
夜店	夜市 イエ シー	陸	陆地 ルー ディ	離陸	起飞 チー フェイ
読む	读 ドゥ	理屈	道理 ダオ リ	隣人	邻居 リン ジュ
		利口な	聪明的/伶俐的 ツォン ミン ダ/リン リ ダ		

日中辞書

よう—りん

日本語	中国語	ピンイン
リンス	护发素	hù fà sù
輪タク	三轮车	sān lún chē

る

日本語	中国語	ピンイン
類似の	类似的	lèi sì de
ルームサービス(代)	送餐服务(费)	sòng cān fú wù (fèi)
ルームチャージ	房费	fáng fèi
ルール	规则	guī zé
留守	不在	bù zài
留守番	看家	kān jiā

れ

日本語	中国語	ピンイン
例	例子	lì zi
例外	例外	lì wài
礼儀	礼貌	lǐ mào
冷蔵庫	(电)冰箱	(diàn) bīng xiāng
冷房	冷气	lěng qì
歴史	历史	lì shǐ
歴史的名所	历史名胜	lì shǐ míng shèng
レコード	唱片	chàng piàn
レシート	发票/收据	fā piào / shōu jù
レストラン	餐厅/菜馆/餐馆/饭庄/酒家	cān tīng / cài guǎn / cān guǎn / fàn zhuāng / jiǔ jiā
列車	列车/火车	liè chē / huǒ chē
列車の遅れ	列车误点	liè chē wù diǎn
列車番号	车次	chē cì
レベル	水平	shuǐ píng
練習	练习	liàn xí
レンズ	镜头	jìng tóu
レンタル料	租金	zū jīn
連絡先	联系地址	lián xì dì zhǐ

ろ

日本語	中国語	ピンイン
老人	老人	lǎo rén
ろうそく	蜡烛	là zhú
労働組合	工会	gōng huì
ロープ	绳	shéng
ロープウェイ	空中索道	kōng zhōng suǒ dào
ローヤルゼリー	蜂王浆	fēng wáng jiāng
録音する	录音	lù yīn
6月	六月	liù yuè
路線図	路线图	lù xiàn tú
ロビー	大厅	dà tīng
ロマンチック	浪漫的	làng màn de
論理	逻辑	luó jí

わ

日本語	中国語	ピンイン
ワイン	葡萄酒	pú táo jiǔ
若い	年轻	nián qīng
別れ	分别	fēn bié
技	技艺	jì yì
忘れ物	遗失物	yí shī wù
忘れる	忘记	wàng jì
綿	棉花	mián huā
話題	话题	huà tí
私たち	我们	wǒ men
私(の)	我(的)	wǒ (de)
笑う	笑	xiào
割合	比例	bǐ lì
割引	打折	dǎ zhé
割増料金	增加费用	zēng jiā fèi yòng
悪口	说坏话	shuō huài huà
湾	海湾	hǎi wān
ワンピース	连衣裙	lián yī qún

中日辞書

义务	イー ウー	義務
为什么	ウェイ シェン モ	なぜ
头发	トウ ファ	髪
头晕	トウ ユン	めまい(がする)
头班车	トウ バン チョ	始発電車
头衔	トウ シェン	肩書
农业	ノン イエ	農業
农场	ノン チャン	農場
举止	ジュ シー	マナー

一个星期	イー グ シン チィ	1週間
一大匙	イー ダー チー	大さじ1杯
一小匙	イー シァオ チー	小さじ1杯
一月	イー ユエ	1月
一天一次	イー ティエン イー ツー	1日1回
一天(的)	イー ティエン ダ	1日(の)
一日游	イー リー ヨウ	日帰り旅行
一半	イー バン	半分
一览表	イー ラン ビアオ	リスト
一起	イー チィ	一緒に
一般的	イー バン ダ	一般的な
七月	チィ ユエ	7月
三轮摩托车	サン ルン モー トゥオ チョ	オート三輪
三明治	サン ミン シー	サンドイッチ
三月	サン ユエ	3月
三脚架	サン ジアオ ジア	三脚
上午	シャン ウー	午前
上衣	シャン イー	上着
上铺	シャン プゥ	上段寝台
下一个	シア イー グ	次の
下午	シア ウー	午後
下月	シア ユエ	来月
下铺	シア プゥ	下段寝台
下船	シア チュアン	下船
专卖店	ジュアン マイ ディエン	専門店
不安	ブー アン	不安
不客气	ブー コォ チィ	遠慮なく
不在家	ブー ザァイ ジア	留守
不可能	ブー コォ ノン	不可能
不够	ブー ゴウ	不足
不要	ブー ヤオ	いらない
不舒服	ブー シュー フ	気分が悪い
牙齿	ヤー チー	歯
牙刷	ヤー シュア	歯ブラシ
牙科医生	ヤー コォ イー ション	歯科医
平日	ピン リー	平日
世纪	シー ジィ	世紀
世界	シー ジエ	世界
世界遗产	シー ジエ イー チャン	世界遺産
东	ドン	東
丝绸	スー チョウ	絹(シルク)
丝绸之路	スー チョウ シー ルー	シルクロード
再兑换	ザァイ ドゥイ ホアン	再両替
再见!	ザァイ ジェン	さようなら

中日辞書

一画

261

再确认 ザァイ チュエ レン	再確認する/リコンファーム	由来 ヨウ ライ	由来	非典型肺炎 フェイ ディエン シン フェイ イエン	新型肺炎(SARS)
来 ライ	来る	申报 シェン バオ	申告(する)		
来访 ライ ファン	訪れる	电话 ディエン ホア	電話	**ノ**	
事情 シー チン	用事	电报 ディエン バオ	電報	九月 ジウ ユエ	9月
事故 シー グゥ	事故	电话卡 ディエン ホア カ	テレフォンカード	川剧 チュアン ジュ	川劇
事故证明书 シー グゥ ジョン ミン シュー	事故証明書	电话间 ディエン ホア ジェン	電話ボックス	长 チャン	長い
面包 ミエン バオ	パン	电话号码 ディエン ホア ハオ マー	電話番号	长途汽车 チャン トウ チー チョ	長距離バス
面巾纸 ミエン ジン ジー	ティッシュ	电话号码簿 ディエン ホア ハオ マー ブー	電話帳	长途电话 チャン トウ ディエン ホア	長距離通話
面条 ミエン ティアオ	麺	电话咨询 ディエン ホア ズー シュン	電話案内	长城 チャン チョン	長城
夏天 シア ティエン	夏			长方形 チャン ファン シン	長方形
丨		电动扶梯 ディエン ドン フー ティ	エスカレーター	乌龟 ウー グイ	亀
丰富 フォン フー	豊かな	电池 ディエン チー	電池	生存 ション ツン	生きる
中午 ジョン ウー	昼	电源 ディエン ユアン	電源	生日 ション リ	誕生日
中心 ジョン シン	中心	电门 ディエン メン	スイッチ	生气 ション チー	怒る
中药 ジョン ヤオ	漢方薬	电影 ディエン イン	映画	丘 チウ	丘
中药茶 ジョン ヤオ チャ	漢方茶	电影院 ディエン イン ユアン	映画館	乐器店 ユエ チー ディエン	楽器店
中国菜 ジョング オ ツァイ	中国料理	电灯 ディエン ドン	電灯	年底 ニエン ディ	年末
中餐厅 ジョン ツァン ティン	中国料理店	电视(机) ディエン シー ジィ	テレビ	年轻 ニエン チン	若い
中文 ジョン ウェン	中国語	电梯 ディエン ティ	エレベーター	年龄 ニエン リン	年齢
中毒 ジョン ドゥ	中毒	电费 ディエン フェイ	電気代	丢 ディウ	失う/なくす
北 ベイ	北			向阳 シアン ヤン	日当たりのよい

系统 シートン 工程师 ゴンチョンシー	システムエンジニア
乗客 チョンコオ	乗客
舞台 ウータイ	ステージ
靠通道边 カオトンダオビエン	通路側
靠垫 カオディエン	クッション
靠窗边 カオチュアンビエン	窓側

乙

习惯 シーグアン	慣れ
飞机 フェイジイ	飛行機
飞机票 フェイジイピアオ	航空券
乡村 シテンツン	田舎
以前 イーチエン	前に/昔
书 シュー	本
书法 シューファ	書道
书店 シューディエン	書店
民间工艺品 ミンジエンゴンイーピン	民芸品
民间的 ミンジエンダ	民間の
民族 ミンズウ	民族
民航班车站 ミンハンバンチョジャン	空港バス乗り場

买 マイ	買う
买东西 マイドンシ	ショッピング

亠

六月 リゥユエ	6月
产地 チャンディ	産地
交通事故 ジアオトンシーグウ	交通事故
交通阻塞 ジアオトンズウソー	交通渋滞
京剧 ジンジュ	京劇
夜市 イエシー	夜店
夜景 イエジン	夜景
高 ガオ	高い
高原 ガオユアン	高原
高兴 ガオシン	うれしい/喜ぶ
高速公路 ガオスウゴンルー	高速道路
高速汽车 ガオスウチイチョ	高速バス
高尔夫 ガオアルラー	ゴルフ
高尔夫球 ガオアルラーチウ	ゴルフボール
高尔夫球场 ガオアルラーチウチャン	ゴルフ場
高尔夫鞋 ガオアルラーシエ	ゴルフ靴
高尔夫球棍 ガオアルラーチウグン	ゴルフクラブ[道具]

高层大楼 ガオツォンダーロウ	高層ビル
高血压 ガオシュエヤー	高血圧
商务中心 シャンウージョンシン	ビジネスセンター
商品展销会 シャンピンジャンシアオホォイ	見本市

冫冖

决定 ジュエディン	決める
冰 ビン	氷
冰河 ビンホー	氷河
冷 ロン	寒い
冷气 ロンチイ	冷房
冷盘 ロンパン	オードブル
冷的 ロンダ	冷たい
凉快 リアンクァイ	涼しい
准备 ジュンベイ	準備/用意(する)
减肥茶 ジエンフェイチャ	痩身茶
减价 ジエンジア	値引き(する)
写 シエ	書く

讠(言)

计划 ジイホア	計画
计程表 ジイチョンビアオ	料金メーター
计算 ジイスワン	計算する

263

中日辞書

二画

计算机 ジィ スウン ジィ	コンピュータ
认真的 レン ジェンダ	まじめな
议论 イー ルン	議論する
记入 ジィ ルゥ	記入する
讲价 ジアン ジア	値切る
设计师 ショージィ シー	デザイナー
设计 ショージィ	デザイン
许可 シューコォ	許可
诊断书 ジェンドゥアン シュー	診断書
词 ツー	単語
诗 シー	詩
试 シー	試す
话题 ホア ティ	話題
说 シュオ	言う
说坏话 シュオ ホアイ ホア	悪口
说话 シュオ ホア	話す
说明书 シュオミン シュー	説明書
语言 ユィ イェン	言語
语法 ユィ ファ	文法
请勿吸烟 チン ウー シー イェン	禁煙 [標示]
请求 チン チゥ	請求する
请客 チン コォ	おごる
读 ドゥ	読む
谁 シェイ	誰
谢绝 シェ ジュエ	断る
谢谢 シェ シェ	ありがとう
警报 ジン バオ	警報
警察 ジン チャ	警察官

二

二楼 アル ロウ	2階
二月 アル ユェ	2月
二层 アル ツォン	2階
干净 ガン ジン	清潔な
干杯 ガン ベイ	乾杯
干电池 ガン ティエンチー	乾電池
干的 ガン ダ	乾いた
云彩 ユン ツァイ	雲
开水 カイ シュイ	お湯
开往〜 カイ ウン	〜行き
开馆时间 カイ グアンシー ジェン	開館時間
开朗的 カイ ラン ダ	陽気な
五月 ウー ユェ	5月
五金店 ウー ジン ティエン	金物店
无业 ウー イェ	無職
无人 ウー レン	空き
无限 ウー シェン	無限
无添加剂 ウー ティエンジア ジィ	無添加
无害的 ウー ハイ ダ	無害の
无效的 ウー シァオ ダ	無効な

十

十一月 シー イー ユェ	11月
十二月 シー アル ユェ	12月
十字路口 シー ズー ルー コウ	交差点
十月 シー ユェ	10月
午休 ウー シゥ	昼休み
午饭 ウー ファン	昼食
午睡 ウー シュイ	昼寝
协力 シェ リー	協力
华侨 ホア チアオ	華僑
幸运 シン ユン	幸運
直达车 ジー ダー チョ	直行バス
直达航班 ジー ダー ハン バン	直行便
卖完 マイ ウン	売り切れ
卖 マイ	売る
南 ナン	南

中文	ピンイン	日本語
博物馆	ボーウーグアン	博物館

厂

中文	ピンイン	日本語
历史	リーシー	歴史
厕所	ツォスオ	トイレ
厚的	ホウダ	厚い
原姓	ユアンシン	旧姓
厨房	チュファン	台所

匚

中文	ピンイン	日本語
区号	チューハオ	市外局番
区别	チューピエ	違い
医生	イーション	医師/医者
医院	イーユアン	病院

卜

中文	ピンイン	日本語
卡片	カーピエン	カード
卡拉OK	カーラーオーケイ	カラオケ
卧室	ウォシー	寝室
卧铺车	ウォプゥチョ	寝台車
卧铺汽车	ウォプゥチーチョ	寝台バス
卧铺费	ウォプゥフェイ	寝台料金

刂

中文	ピンイン	日本語
列车班次	リエチョバンツー	列車番号
利用	リーヨン	利用
到达	ダオダー	到着
到达时间	ダオダーシージエン	到着時間
刺绣	ツーシウ	刺繍
刮脸刀	グアリエンダオ	カミソリ
刷牙	シュアヤー	歯磨き
前一天	チエンイーティエン	前日
前天	チエンティエン	おととい
前面	チエンミエン	前方
剧场	ジュチャン	劇場
副作用	フーズオヨン	副作用

冂

中文	ピンイン	日本語
内容	ネイロン	内容
内衣	ネイイー	下着
内科医生	ネイコォイーション	内科医
同伴	トォンバン	連れ
同意	トォンイー	同意する
同班 同学	トォンバン トォンシュエ	クラスメート
肉包子	ロウバオズ	肉まん
网球	ワンチウ	テニス(ボール)
网球场	ワンチウチャン	テニスコート

八（丷）

中文	ピンイン	日本語
八月	バーユエ	8月
公厕	ゴンツォ	公衆トイレ
公共汽车（站）	ゴンゴンチチョ（ジャン）	バス(停)
公务员	ゴンウーユアン	公務員
公安局	ゴンアンジュ	警察署
公寓	ゴンユィ	アパート
公园	ゴンユアン	公園
公斤	ゴンジン	キログラム
公用电话	ゴンヨン ディエンホア	公衆電話
公里	ゴンリー	キロメートル
分	フェン	分/スコア
分别	フェンビエ	別れ
分机	フェンジィ	内線
兴趣浓	シンチューノン	興味深い
关门时间	グアンメンシージエン	閉館時間/門限
关税	グアンシュイ	関税
关	グアン	閉める
共产主义	ゴンチャンジューイー	共産主義
共用房间	ゴンヨンファンジエン	相部屋

中日辞書

二画

中文	ピンイン	日本語
单人房间	ダン レン ファンジェン	シングルルーム
单向通行	ダン シアントンシン	一方通行
单程	ダン チョン	片道
单程票	ダン チョン ピアオ	片道切符
首都	ショウドゥ	首都
黄油	ホアンヨウ	バター
黄色	ホアンソー	黄色

人

中文	ピンイン	日本語
人	レン	人/人間
人们	レン メン	人々
人工	レン ゴン	人工
人口	レン コウ	人口
人数	レン シュー	人数
人民币	レン ミン ビー	人民元
人行横道	レン シン ホン ダオ	横断歩道
入境登记卡	ルゥ ジン ドン ジィ カ	入国カード
入境目的	ルゥ ジン ムゥ ディ	入国目的
入境管理	ルゥ ジン グアン リー	入国管理
入境（审查）	ルゥ ジン（シェン チャ）	入国（審査）
个人	ゴー レン	個人
个人电脑	ゴー レン ディエンナオ	パソコン
个体经营	ゴー ティ ジン イン	自営業
今年	ジン ニェン	今年
今天	ジン ティエン	今日
今天晚上	ジン ティエン ワン シャン	今晩
介绍	ジエ シャオ	紹介(する)
会话	ホォイ ホア	会話
会面	ホォイ ミェン	面会
企业	チィ イエ	企業

イ

中文	ピンイン	日本語
什么	シェンモ	なに
什么时候	シェンモ シー ホウ	いつ
化妆品	ホア ジョアンピン	化粧品
化妆品公司	ホア ジョアンピン ゴン スー	化粧品会社
他	ター	彼
付钱	フー チェン	支払う/勘定
仪式	イー シー	行事
仿造品	ファン ザオ ピン	イミテーション
优先	ヨウ シェン	優先
优点	ヨウ ディエン	長所
优秀的	ヨウ シゥダ	優秀な
休假	シゥ ジア	休暇
休息	シゥ シ	休み
休息室	シゥ シ シー	休憩室
休息日	シゥ シ リー	休日
伟大的	ウェイ ダー ダ	偉大な
传统的	チュアントン ダ	伝統の
传染病	チュアン ラン ビン	伝染病
传真	チュアン ジェン	ファックス
价格卡	ジア ゴー カ	値札
价格表	ジア ゴー ビアオ	料金表
价钱	ジア チェン	値段
住	ジュー	住む/泊まる
住院	ジュー ユアン	入院する
住宿登记	ジュースゥ ドン ジィ	チェックイン
位置	ウェイ ジ	位置
体温（计）	ティ ウェン（ジィ）	体温(計)
体育	ティ ユイ	スポーツ
体育场	ティ ユイ チャン	競技場
你好!	ニー ハオ	こんにちは
你早!	ニー ザオ	おはよう

低 ディ	低い	候车室 ホウ チョ シー	待合室[駅]	克 コォ	グラム	中日辞書
佛教 フォ ジアオ	仏教	候机室 ホウ ジィ シー	待合室[空港]	**ム**		
信 シン	手紙	停车场 ティンチョ チャン	駐車場	去年 チュー ニエン	去年	
信封 シン フォン	封筒	做 ズオ	作る/する	县 シエン	県	
信用卡 シン ヨン カ	クレジットカード	假货 ジア フォ	偽物	参加 ツァン ジア	参加(する)	
信笺 シン ジエン	便箋	傍晩 バン ワン	夕方	**又**		
信筒 シン トォン	ポスト	**ㄅ**		叉子 チャー ズ	フォーク	
便宜 ピエンイ	安い	包 バオ	バッグ	支票 シー ピアオ	小切手	
保证书 バオ ジョンシュー	保証書	包租 バオ ズゥ	貸し切り	支气管炎 シー チィ グアンイェン	気管支炎	
保修 バオ シゥ	アフターサービス	包装 バオ ジョアン	包装する	友情 ヨウ チン	友情	
保险 バオ シエン	保険	包装纸 バオ ジョアンジー	包み紙	双筒望远镜 シュアントォン ウン ユアンジン	双眼鏡	二画
保险公司 バオ シエンゴン スー	保険会社	**几ㄦ**		双胞胎 シュアンバオ タイ	双子	
保险柜 バオ シエングイ	金庫	几乎 ジィ フゥ	ほとんど	发动机 ファ ドン ジィ	エンジン	
保险箱 バオ シエンシアン	セーフティボックス	儿子 アル ズ	息子	发烧 ファ シャオ	熱が出る	
俗语 スゥ ユイ	ことわざ	儿童节 アル トォンジエ	子供の日	发票 ファ ピアオ	レシート/領収書	
修理 シゥリー	修理(する)	儿童服装 アル トォン フー ジョアン	子供服	发音 ファ イン	発音	
俯卧 フー ウォ	うつ伏せ	兄弟 ションディ	兄弟	变化 ビエンホア	変化	
借 ジエ	借りる	光 グアン	光	取消 チューシアオ	取り消す	
借给 ジエ ゲイ	貸す	兑换率 ドゥイホアン リュ	交換率	取消手续费 チューシアオ ショウシューフェイ	取消し料	
健康 ジエン カン	健康	兑换(处) ドゥイホアン チュ	両替(商/所)	受欢迎的 ショウホアンイン ダ	人気のある	
健身房 ジエンシェンファン	ジム					

ㄗ

中文	ピンイン	日本語
延长赛	イェンチャンサイ	延長戦
建筑	ジエンジュー	建築
建筑公司	ジエンジューゴンスー	建設会社
建筑物	ジエンジューウー	建物
卫星实况转播	ウェイシンシークアンジュアンボー	衛星中継
卫生巾	ウェイションジン	生理用ナプキン
印刷品	インシュアピン	印刷物
印象	インシアン	印象
印章	インジャン	印鑑

阝

中文	ピンイン	日本語
阴天	インティエン	曇り
阴凉地方	インリアンディファン	日陰
陆地	ルーディ	陸
陈列	チェンリエ	陳列
陈设品	チェンショーピン	置物
降价	ジアンジア	値引き
限制	シエンシー	制限
院子	ユアンズ	庭
陪同	ペイトン	添乗員

中文	ピンイン	日本語
陶瓷品商店	タオツーピンシャンディエン	陶磁器店
陶器	タオチー	陶器
随身行李	スイシェンシンリ	機内持ち込み手荷物
随身物品	スイシェンウーピン	身の回り品
隔一天	ゴーイーティエン	1日おきに
那个	ナーグ	それ
邮局	ヨウジュ	郵便局
邮政编码	ヨウジョンビエンマー	郵便番号
邮寄	ヨウジィ	郵送
邮票	ヨウピアオ	切手
邻居	リンジュ	隣人
郊区	ジアオチュー	郊外
帮助	バンジュー	助ける
帮忙	バンマン	手伝う

凵

中文	ピンイン	日本語
出发	チュファ	出発(する)
出发时间	チュファシージエン	出発時間
出港	チュガン	出港
出境登记卡	チュジンドンジィカ	出国カード
出境	チュジン	出国

中文	ピンイン	日本語
出口	チュコウ	輸出/出口
出版社	チュバンショー	出版社
出生年月日	チュションニエンユエリー	生年月日
出租汽车(站)	チュズゥチィチョジャン	タクシー(乗り場)
出租自行车	チュズゥズーシンチョ	貸し自転車

刀(ク)力

中文	ピンイン	日本語
切割	チエゴー	切る
切伤	チエシャン	切り傷
危险	ウェイシエン	危ない/危険
免费	ミエンフェイ	無料
免费厕所	ミエンフェイツォスォ	無料トイレ
免税品	ミエンシュイピン	免税品
免税(店)	ミエンシュイディエン	免税(店)
象牙	シアンヤー	象牙
力量	リーリアン	力
办事员	バンシーユエン	事務員
办公室	バンゴンシー	事務所/オフィス
功夫片	ゴンフピエン	カンフー映画
加上	ジアシャン	加える

加价 (ジア ジア)		割増料金
加油站 (ジア ヨウ ジャン)		ガソリンスタンド
动物 (ドン ウー)		動物
动物园 (ドン ウー ユアン)		動物園
勇气 (ヨン チイ)		勇気

シ

汗 (ハン)		汗
汗衫 (ハン シャン)		シャツ[下着]
汤 (タン)		スープ
汤匙 (タン チー)		スプーン
沉默 (チェン モー)		沈黙
沙发 (シャ ファ)		ソファ
沙漠 (シャ モー)		砂漠
汽车制造厂 (チイ チョ シー ザオ チャン)		自動車メーカー
汽车站 (チイ チョ ジャン)		停留所
注意事项 (ジューイー シー シアン)		注意事項
注意到 (ジューイー ダオ)		気づく
注意 (ジューイー)		気をつける/用心する
泻药 (シエ ヤオ)		下剤
泻肚 (シエ ドゥ)		下痢
浅的 (チエン ダ)		浅い
浑身发冷 (フン シェン ファ ロン)		寒気がする
洞 (ドン)		穴
洗 (シー)		洗う
洗涤剂 (シー ディ ジィ)		洗剤
洗澡 (シー ザオ)		入浴する
洗澡间 (シー ザオ ジェン)		バスルーム
洗衣房 (シー イー ファン)		ランドリー
洗衣机 (シー イー ジィ)		洗濯機
派出所 (パイ チュ スオ)		警察署
流行的 (リュウ シン ダ)		流行の
浪漫的 (ラン マン ダ)		ロマンチック
浪费 (ラン フェイ)		無駄
酒吧 (ジウ バー)		バー
酒类 (ジウ レイ)		酒類
消化不良 (シアオ ホア ブー リアン)		消化不良
消毒液 (シアオ ドゥ イエ)		消毒液
海关 (ハイ グアン)		税関
海关行李申报单 (ハイ グアン シン リ シェン バオ ダン)		税関申告書
海湾 (ハイ ワン)		湾
海报 (ハイ バオ)		ポスター
海岸 (ハイ アン)		海岸
海滨 (ハイ ビン)		浜辺
海角 (ハイ ジアオ)		岬
浴室 (ユイ シー)		浴室
浴巾 (ユイ ジン)		バスタオル
淡季打折 (ダン ジィ ダー ジョー)		オフシーズン割引
淡的 (ダン ダ)		薄い(淡い)
淋浴 (リン ユイ)		シャワー
清真菜 (チン ジェン ツァイ)		イスラム料理
清真寺 (チン ジェン スー)		イスラム寺院
渔业 (ユイ イエ)		漁業
游泳 (ヨウ ヨン)		水泳
游泳池 (ヨウ ヨン チー)		プール
游泳衣 (ヨウ ヨン イー)		水着
游览船 (ヨウ ラン チュアン)		遊覧船
湖 (フウ)		湖
港口 (ガン コウ)		港
湿度 (シー ドゥ)		湿度
湿敷 (シー ラー)		湿布

滑雪 ホア シュエ	スキー(をする)
滑雪板 ホア シュエバン	スキー板
温度 ウェンドゥ	温度
温的 ウェンダ	ぬるい
满意 マン イー	満足する
满的 マン ダ	いっぱいの
演出 イェンチュ	公演
演奏会 イェンゾゥホゥイ	演奏会
演员 イェンユアン	役者
漂亮的 ピアオリアンダ	きれいな/見事な
漱口药 シューコウヤオ	うがい薬
瀑布 プゥブー	滝

忄(小)

忙 マン	忙しい
怀疑 ホァイイー	疑う
快门 クァイメン	シャッター
快点儿! クァイディアル	急いで!
快速列车 クァイスゥリエチョ	急行列車
性别 シン ビエ	性別
恭喜恭喜! ゴン シー ゴン シー	おめでとう
恢复 ホゥイフー	回復する
惯例活动 グァンリー フォドン	年中行事
憧憬 チョンジン	憧れる

宀

宇宙 ユィ ジョウ	宇宙
安全带 アン チュアンダイ	シートベルト
安全检查 アン チュアン ジェンチャ	セキュリティチェック
安全的 アン チュアンダ	安全な
安眠药 アン ミエンヤオ	睡眠薬
完全 ワン チュアン	まったく
完 ワン	終わる
牢骚 ラオ サオ	文句
宫殿 ゴン ティエン	宮殿
客人 コォ レン	客/ゲスト
客满 コォ マン	満席
客运三轮车 コォ ユン サン ルン チョ	輪タク
客房服务员 コォ ファン フー ウー ユアン	ルームメイド
客轮 コォ ルン	客船
宽裕 クァンユィ	余裕
家乡 ジア シアン	故郷
家乡菜 ジア シアンツァイ	郷土料理
家具(店) ジア ジュ ディエン	家具(店)
家庭 ジア ティン	家庭
家庭妇女 ジア ティンフーニュ	主婦
家属 ジア シュー	家族
家畜 ジア チュ	家畜
容易 ロン イー	容易な
宾馆 ビン グァン	ホテル
寄 ジィ	郵送する
寄件人 ジィ ジェン レン	差出人
宿舍 スゥ ショー	寄宿舎/寮
寒假 ハン ジア	冬休み
塞子 サイ ズ	栓

广

广播 グァンボー	放送
广告公司 グァンガオ ゴン スー	広告会社
应急措施 インジィ ツォ シー	応急手当
床 チュアン	ベッド
床单 チュアンダン	シーツ
庭园 ティンユアン	庭園
座位(号码) ズオウェイ ハオマー	座席(番号)

中日辞書

廉卖 リェンマイ	安売り
廉价商店 リェンジァシャンディエン	安売り店

门

门 メン	扉/門
门诊 メンジェン	外来診察
门票费 メンピアオフェイ	入場料
门票 メンピアオ	入場券
闪光灯 シャングァンドン	フラッシュ
问讯处 ウェンシュンチュ	案内所
问候 ウェンホウ	あいさつ
问题 ウェンティ	問題
闷热 ヌンロー	蒸し暑い
闹市 ナオシー	歓楽街
闹钟 ナオジョン	目覚し時計

辶

过度劳累 グオドゥラオレイ	過労
过敏 グオミン	アレルギー
迅速 シュンスゥ	すばやく
这个星期 ジョーグシンチィ	今週
这个月 ジョーグユェ	今月
进修 ジンシゥ	研修
远 ユアン	遠い
运动 ユンドン	運動
运河 ユンホー	運河
运输 ユンシュー	運輸
运费 ユンフェイ	運賃
连续的 リェンシューダ	連続的な
连衣裙 リェンイーチュン	ワンピース
近 ジン	近い
迪斯科舞厅 ディスーコォウーティン	ディスコ
迷路 ミールー	道に迷う
迷路的孩子 ミールーダハイズ	迷子
选 シュアン	選ぶ
选择 シュアンゾー	クリック
适合 シーホー	似合う
追加的 ジュェイジアダ	追加の
退休 トゥイシゥ	定年退職
退烧药 トゥイシャオヤオ	解熱剤
退房 トゥイファン	チェックアウト
退货 トゥイフォ	返品
退票 トゥイピアオ	払戻し
速溶咖啡 スゥロンカフェイ	インスタントコーヒー
逗留 ドウリゥ	滞在する
逛街 グアンジェ	街歩き
通信 トォンシン	通信
通过 トォングオ	通過する
通道 トォンダオ	通路
逻辑 ルオジィ	論理
道理 ダオリ	理屈
道歉 ダオチェン	謝る
遗迹 イージィ	遺跡
遗失物 イーシーウー	落とし物

寸

对不起 ドゥイブチィ	ごめんなさい
对号入座 ドゥイハオルゥズオ	指定席
对方 ドゥイファン	相手
对象 ドゥイシアン	恋人
对面 ドゥイミェン	向い側
寺庙 スーミアオ	寺
导游 ダオヨウ	ガイド

扌

打 ダー	打つ

打伤 ダー シャン	打ち身	押金 ヤー ジン	保証金	摄影师 ショーイン シー	カメラマン
打开 ダー カイ	開ける	拐角 グァイ ジアオ	角	搬运费 バン ユン フェイ	ポーター料
打扫 ダー サオ	掃除	拖鞋 トゥオ シエ	スリッパ	摊子 タン ズ	屋台
打折 ダー ジョー	割引	拍手 パイ ショウ	拍手	撞伤 ジョアン シャン	打撲
打针 ダー ジェン	注射	抱怨 パオ ユアン	苦情	播放 ボー ファン	放送
扒手 バー ショウ	スリ	按摩 アン モー	マッサージ	擦鞋 ツァ シエ	靴磨き
托运 トゥオ ユン	託送	挖耳勺 ワー アル シャオ	耳かき		**工**
执照 ジー ジャオ	免許証	拼命 ピン ミン	一生懸命に	工业 ゴン イエ	工業
护发素 フゥ ファ スゥ	リンス	挂历 グア リー	カレンダー	工厂 ゴン チャン	工場
护士 フゥ シ	看護師	挂号(信) グア ハオ シン	書留郵便	工会 ゴン ホゥイ	労働組合
护照 フゥ ジャオ	パスポート	指甲刀 ジー ジア ダオ	爪切り	工作证 ゴン ズオ ジョン	身分証明書
护肤 フゥ ラー	美肌	指甲护理 ジー ジア フゥ リー	ネイルケア	工作 ゴン ズオ	働く／仕事
找到 ジャオ ダオ	見つける	捐助 ジュアン ジュー	寄付する	工程 ゴン チョン	工事／プロジェクト
找钱 ジャオ チエン	釣り銭／おつり	损害 スン ハイ	損害	工程师 ゴン チョン シー	エンジニア／技師
技艺 ジィ イー	技	换 ホアン	替える	左 ズオ	左
技术 ジィ シュー	技術	换车 ホアン チョ	乗り換え	差额 チャ オー	差額
折 ジョー	折る	接送费 ジエ ソン フェイ	送迎料金		**土 士**
报名 バオ ミン	申し込む	接线员 ジエ シエン ユアン	交換手	土 トゥ	土
报纸 バオ シー	新聞	接收 ジエ ショウ	受取	圣诞节 ションダン ジエ	クリスマス
扭伤 ニウ シャン	ねんざ	握手 ウオ ショウ	握手する	在什么时候 ザァイ シェン モ シー ホウ	何時に
抽屉 チョウ ティ	引き出し	摄像机 ショー シアンジィ	ビデオカメラ		

在打扫	ザァイ ダー サオ	掃除中
在路上	ザァイ ルー シャン	道で
地区	ディ チュー	地域/地区
地位	ディ ウェイ	地位
地址	ディ ジー	アドレス/住所
地平线	ディ ピン シェン	地平線
地图	ディ トゥ	地図
地点	ディ ディエン	場所
地方	ディ ファン	地方
地球	ディ チゥ	地球
地板	ディ バン	床
地铁（站）	ディ ティエ ジャン	地下鉄（駅）
坟墓	フェン ムゥ	墓
坏	ホアイ	腐る
坏了	ホアイ ラ	故障中
坚固	ジェン グゥ	固い
坐	ズオ	座る
垃圾箱	ラー ジィ シアン	ごみ箱
坦率的	タン シュアイ ダ	率直な
城市	チョン シー	町/都市
型号	シン ハオ	型
基督教	ジィ ドゥ ジアオ	キリスト教
塔	ター	塔
墙	チアン	壁
增值税	ゾン ジー シュイ	付加価値税 (VAT)
增加	ゾン ジア	増加する
声音	ションイン	声/音

⺾

艺术	イー シュー	芸術
艾滋病	アイ ズー ビン	エイズ
节目	ジエ ムゥ	番組/出し物
芳香疗法	ファン シアン リアオ ファ	アロマテラピー
芽	ヤー	芽
芥末	ジエ モ	からし
苍白的	ツァン バイ ダ	真っ青な
苍蝇	ツァン イン	ハエ
花	ホア	花
花卷	ホア ジュアン	花形蒸しまん
花坛	ホア タン	花壇
花哨	ホア シャオ	派手な
花样	ホア ヤン	模様
花瓶	ホア ピン	花瓶
花露水	ホア ルー シュイ	オーデコロン
苦	クゥ	苦い
英语	イン ユィ	英語
茶	チャ	お茶
茶叶店	チャ イエ ディエン	茶葉店
茶馆	チャ グアン	茶館
茶杯	チャ ベイ	湯飲み
茶色	チャ ソー	茶色
药	ヤオ	薬
药水	ヤオ シュイ	液剤
药草	ヤオ ツァオ	薬草
药片	ヤオ ピエン	錠剤
药铺	ヤオ プゥ	薬局
药膳	ヤオ シャン	漢方料理
获得	フォ ドゥ	得る
营业时间	イン イエ シー ジエン	営業時間
菜	ツァイ	料理
菜单	ツァイ ダン	メニュー
葡萄酒	プゥ タオ ジウ	ワイン
蒜	スワン	ニンニク

中日辞書

三画

中日辞書

中国語	ピンイン	日本語
蓝色	ラン ソー	青
蔬菜	シューツァイ	野菜
薄的	バオ ダ	薄い
藏青	サン チン	紺

大 井

中国語	ピンイン	日本語
大	ダー	大きい
大海	ダー ハイ	海
大减价	ダー ジェン ジア	バーゲン
大厅	ダー ティン	ロビー
大人	ダー レン	大人
大佛像	ダー フォ シアン	大仏
大使馆	ダー シー グアン	大使館
大便	ダー ビェン	便
大楼	ダー ロウ	ビル
大衣	ダー イー	コート［衣服］
大米	ダー ミー	米
大象	ダー シアン	象
太阳	タイ ヤン	太陽
太阳镜	タイ ヤン ジン	サングラス
太平门	タイ ピン メン	非常口
太极拳	タイ ジィ チュアン	太極拳

中国語	ピンイン	日本語
天主教	ティエン ジュー ジアオ	カトリック
天花板	ティエン ホア バン	天井
天气	ティエン チィ	天気
天气预报	ティエン チィ ユィ バオ	天気予報
天空	ティエン コン	空
失物招领处	シー ウー ジャオ リン チュ	遺失物取扱所
套间	タオ ジェン	スイートルーム
套餐	タオ ツァン	定食／セットメニュー
奥运会	アオ ユン ホォイ	オリンピック
异常	イー チャン	異常な
弄到手	ノン ダオ ショウ	入手する

小

中国語	ピンイン	日本語
小	シアオ	小さい
小卖部	シャオ マイ ブー	売店
小公共汽车	シアオ ゴン ゴン チィ チョ	ミニバス
小偷	シアオ トウ	泥棒
小河	シアオ ホー	小川
小心轻放	シアオ シン チン ファン	取扱い注意
小道	シアオ ダオ	口コミ
消息	シアオ シ	情報
小吃店	シアオ チー ティエン	軽食堂
小吃	シアオ チー	軽食
小费	シアオ フェイ	チップ
小鸟	シアオ ニアオ	小鳥
小船	シアオ チュアン	ボート
尖锐	ジェン ルゥイ	鋭い

口

中国語	ピンイン	日本語
口服药	コウ フー ヤオ	内服薬
口香糖	コウ シアン タン	ガム
叶子	イェ ズ	葉
号码	ハオ マー	番号
古典音乐	グゥ ティエン イン ユエ	クラシック音楽
古坟	グゥ ウェン	古墳
可乐	コォ ロー	コーラ
可爱的	コォ アイ ダ	かわいい
可能的	コォ ノン ダ	可能な
另寄行李	リン ジィ シン リ	別送手荷物
叫	ジアオ	呼ぶ
台风	タイ フォン	台風
司机	スー ジィ	運転手

三画

吃 チー	食べる	咸 シエン	塩辛い	国际航班 グオ ジイ ハン バン	国際線	中日辞書
吃惊 チー ジン	驚く	咸菜 シエン ツァイ	漬物	图书馆 トゥ シュー グアン	図書館	
后天 ホウ ティエン	あさって	哪个 ナー ガ	どれ	图画书 トゥ ホア シュー	絵本	
后面 ホウ ミエン	後方/後ろ	哮喘 シアオ チュアン	ぜんそく	圆 ユアン	丸い	
名产 ミン チャン	名物	唱片 チャン ピエン	レコード	圆珠笔 ユアン ジュー ビー	ボールペン	
名胜 ミン ション	名所	啤酒 ピー ジウ	ビール	巾 山		
合同 ホー トン	契約(書)	售票员 ショウ ピアオ ユアン	車掌	市区 シー チュー	市街区	
合身 ホー シェン	体に合う	售票处 ショウ ピアオ チュ	切符売場	市内电话 シー ネイ ティエン ホア	市内電話	
吸烟 シー イエン	喫煙する	售货员 ショウ フオ ユアン	店員	市内地图 シー ネイ ディ トゥ	市街地図	
启子 チィ ズ	栓抜き	喜欢的 シー ホアン ダ	好きな	市场 シー チャン	市場	
吵 チャオ	騒々しい	喝 ホー	飲む	市场策划公司 シー チャン ツォ ホア コン スー	マーケティング会社	
听 ティン	聞く	嘴 ズォイ	口			
听筒 ティン トン	受話器	口		市政府楼 シー ジョン フー ロウ	市庁舎	
吹风机 チュイ フォン ジイ	ドライヤー	四月 スー ユエ	4月	帐单 ジャン ダン	明細/請求書	
呕吐(袋) オウ トゥ ダイ	嘔吐(袋)	团体 トゥアン ティ	団体	帐篷 ジャン ポン	テント	
和尚 ホー シャン	僧侶	回忆 ホゥイ イー	思い出	带子 ダイ ズ	ベルト	
和服 ホー フー	着物(和服)	回来 ホゥイ ライ	帰る	带淋浴 ダイ リン ユィ	シャワー付き	
咖啡 カ フェイ	コーヒー	回答 ホゥイ ダー	返事する	常服用的药 チャン フー ヨン ダ ヤオ	常用薬	
咖啡杯 カ フェイ ベイ	コーヒーカップ	困 クゥン	眠い	岛屿 ダオ ユィ	島	
咬 ヤオ	噛む	国内的 グオ ネイ ダ	国内の	岩 イェン	岩	三画
咳嗽 コォ ソゥ	咳(が出る)	国内航班 グオ ネイ ハン バン	国内線	幽默 ヨウ モー	ユーモア	
		国际电话 グオ ジイ ティエン ホア	国際電話			

275

彳

行李寄存处 シンリジィツンチュ	手荷物預かり所
行李托运 シンリトゥオユン	手荷物託送
行李提取处 シンリティチューチュ	手荷物受取所
行李搬运工 シンリバンユンゴン	ポーター
行李票 シンリピアオ	クレームタッグ(荷物預かり証)
行李箱 シンリシアン	スーツケース
行李(架) シンリジア	荷物(棚)
往返 ウンファン	往復
往返票 ウンファンピアオ	往復切符
往右拐 ウンヨウグァイ	右に曲がる
征税 ジョンシュイ	課税
律师 リュシー	弁護士
徒步 トゥブー	徒歩で
得分 ドゥフェン	得点

彡

| 形状 シンジョアン | 形 |
| 彩虹 ツァイホン | 虹 |

| 影响 インシアン | 影響 |

夕夂

外交部 ウイジアオブー	外務省
外交(官) ウイジアオグァン	外交(官)
外汇兑换证明 ウイホゥイドゥイホァンジョンミン	外貨交換証明書
外汇牌价 ウイホゥイパイジア	為替レート
外币 ウイビー	外貨
外科医生 ウイコォイーション	外科(医)
多余的 ドゥオユィダ	余計な
多少钱 ドゥオシャオチエン	いくら
冬天 ドンティエン	冬
处长 チュジャン	部長
备用钥匙 ベイヨンヤオシ	合鍵

犭

犯罪 ファンズォイ	犯罪
狐狸 フゥリ	きつね
狗 ゴウ	犬
狮子 シーズ	ライオン
猫 マオ	猫
猴子 ホウズ	猿

饣

饭店 ファンディエン	ホテル
饭前 ファンチエン	食前
饭后 ファンホウ	食後
饮料 インリアオ	飲物/ドリンク
馆内讲解 グァンネイジアンジエ	館内ツアー

ヨ(彐)

归还 グイホァン	返却
当地(的) タンディダ	現地(の)
当天票 タンティエンピアオ	当日券
录音 ルーイン	録音する

尸

尺寸 チーツン	サイズ
尼龙 ニーロン	ナイロン
尿 ニアオ	尿

己弓

已婚 イーラン	既婚の
引导 インダオ	誘導
弱 ルゥオ	弱い
强 チアン	強い
强盗 チアンダオ	強盗

子

存款 ツン クアン	貯金
季节 ジィ ジェ	季節
孩子 ハイ ズ	子供

女

女儿 ニュ アル	娘
女演员 ニュ イエン ユアン	女優
女孩儿 ニュ ハアル	女の子
女服务员 ニュ フー ウー ユアン	ウエイトレス
女装 ニュ ジョテン	婦人服
奶瓶 ナイ ピン	哺乳びん
妇科医生 フー コォ イー ション	婦人科医
好 ハオ	よい
好吃 ハオ チー	おいしい
好看的 ハオ カン ダ	きれいな
她 ター	彼女
姓名 シン ミン	氏名／姓名／名前
姓名牌 シン ミン パイ	名札
婚礼 ラン リー	結婚式
婴儿车 イン アル チョ	ベビーカー
婴儿用品 イン アル ヨン ピン	ベビー用品
婴儿 イン アル	赤ん坊

纟

红宝石 ホン パオ シー	ルビー
红茶 ホン チャ	紅茶
红绿灯 ホン リュ ドン	交通信号
红色 ホン ソー	赤
纪念馆 ジィ ニエン グアン	記念館
纪念碑 ジィ ニエン ベイ	記念碑
纪念邮票 ジィ ニエン ヨウ ピオ	記念切手
纺织品 ファン ジー ピン	織物
纸巾 ジー ジン	紙タオル
纸币 ジー ビー	紙幣
纸杯 ジー ベイ	紙コップ
纽扣 ニュ コウ	ボタン[洋服]
线 シエン	糸
练习 リエン シー	練習
经常 ジン チャン	いつも
经理 ジン リー	支配人
结帐 ジェ ジャン	勘定
结婚 ジェ ラン	結婚(する)
给 ゲイ	与える
继续 ジィ シュー	続ける
绳 ション	ロープ
绷带 ホン ダイ	包帯
绿茶 リュ チャ	緑茶
绿色 リュ ソー	緑色
缆车 ラン チョ	ケーブルカー
缓和 ヌアン フオ	和らぐ
缝 フォン	縫う

马

马桶 マー トォン	便器
马桶座 マー トォンズオ	便座
驾驶执照 ジア シー ジー ジャオ	運転免許証
驾驶 ジア シー	運転する
骑自行车 チィ ズー シン チョ	自転車をこぐ

灬

点心 ディエン シン	菓子／点心
点菜 ディエン ツァイ	(料理を)注文する
热 ロー	暑い
热水壶 ロー シュイフウ	ポット
热情 ロー チン	熱意
热毛巾 ロー マオ ジン	おしぼり

中日辞書

四画

热 的 ロー タ	温かい
煎 鸡 蛋 ジェン ジー ダン	目玉焼き
照 片 ジャオ ピェン	写真
照 相 机 ジャオ シァン ジー	カメラ
照 相 ジャオ シァン	写真を撮る
照 相 用 品 店 ジャオ シァン ヨン ピン ディエン	カメラ店
熊 ション	熊
熊 猫 ション マオ	パンダ

文

文 具（店） ウェン ジュ ディエン	文房具（店）
文 化 遗 产 ウェン ホァ イー チャン	文化遺産
文 字 ウェン ズー	文字
文 房 四 宝 店 スー バオ ディエン ウェン ファン	文房四宝店

方

方 便 ファン ビェン	便利な
方 便 商 店 ファン ビェン シャンディエン	コンビニエンスストア
方 法 ファン ファ	方法
旅 游 介 绍 手 册 リュ ヨウ ジェ シャオ ショウツォ	観光パンフレット

旅 游 指 南 リュ ヨウ ジー ナン	ガイドブック
旅 游 咨 询 处 リュ ヨウ ズー シュン チュ	観光案内所
旅 游 团 リュ ヨウ トゥァン	観光ツアー
旅 游 车 リュ ヨウ チョ	観光バス
旅 游 费 リュ ヨウ フェイ	ツアー料金
旗 袍 チー パオ	チャイナドレス

火

火 フオ	火
火 灾 フオ ザァイ	火事
火 焰 フオ イェン	炎
火 车 フオ チョ	列車
火 车 站 フオ チョ ジャン	鉄道駅
灰 尘 ホォイ チェン	埃
灯 ドン	電気／明かり
烤 面 包 カオ ミェン バオ	トースト
烦 恼 ファン ナオ	悩み
烧 伤 シャオ シャン	やけど
烟 イェン	煙
烟 卷 儿 イェン ジュアル	タバコ
烟 灰 碟 イェン ホォイ ディエ	灰皿

烫 发 タン ファ	パーマ
熨 斗 ユン ドウ	アイロン

心

必 要 ビー ヤオ	必要
忘 记 ウン ジィ	忘れる
志 愿 者 シー ユアン ジョー	ボランティア
忠 实 的 ジョン シー タ	忠実な
总 计 ゾン ジィ	合計
总 统 ゾン トォン	大統領
总 机 ゾン ジィ	交換台
恶 心 オー シン	吐き気
意 思 イー ス	意味
意 大 利 菜 イー ダー リー ツァイ	イタリア料理
意 见 イー ジェン	意見
感 冒（药） ガン マオ ヤオ	かぜ（薬）
感 叹 ガン タン	感嘆する

戸

房 间 ファン ジェン	部屋
房 地 产 公 司 ファン ディ チャン ゴン スー	不動産業者
房 子 ファン ズ	家

房费 ファン フェイ	部屋代	
房顶 ファン ディン	屋根	
肩膀 ジェン バン（发酸 ファ スワン）	肩（が凝る）	

ネ

礼品 リー ピン	みやげ	
礼物 リー ウー	贈り物	
礼貌 リー マオ	礼	
祝贺 ジュー ホー	祝う	

王

玩 ワン	遊ぶ	
玩具 ワン ジュ	おもちゃ	
玩偶 ワン オウ	人形	
环境 ホアン ジン	環境	
现代化 シエンダイ ホア	近代化	
玫瑰花 メイ グイ ホア	バラ	
玻璃 ポー リ	ガラス	
玻璃杯 ポー リ ベイ	グラス	
珠宝 ジュー バオ	宝石	
理发 リー ファ	散髪	
理想 リー シアン	理想	

木

木制的 ムー ジー ダ	木製の	
未来 ウェイ ライ	未来
末班车 モー バン チョ	終電／終バス
杂志 ザァ ジー	雑誌
杂技（团）ザァ ジィ トゥアン	雑技／サーカス（団）
机会 ジィ ホイ	機会
机场 ジィ チャン	空港
机票 ジィ ピアオ	チケット[航空券]
机械 ジィ シエ	機械
村庄 ツン ジョアン	村
极好的 ジィ ハオ ダ	すばらしい
条纹 ティアオウェン	ストライプ
枕头 ジェントウ	枕
杯子 ベイ ズ	カップ
果汁 グオ シー	ジュース
果酱 グオ ジアン	ジャム
松 ソン	ゆるい
亲戚 チン チィ	親戚
标志 ビアオ ジー	目印
标题 ビアオ ティ	題名
树 シュー	木
树林 シュー リン	林

样品 ヤン ピン	サンプル
样子 ヤン ズ	様子
栗子 リー ズ	栗
框 クアン	枠
桌子 ジュオ ズ	机／テーブル
格子 ゴー ズ	チェック模様
梳子 シュー ズ	くし
检票处 ジェン ピアオ チュ	改札口
棒球 バン チウ	野球
森林 セン リン	森
植物 ジー ウー	植物
椅子 イー ズ	椅子
棉花 ミエン ホア	綿
楼梯 ロウ ティ	階段
樱花 イン ホア	サクラ
橡皮膏 シアンピー ガオ	絆創膏
橄榄球 ガン ラン チウ	ラグビー
橱窗 チュ チュアン	ショーウインドウ
橘子果酱 ジュ ズ グオ ジアン	マーマレード
橘黄色 ジュ ホアン ソー	オレンジ色
檀香 タン シアン	ビャクダン

车

车 站 チョ ジャン	駅
车 厢 チョ シエン	車両
转 寄 的 地 址 ジュアンジィ ダ ディ ジー	転送先
转 机 ジュアンジィ	トランジット
轮 椅 ルン イー	車椅子
轮 胎 ルン タイ	タイヤ
软 ルゥアン	柔らかい
软 卧 ルゥアン ウオ	1等寝台
软 座 ルゥアンズオ	1等座席
轻 チン	軽い
轻 松 チン ソン	楽

戈 比 瓦 止

成 分 チョン フェン	成分
成 功 チョン ゴン	成功する
成 品 チョン ピン	既製の
戏 剧 シー ジュ	演劇
戒 指 ジエ ジー	指輪
我 们 ウオ メン	私たち
我 (的) ウオ ダ	私 (の)
威 士 忌 ウェイシー ジィ	ウイスキー

比 例 ビー リー	割合
比 较 ビー ジアオ	比較
比 赛 ビー サイ	試合
瓶 子 ピン ズ	瓶
止 痛 药 ジー トォンヤオ	鎮痛剤
正 义 ジョンイー	正義
正 中 ジョンジョン	真ん中
正 常 ジョンチャン	正常な
正 面 ジョンミエン	正面

日

日 语 リー ユィ	日本語
日 元 リー ユアン	日本円
日 元 升 值 リー ユアンションジー	円高
日 常 リー チャン	日常
日 本 人 リー ベン レン	日本人
日 本 菜 リー ベン ツァイ	日本料理
日 期 リー チー	日付
旧 ジウ	古い
早 ザオ	早い[時間]
早 上 ザオ シャン	朝
早 饭 ザオ ファン	朝食

时 刻 表 シー コォ ビアオ	時刻表
时 间 シー ジエン	時間
时 装 店 シー ジョアンディエン	ブティック
明 亮 ミン リアン	明るい
明 信 片 ミン シン ピエン	はがき
明 年 ミン ニエン	来年
明 天 ミン ティエン	明日
易 滑 倒 イー ホア ダオ	すべりやすい
易 碎 品 イー スイ ピン	こわれ物
昆 曲 クゥン チュー	昆曲
春 节 チュンジエ	旧正月
春 天 チュンティエン	春
星 期 一 シン チー イー	月曜日
星 期 二 シン チー アル	火曜日
星 期 三 シン チー サン	水曜日
星 期 四 シン チー スー	木曜日
星 期 五 シン チー ウー	金曜日
星 期 六 シン チー リィゥ	土曜日
星 期 日 シン チー リー	日曜日
昨 天 ズオ ティエン	昨日
香 水 シアン シュイ	香水

中日辞書

香波 シァンボー	シャンプー
香味 シァンウェイ	香り
晕机 ユン ジィ	酔う[航空機に]
晕车 ユン チョ	乗り物酔い
晕船 ユン チュアン	酔う[船に]
晚 ウン	遅い[時間]
晚上 ウン シャン	夜
晚上好! ウン シャン ハオ	こんばんは
景色 ジン ソー	景色
普及 プゥ ジィ	普及
暑假 シュー ジア	夏休み
暗 アン	暗い
暖和 ヌァン フォ	暖かい
暖气 ヌァン チィ	暖房

日（曰）

冒险 マオ シェン	冒険
最低消费 ズォイ ディ シアオ フェイ	最低料金
最近 ズォイ ジン	最近
最大（的）ズォイ ダー ダ	最大(の)
最小（的）ズォイ シアオ ダ	最小(の)
最后（的）ズォイ ホウ ダ	最後(の)
最新（的）ズォイ シン ダ	最新(の)

水

水 シュイ	水
水平 シュイ ピン	レベル
水族馆 シュイ ズゥ グァン	水族館
水果 シュイ グオ	果物
水费 シュイ フェイ	水道代
水龙头 シュイ ロン トウ	蛇口
泉水 チュアン シュイ	泉

贝见父

责任 ゾー レン	責任
货币 フォ ビー	通貨
货币申报 フォ ビー シェン バオ	通貨申告
质量 ジー リァン	品質
贵 グイ	高い[値段]
贵重物品 グイ ジョンウー ピン	貴重品
贸易 マオ イー	貿易
贸易公司 マオ イー ゴン スー	商社
费用 フェイ ヨン	費用
赔偿 ペイ チャン	弁償
赠送 ゾン ソン	贈る
见面 ジェン ミェン	会う

见

观众 グァン ジョン	観衆
观光 グァン グァン	観光
观察 グァン チャ	観察
观众席 グァン ジョン シー	客席
规则 グイ ゾー	ルール／規則
父母 フー ムゥ	親

牛

牛 ニゥ	ウシ
牛仔裤 ニゥ ザァイクゥ	ジーンズ
牛奶 ニゥ ナイ	牛乳
牡蛎 ムゥ リー	カキ[貝]
特快列车 トー クァイリエ チョ	特急列車

手

手 ショウ	手
手指 ショウ シー	指
手纸 ショウ シー	トイレットペーパー
手帕 ショウ パー	ハンカチ
手续 ショウ シュー	手続き
手续费 ショウ シュー フェイ	手数料
手表 ショウ ビアオ	腕時計
手电筒 ショウ ディエントォン	懐中電灯

四画

中日辞書

手腕子 ショウ ウン ズ	手首	
拜托 バイ トゥォ	頼む	
拳术 チュアン シュー	拳法	

毛

毛 マオ	毛
毛巾 マオ ジン	タオル
毛织品 マオ ジー ピン	毛織物
毛毯 マオ タン	毛布
毛衣 マオ イー	セーター
毛笔 マオ ビー	筆

气 女 斤 爪 (⌒)

气候 チィ ホウ	気候
气温 チィ ウェン	気温
氧气罩 ヤン チィ ジャオ	酸素マスク
收据 ショウ ジュ	領収書
收费 ショウ フェイ	有料
收银台 ショウ イン タイ	会計窓口
收集 ショウ ジィ	収集
收音机 ショウ イン ジィ	ラジオ
改良 ガイ リアン	改良する
放 ファン	置く
放大 ファン ダー	拡大する

故事 グゥ シ	物語
故障 グゥ ジャン	故障
效果 シアオ グオ	効果
教师 ジアオ シー	教師
教科书 ジアオ コォ シュー	教科書
教育 ジアオ ユィ	教育
救护车 ジウ フゥ チョ	救急車
救命啊! ジウ ミン ア	助けて!
救生圈 ジウ ションチュアン	浮き袋
救生衣 ジウ ション イー	救命胴衣
敏感皮肤 ミン ガン ピー ラー	敏感肌
数字 シュー ズー	数字/数
断奶食品 ドゥアン ナイ シー ピン	離乳食
新闻 シン ウェン	ニュース
爬山 パー シャン	山に登る
爱 アイ	愛
爱好 アイ ハオ	趣味

月

月台 ユェ タイ	ホーム[駅]
月饼 ユェ ビン	月餅

月经日 ユェ ジン リー	生理日
有意思 ヨウ イー ス	おもしろい
有名的 ヨウ ミン ダ	有名な
有效 ヨウ シアオ	有効
有效期 ヨウ シアオ チィ	有効期限
有钱人 ヨウ チェン レン	金持ち
有腥味儿 ヨウ シン ウェル	生臭い
肝炎 ガン イェン	肝炎
肝脏(病) ガン ザン ビン	肝臓(病)
肚子 ドゥ ズ	おなか
肚子饿了 ドゥ ズ オー ラ	空腹
肚子疼 ドゥ ズ トン	腹痛
肠胃药 チャンウェイヤオ	胃腸薬
肺炎 フェイ イェン	肺炎
服务费 フー ウー フェイ	サービス料
服务生 フー ウー ション	ベルボーイ
服用法 フー ヨン ファ	服用法
朋友 ポン ヨウ	友人
肥皂 フェイ ザオ	石鹸
脉搏 マイ ボー	脈拍
胡同 フゥ トォン	路地

四画

中日辞書

背 bèi	背中		穴		示	
背 后 bèi hòu	背後	空 调 kōng tiáo	エアコン	票 piào	切符／チケット
胃 wèi	胃	空 位 kōng wèi	空席	禁 烟 席 jìn yān xí	禁煙席
胃 痉 挛 wèi jìng luán	胃けいれん	空 闲 的 kōng xián de	暇な	禁 止 拍 照 jìn zhǐ pāi zhào	撮影禁止
胜 shèng	勝つ	穿 chuān	着る	禁 止 超 车 jìn zhǐ chāo chē	追越し禁止
胶 卷 jiāo juǎn	フィルム	窗 口 chuāng kǒu	窓口	禁 用 闪 光 灯 jìn yòng shǎn guāng dēng	フラッシュ禁止
脏 zāng	汚い	窗 帘 chuāng lián	カーテン		
脑 袋 nǎo dài	頭	窗 户 chuāng fu	窓	石	
胳 膊 gē bo	腕		疒		石 头 shí tou	石
胳 膊 肘 子 gē bo zhǒu zi	肘	疗 养 地 liáo yǎng dì	保養地	矿 泉 水 kuàng quán shuǐ	ミネラルウォーター
胸 脯 xiōng pú	胸	病 bìng	病気	码 头 mǎ tou	桟橋
脖 子 bó zi	首	病 人 bìng rén	患者	砚 台 yàn tái	硯
脚 jiǎo	足［足首から下］	疼 téng	痛む（痛み）	硬 卧 yìng wò	2等寝台
脸（色） liǎn sè	顔（色）	痒 yǎng	かゆい	硬 座 yìng zuò	2等座席
期 间 qī jiān	期間	瘦 身 shòu shēn	痩身	硬 币 yìng bì	硬貨
膝 盖 xī gài	膝	癌 症 ái zhèng	癌	确 认 què rèn	確認（する）
				确 切 的 què qiè de	確かな
欠风母		衤		磁 悬 浮 列 车（车 站） cí xuán fú liè chē (chē zhàn)	リニアモーターカー（乗り場）
欲 望 yù wàng	欲望	衬 衣 chèn yī	ワイシャツ		
歌 手 gē shǒu	歌手	袜 子 wà zi	靴下	碟 子 dié zi	皿
歌 曲 gē qǔ	歌	被 盗 品 bèi dào pǐn	盗難品		
风 景 fēng jǐng	風景	裤 子 kù zi	ズボン	目	
每 日 měi rì	毎日	裙 子 qún zi	スカート	目 录 mù lù	カタログ／目次

目标 ムゥ ビアオ	目標
目的地 ムゥ ディ ディ	行き先/目的(地)
相遇 シテン ユイ	出会い
相同 シテン トォン	同じ
看 カン	見る
看家 カン ジア	留守番
省 ション	省
眉毛 メイ マオ	眉
眼泪 イェン レイ	涙
眼睛 イェン ジン	目
眼镜儿 イェン ジイル	眼鏡
眼镜店 イェン ジン ディェン	眼鏡店
眼科医生 イェン コォ イー ション	眼科医
睡衣 シュイ イー	パジャマ
睡 シュイ	眠る/寝る

田

男士服装店 ナン シー フー ジョテン ディェン	洋服店[紳士]
男孩儿 ナン ハイル	男の子
男朋友 ナン ポン ヨウ	ボーイフレンド
男服务员 ナン フー ウー ユェン	ウエイター
男装 ナン ジョテン	紳士服
画家 ホア ジア	画家
留言 リィウ イェン	伝言
略图 リュエ トゥ	略図

皿

盐 イェン	塩
盛得满满的 チョン ダ マン マン ダ	山盛りの
盒式录音带 ホー シー ルー イン ダイ	カセットテープ
盒饭 ホー ファン	弁当

钅(金)

金 ジン	金
金额 ジン オー	金額
针 ジェン	針
针灸 ジェン ジウ	鍼灸
钓鱼 ディアオ ユイ	釣り
钓鱼具店 ディアオ ユイ ジュ ディェン	釣具店
钟表店 ジョン ビアオ ディェン	時計店
钥匙 ヤオ シ	鍵
钱 チェン	お金
钱包 チェン バオ	財布
钻石 ズアン シー	ダイヤモンド
铁路 ティエ ルー	鉄道
铅笔 チェン ビー	鉛筆
银 イン	銀
银行 イン ハン	銀行
银行职员 イン ハン ジー ユェン	銀行員
销售单 シアオ ショウ ダン	販売伝票
镜头 ジン トウ	レンズ
镜子 ジン ズ	鏡

矢 禾 白

知识 シー シ	知識
短 ドゥアン	短い
短处 ドゥアン チュ	短所
私营 スー イン	私営の
秋天 チウ ティェン	秋
积极的 ジィ ジィ ダ	積極的な
移动 イー ドン	移動する
税款偿还 シュイ クアン チャン ホアン	タックス・リファンド
税款 シュイ クアン	税金
白色 バイ ソー	白い

鸟 矛

鸟 ニアオ	鳥

鸡尾酒 ジィ ウェイ ジゥ	カクテル
鸡肉 ジィ ロウ	鶏肉
矛盾 マオ ドゥン	矛盾

皮

皮肤 ピー ラー	肌
皮肤晒黑 ピー ラー シャイ ヘイ	日焼け
皮革 ピー ゴー	革
皮鞋 ピー シェ	革靴
皱纹 ジョウ ウェン	シワ

衣

衣帽寄存处 イー マオ ジィ ツン チュ	クローク
衣橱 イー チュ	洋服ダンス
衣服 イー フ	服
衣类 イー レイ	衣料品
袋茶 ダイ チャ	ティーバッグ
袋子 ダイ ズ	袋
裁判员 ツァイ パン ユアン	審判

羊(⺷⺶)

羊 ヤン	羊
美丽 メイ リー	美しい
美术馆 メイ シューグアン	美術館

美术明信片 メイ シュー ミン シン ピェン	絵はがき
美白 メイ バイ	美白
着陆 ジュオ ルー	着陸
着迷 ジュオ ミー	夢中
羡慕 シェン ムゥ	うらやましい

米

类似的 レイ スー ダ	類似の
粉红色 フェン ホン ソー	ピンク色
糖 タン	飴

老

老毛病 ラオ マオ ピン	持病
老鼠 ラオ シュー	ネズミ

耳

耳环 アル ホアン	イヤリング
耳朵 アル ドゥオ	耳
耳机 アル ジィ	イヤホーン
联系地址 リエン シー ディ ジー	連絡先
联欢会 リエン ホアン ホイ	パーティー
聪明 ツォン ミン	賢い
聪明的 ツォン ミン ダ	利口な

西页

西餐 シー ツァン	西洋料理
西服 シー フー	背広/スーツ
西 シー	西
要求 ヤオ チウ	要求
顶峰 ディン フォン	頂上
项链 シアン リェン	ネックレス
顺利 シュン リー	順調な
顾问 グゥ ウェン	コンサルタント
预计 ユイ ジィ	見込み
预定 ユイ ディン	予定
预定停留时间 ユイ ディン ティン リゥ シー ジェン	滞在予定期間
预售票 ユイ ショウ ピアオ	前売券
预算 ユイ スワン	予算
领带 リン ダイ	ネクタイ
领子 リン ズ	襟

虫 缶 舌

虫子 チョン ズ	虫
虾 シア	エビ
蚊子 ウェン ズ	蚊
蜂王浆 フォン ウン ジアン	ローヤルゼリー
蜂蜜 フォン ミー	ハチミツ

中文	ピンイン	日本語
罐头起子	グァントウ チィ ズ	缶切り
罐装啤酒	グァンジョアンピー ジゥ	缶ビール
舌头	ショートウ	舌
甜	ティエン	甘い
甜点	ティエンディエン	デザート
舒服	シューフ	快適な

竹

竹叶	ジューイエ	笹の葉
笔	ビー	ペン
笔记本	ビー ジィ ベン	手帳
笑	シアオ	笑う
等	ドン	待つ
等退座	ドン トォイズオ	空席待ち
答复	ダー フ	返事
筷子	クァイズ	箸
签证	チェンジョン	ビザ
签名	チェンミン	署名
签字	チェンズー	サイン(する)

自

自动售票机	ズー ドン ショウピアオジィ	自動券売機
自助餐	ズー ジュー ツァン	ビュッフェ(バイキング)
自助餐厅	ズー ジュー ツァンティン	カフェテリア
自由活动时间	ズー ヨウ フォドン シー ジエン	自由時間
自由市场	ズー ヨウ シー チャン	自由市場
自行车	ズー シン チョ	自転車

血

血压	シュエヤー	血圧
血液	シュエイエ	血液

舟

航班(号)	ハン バン ハオ	便(名)
航空公司	ハン コン ゴン スー	航空会社
船	チュアン	船
船内手提行李	チュアンネイ ショウティ シン リ	船室(船倉)手荷物
船票	チュアンピアオ	乗船券
船长	チュアンジャン	船長

羽 糸

翅膀	チー バン	翼
翻译	ファンイー	通訳/翻訳
素食	スゥ シー	ベジタリアンメニュー
素色	スゥ ソー	無地
索道	スオ ダオ	ロープウェイ

紧	ジン	きつい
紧急	ジン ジィ	緊急
紧急按钮	ジン ジィ アン ニウ	非常ボタン
紧急电话	ジン ジィ ディエンホア	緊急電話
累	レイ	疲れ
紫色	ズー ソー	紫

辛 麦

辛苦	シン クゥ	苦労
辣	ラー	辛い
麦克风	マイ コォ フォン	マイク

走

走廊	ゾウ ラン	廊下
起床	チィ チュアン	起きる
起飞	チィ フェイ	離陸
越剧	ユエ ジュ	越劇
超级市场	チャオジィ シー チャン	スーパーマーケット

豆 酉

登机手续	ドン ジィ ショウシュー	搭乗手続き
登机牌	ドン ジィ パイ	搭乗券
配送	ペイ ソン	配達
酸	スァン	酸っぱい

酸奶 スワン ナイ	ヨーグルト

里

重 ジョン	重い
重量 ジョン リアン	重さ
重（病） ジョン ビン	重い (病気)
野生的 イエ ション ダ	野生の
量 リアン	量

足

足部 ズゥ ブー 按摩袜 アン モー ワー	足つぼ 靴下
距离 ジュ リー	距離
跑道 パオ ダオ	滑走路
跳舞 ティアオ ウー	ダンス (をする)
路过 ルー グオ	経由
路线图 ルー シエントゥ	路線図
路灯 ルー ドン	街灯
路 ルー	道

身 角 青 其

身体 シェン ティ	体
解决 ジエ ジュエ	解決 (する)
青年旅社 チン ニエンリュ ショー	ユース ホステル
青春痘 チン チュンドウ	ニキビ

青蛙 チン ワー	カエル
其他的 チィ ター ダ	ほかの

雨

雨衣 ユィ イー	レイン コート
雪茄 シュエ ジア	葉巻
零钱 リン チエン	小銭
雾 ウー	霧

隹

难 ナン	難しい
难受 ナン ショウ	つらい
雀斑 チュエ バン	ソバカス
集 ジィ	集める
雕刻 ティアオ コォ	彫刻

鱼

鱼 ユィ	魚
鱼虾类 ユィ シア レイ	魚介類
鲜啤 シエン ビー	生ビール
鲜明 シエン ミン	鮮やかな
鲨鱼 シャ ユィ	サメ

音 革

音乐会 イン ユエ ホゥイ	コンサート
音乐家 イン ユエ ジア	音楽家

音乐节目 イン ユエ ジエ ムゥ	音楽番組
音像店 イン シアンディエン	CD店
鞋 シエ	靴

骨 食

骨头 グゥ トウ	骨
骨折 グゥ ジョー	骨折
食物 シー ウー 中毒 ジョンドゥ	食あたり
餐厅 ツァン ティン	レストラン
餐饮费 ツァンイン フェイ	飲食代
餐车 ツァンチョ	食堂車

麻

麻烦 マー ファン	迷惑
麻将 マー ジアン	マージャン
摩托车 モー トゥオチョ	オートバイ

黑 鼠 鼻

黑白 ヘイ バイ 胶卷 ジアオ ジュアン	白黒 フィルム
墨 モー	墨
鼠标 シュー ビアオ	マウス [PC]
鼻子 ビー ズ	鼻

中日辞書

七画以上

リファランス

中国語文法

中国語でよく使われる文型を1から5の文型を通じて考えてみましょう。

1 目的語がある一般文型

中国語：我们　　昨天　　　在　　星巴克　　　喝　了　　两杯　　　咖啡。
　　　　ウオメン　ズオティエン　ザァイ　シンバーコォ　ホー　ラ　リアンベイ　カフェイ
　　　　（主語）（時間）　　（場所）　　　　（動詞）　（数量）　（目的語）
日本語：私たちは昨日　　　　スターバックスでコーヒーを2杯　　　　飲んだ。
　　　　（主語）（時間）　　（場所）　　　　　　　（目的語）（数量）（動詞）

1) 語順
中国語では、主語＋動詞＋目的語 という形をとります。そのほかの成分を日本語と比べた時、次のことがわかります。

a. 日本語も中国語も主語・時間・場所を表すことばは動詞の前にくる。
b. 日本語では動詞が文末にくるが、中国語では目的語が動詞の後にくる。
c. 数量は日本語では通常動詞の前で表すが、中国語は名詞の前で表す。

中国語にはいろいろな文型がありますが、基本的には上の3点をしっかり頭に入れて下さい。次に例文にある各項目を見ていきましょう。

2) 主語
主語としてよく使われるのは人名や代名詞です。中国語の代名詞をまとめてみましょう。

	単数	複数
一人称	我（私） ウオ	我们（私たち） ウオ メン
二人称	你（あなた） ニー 您（あなた・尊称） ニン	你们（あなたがた） ニー メン
三人称	他／　她／　它 ター　ター　ター （彼）（彼女）（それ）	他们／　她们／　它们 ター メン　ター メン　ター メン （彼ら）（彼女ら）（それら）

日本語では田中さんに向かって、「田中さんは何を食べますか？」と言えますが、中国語では"你吃什么？"のように、必ず"你"（あなた）を使います。「あなた」には尊称"您"があり、初対面の人や先生などに使われます。また三人称は字が違うだけで、すべて同じ音で表すので、意味は文脈で判断します。

3) 時間

中国語では時間・曜日・日付等はすべて数字で表されます（→ P295、296）。ゼロから 10 までの言い方を覚えて、それを組み合わせることで言いたい時間が表せます。なお時間を表す単語は日本語と同じように主語の前に置くこともできます。

例　我　明天　　十点钟　　　　去　上海。
　　ウオ ミンティエン シーディエンジョン チュー シャンハイ
　　（私は明日 10 時に上海に行く）
　　明天　　十点钟　　　　我　去　上海。
　　ミンティエン シーディエンジョン ウオ チュー シャンハイ
　　（明日 10 時に私は上海に行く）

4) 場所

ここでは「動作が行われる場所」について説明します。日本語で通常「〜で」で表されるものは"在"を使って表します。場所の表し方は固有名詞を使うかどうかによって次の二種類に分かれます。

a. 在＋地名・学校名・会社名（固有名詞）
　 ザアイ
b. 在＋ビル・商店・道（一般名詞）＋上　面・里　面・下　面
　 ザアイ　　　　　　　　　　　　　シャン ミエン リー ミエン シア ミエン
　　　　　　　　　　　　　　　　　（うえ）　　（なか）　　（した）

1 の例文で、スターバックスは固有名詞なのでそのままですが、喫茶店を意味する"咖啡店"を使う場合は普通名詞なので、次のように言います。

例　在　咖啡店　　　里面（喫茶店で）
　　ザアイ カフェイディエン リーミエン

5) 動詞

中国語には未来形とか過去形とかがあるわけではないので、あえて言い分ける必要はありません。ただ「1 杯飲んだ」とか「とてもおいしいコーヒーを飲んだ」のように、一回限りの動作の完了を示したり、「行ったことがある」と経験を表したり、「寝ている所だ」と進行中であることを指したり、「着ている」と動作の持続を表したり、またその否定を表す時は次のように言います。

肯定	否定
動詞（する）	不＋動詞（しない） ブー
動詞＋了（した） ラ	没（有）＋動詞（しなかった） メイ ヨウ
動詞＋过（したことがある） グオ	没（有）＋動詞＋过（したことがない） メイ ヨウ　　　　　グオ
在＋動詞（している・進行） ザアイ	没（有）＋（在）＋動詞（していない） メイ ヨウ　ザアイ
動詞＋着（している・持続） ジョ	没（有）＋動詞＋（着）（していない） メイ ヨウ　　　　　ジョ

動詞の後ろに目的語がある時には、"了"や"过"は動詞と目的語の間に置きます。"了"は語気助詞として「そういう状態になった」ことを確認するためにしばしば文末でも使われ、その際、動詞の直後の

"了"は省略することができます。否定では"不"が事態が発生しないことを表し、"没（有）"が完了・経験・進行などの事態がなかったことを表します。

肯定	否定
吃 (食べる) チー	不　吃 (食べない) ブー　チー
吃　了 (食べた) チー　ラ	没（有）吃 (食べなかった) メイ　ヨウ　チー
吃　了　晩饭 チー　ラ　ウンファン (夕飯を食べた)	没（有）吃　晩饭 メイ　ヨウ　チー　ウンファン (夕飯を食べなかった)
吃（了）晩饭　了 チー　ラ　ウンファン　ラ (夕飯を食べた)	没（有）吃　晩饭 メイ　ヨウ　チー　ウンファン (夕飯を食べなかった)
吃过　水饺 チーグオ　シュイジアオ (水餃子を食べたことがある)	没（有）吃过　水饺 メイ　ヨウ　チーグオ　シュイジアオ (水餃子を食べたことがない)
在　吃　晩饭 ザァイ　チー　ウン　ファン (夕飯を食べている)	没（有）（在）吃　晩饭 メイ　ヨウ　ザァイ　チー　ウンファン (夕飯を食べていない)

話者の気持ちを表す「～したい」とか「～しなければならない」という表現や、能力などを示す「～できる」は、動詞の前に助動詞を使って表します。否定は通常"不"を使いますが、なかには否定の形しか使わないものや、否定にすると特定の意味を示すものがあります。

想＋動詞（～たい） シアン	要＋動詞（～なければならない、～たい） ヤオ
不要／別＋動詞（～するな） ブーヤオ　ビエ	不用＋動詞（～なくていい） ブーヨン
会＋動詞（～できる・習得） ホォイ	可以＋動詞（～できる・一般的・許可） コォイー
能＋動詞（～できる・一般的） ノン	

例　我　想　去　厕所。(トイレに行きたい)
　　ウォ　シアン チュー ツォスォ
　　请　不要　忘记。(忘れないで下さい)
　　チン　ブーヤオ　ウンジィ
　　我　会　说　汉语。(中国語ができる)
　　ウォ　ホォイ　シュオ　ハンユィ
　　你　不　可以　进去。(入ってはいけません)
　　ニー　ブー　コォイー　ジンチュー

6) 目的語
目的語の多くは名詞です。名詞の数量は日本語の「1枚・1本」の「枚」や「本」に相当する単語を必ずつけて表し、この単語を「量詞」といいます。語順は必ず「数＋量詞＋名詞」となります。「2」は量詞の前では"两"(リアン)を使いますが、12や20など2が含まれるときの「2」はそのまま"二"(アル)と言います。

数＋量詞＋名詞の例			
个：人・物 グ	一个人 (1人) イーグ レン	盒：箱 ホー	七盒烟 (7箱のタバコ) チィ ホー イェン
张：紙・机 ジャン	两张票 (2枚の切符) リァン ジァン ピアオ	双：対 シュアン	八双鞋 (8足の靴) バー シュアン シェ
瓶：ビン ピン	三瓶啤酒 サン ピン ピー ジウ (3本のビール)	条：ひも等 ティアオ	九条裤子 ジウ ティアオ クゥ ズ (9着のズボン)
本：書籍 ベン	四本书 (4冊の本) スー ベン シュー	杯：コップ ベイ	十杯酒 (10杯の酒) シー ベイ ジウ
辆：車 リァン	五辆车 (5台の車) ウー リァン チョ	间：部屋 ジェン	十一间屋子 シー イー ジェンウー ズ (11部屋)
件：服 ジェン	六件衣服 (6着の服) リィゥ ジェン イー フ	支：ペン等 ジー	十二支笔 (12本のペン) シー アル ジー ビー

「この・その・あの」をつける時は、"这"（これ）や"那"（それ・あれ）＋数＋量詞＋名詞の順番に言います。数が「一」の場合は「一」を省略できます。

例 这三间屋子（この3部屋）　　那两双筷子（あの2膳の箸）
　　ジョー サンジェン ウーズ　　　　ナー リァンシュアンクァイズ
　　这本词典（この辞書）　　　　　那件衬衫（あのシャツ）
　　ジョーベン ツーディエン　　　　　ナージェン チェンシャン

名詞の修飾語は日本語と同様に名詞の前に置かれ、"的"でつなぎます。

例 我的书　　　　　　　　　　　　　　　　　　　　（私の本）
　　ウオ ダ シュー
　　我买的书　　　　　　　　　　　　　　　　　　（私が買った本）
　　ウオ マイダ シュー
　　我在新华书店买的书　　　　　　　　　　　（私が新華書店で買った本）
　　ウオ ザァイ シンホアシューティエン マイダ シュー
　　我昨天在新华书店买的书　　　　　　　　（私が昨日新華書店で
　　ウオ ズオティエン ザァイ シンホアシューティエン マイダ シュー　　買った本）

2 「行く・来る」の文型

中国語：①我　　　明天　　　到西安　　　去。
　　　　　ウオ　　ミンティエン　ダオ シーアン　チュー
　　　　　(主語)　(時間)　　　(目的地)　　　(動詞)
　　　　②我　　　明天　　　去　　　　　西安。
　　　　　ウオ　　ミンティエン　チュー　　　　シーアン
　　　　　(主語)　(時間)　　　(動詞)　　　　(目的地)
日本語：　私は　　明日　　　西安に　　　行く。
　　　　　(主語)　(時間)　　　(目的地)　　　(動詞)

見てわかるとおり、①の例文では日本語と語順が全く同じです。違うのは目的地を表す時、日本語では「目的地＋に／へ」の形をとりますが、中国語では前置詞（介詞ともよばれる）の「"到"＋目的地」の形を使うことです。目的地を表す時、②の例文の言い方で言うことも

できます。この場合、前置詞を使わない分、構造は簡単ですが、目的地と動詞の語順は日本語と逆になります。「来る」という場合は動詞の"来"を使い、「行く」と同様、二通りの言い方ができます。次に、「〜て行く・〜て来る」という言い方を見てみましょう。

〜て行く	〜て来る
搬到　那儿　去 (あそこまで運んで行く) バンダオ　ナール　チュー	搬到　这儿　来 (ここまで運んで来る) バンダオ　ジョール　ライ
回到　中国　去 (中国に帰って行く) ホォイダオ　ジョングオ　チュー	回到　日本　来 (日本に帰って来る) ホォイダオ　リーベン　ライ
开到　天津　去 (天津まで運転する) カイダオ　ティエンジンチュー	开到　我家　来 (我が家まで運転する) カイダオ　ウオジア　ライ

例文からわかるように、「"到"＋目的地＋去・来」を「運ぶ・帰る・運転する」など移動を表す動詞の後ろに直接つなげて表します。話者から離れていく動作は"去"、近づいてくる動作は"来"を最後につけます。したがって三番目の例文で、話者が天津にいる場合は"开到天津来"となります。

なお、「帰る」を表す動詞"回"は次のように言うこともできます。

例　回　中国　(去)　　　　　　回　日本　(来)
　　ホォイ　ジョングオ　チュー　　　　ホォイ　リーベン　ライ

3 「です」の文型

日本語で使う「です」の構文は次の二種類があります。

1) 名詞構文

中国語：北京　是　　　　中国　的　首都。
　　　　ベイジン　シー　　　ジョングオ　ダ　ショウドゥ
　　　　(主語)　(動詞)　　　(名詞)
日本語：北京は　中国の首都　です。(名詞＋です)
　　　　(主語)　(名詞)　　　　(動詞)

この構文では英語の be 動詞にあたる中国語の"是"が使われ、ほかの構文と同様、主語のすぐ後ろに使います。基本的には"A 是 B"で A＝B の関係が成り立ちます。否定は"不是"を使います。

2) 形容詞構文

中国語：这个　饺子　　很　　好吃。
　　　　ジョーグ　ジアオズ　ヘン　ハオチー
　　　　(主語)　　(程度)　(形容詞)
日本語：この餃子は　とても　おいしいです。(形容詞＋です)
　　　　(主語)　　　(程度)　(形容詞)

形容詞構文では、日本語と全く同じ語順をとります。日本語では「おいしい」の後ろに「です」をつけていますが、なくても意味は変わらないので一つの形容詞とみなすことにします。英語のような be 動詞を必要としないのが特徴です。

形容詞の構文で気をつけることは、"很"を形容詞の前につけてはじめて文が完結すること、そして否定は"不"を使うことです。

4 「いる・ある」の文型

1)「何がいる/ある」を表す時

中国語：上海动物园　　　　　有　　　两只　　　熊猫。
　　　　シャンハイドンウーユアン　ヨウ　リアンジー　ションマオ
　　　　（場所）　　　　　　　（動詞）（数量）　　（人・物）
日本語：上海動物園には　　　　パンダが　2頭　　　いる。
　　　　（場所）　　　　　　　（人・物）（数量）　（動詞）

日本語では「いる・ある」を使い分けますが、中国語では所有を表す"有"の一語で表わされます。この構文では「場所＋動詞＋所有するもの」という語順をとり、数量は必ず名詞の前に示されます。否定は"没有"を使います。

2)「どこにいる/ある」を表す時

中国語：万里长城　　　　　　在　　　　北京郊外。
　　　　ワンリーチャンチョン　ザァイ　　ベイジンジアオウィ
　　　　（人・物）　　　　　（動詞）　　（場所）
日本語：万里の長城は　　　　北京の郊外に　ある。
　　　　（人・物）　　　　　（場所）　　　（動詞）

同じく日本語の「いる・ある」は中国語では存在場所を表す"在"一語で表わされます。中国語の語順は「人・物＋動詞＋場所」となります。場所の表しかたは 1-4) と同じです。否定は"不在"を使います。

5 疑問文

最後に疑問文についてです。よく使われるのは次の二つの構文です。

1)「はい」か「いいえ」で答える疑問文
　①文末に"吗"をつける（日本語の「か」に相当）
　　例　你　喜欢　吃　水饺　吗？（水餃子は好きですか？）
　　　　ニー　シーホアン　チー　シュイジアオ　マ
　②動詞・形容詞の「肯定形」と「否定形」を組み合わせる
　　例　她们　去不去　看　电影　啊？
　　　　ターメン　チューブチュー　カン　ディエンインー　ア
　　（彼女たちは映画を見に行きますか）

2)「いつ・どこ」などの疑問詞を使う疑問文
　　例　你　几点　坐　飞机　啊？（何時に飛行機に乗りますか）
　　　　ニー　ジィディエン　ズオ　フェイジィ　ア

英語と違い疑問詞を文頭に置く必要はありません。また日本語では「いつ食べますか」のように文末に「か」を使いますが、このタイプの疑問文では"吗"は使わず、しばしば"啊"や"呢"が使われます。

中国語の主な疑問詞

谁 (だれ)	什 么 (何)	什 么 时 候 (いつ)	几点 (何時に)
シェイ	シェン モ	シェン モ シー ホウ	ジィ ディエン
星 期 几 (何曜日に)	哪儿 (どこ)	怎 样 (どうやって)	为 什 么 (何で)
シン チィ ジィ	ナール	ゼン ヤン	ウェイ シェン モ

資料・単語編

1 パーソナルデータ

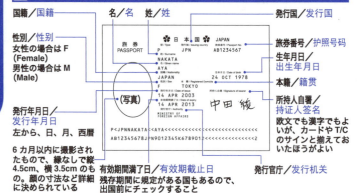

- 国籍／国籍
- 名／名　姓／姓
- 発行国／发行国
- 性別／性別
  女性の場合はF (Female)
  男性の場合はM (Male)
- 旅券番号／护照号码
- 生年月日／出生年月日
- 本籍／籍贯
- 所持人自署／持证人签名
  欧文でも漢字でもよいが、カードやT/Cのサインと揃えておいたほうがよい
- 発行年月日／发行年月日
  左から、日、月、西暦
  6カ月以内に撮影されたもので、縁なしで縦4.5cm、横3.5cmのもの。顔の寸法など詳細に決められている
- 有効期間満了日／有效期截止日
  残存期間に規定がある国もあるので、出国前にチェックすること
- 発行官庁／发行机关

2 職業

会社員 company employee	公司职员 ゴン スー ジー ユアン		銀行員 bank clerk	银行职员 イン ハン ジー ユアン
会社役員 director	公司董事 ゴン スー ドン シー		技師 engineer	工程师 ゴン チョン シー
会社社長 president	总经理 ゾォン ジン リー		工員 factory worker	工人 ゴン レン
農業 farmer	农业 ノン イエ		研究員 researcher	研究员 イェン ジウ ユアン
漁業 fisherman	渔业 ユイ イエ		医師 medical doctor	医生 イー ション
商店経営者 shop owner	商店经营者 シャン ディエン ジン イン ジョー		看護師 nurse	护士 フゥ シ
			薬剤師 pharmacist	药剂师 ヤオ ジィ シー
公務員 government employee	公务员 ゴン ウー ユアン		美容師 beautician/hairdresser	美容师 メイ ロン シー
教師 teacher	教师 ジアオ シー		自由業 free-lancer	自由职业 ズー ヨウ ジー イエ
学生 student	学生 シュエ ション		アルバイト part-timer	打工 ダー ゴン
主婦 housewife	家庭妇女 ジア ティン フー ニュ		無職 unemployed	无业人员 ウー イエ レン ユアン

3 家族

夫 husband	丈夫 ジャンフ	(母方の) 祖父/祖母 grandfather/ grandmother	老爷/姥姥 ラオイエ ラオラオ
妻 wife	妻子 チィズ	孫 grandchild	(外)孙子/(外)孙女 ウイスンズ ウイスンニュ
夫婦 husband and wife/couple	夫妻 ラーチィ	兄/弟 older/younger brother	哥哥/弟弟 ゴーグ ディディ
両親 parents	父母 フームゥ	姉/妹 older/younger sister	姐姐/妹妹 ジエジエ メイメイ
子供 child	孩子 ハイズ	(父方の) 伯父/叔父 uncle	伯父/叔父 ボーフ シューフ
父 father	父亲/爸爸 フーチン バーバ	(父方の) 伯母/叔母 aunt	姑母 グゥムゥ
母 mother	母亲/妈妈 ムゥチン マーマ	甥 nephew	侄儿/外甥 ジアル ウイション
息子 son	儿子 アルズ	姪 niece	侄女/外甥女 ジーニュ ウイションニュ
娘 daughter	女儿 ニュアル	従兄弟/従姉妹 cousin	堂(表)兄弟/ タン ビアオ ションディ 堂(表)姐妹 タン ビアオ ジエ メイ
(父方の) 祖父/祖母 grandfather/ grandmother	爷爷/奶奶 イエイエ ナイナイ		

※ 叔父・叔母等の呼称は父方や母方、年齢などによって細分化されており、上記のもの以外にも複数の表現がありますが、一般旅行者がその違いを理解するのは難しいので省略しました。

4 時間・日

1時間 one hour	一个小时 イーグ シアオシー	夜 night	夜间/晚上 イエジエン ウンシャン
2時間 two hours	两个小时 リアング シアオシー	今朝 this morning	今早 ジンザオ
半時間 (30分) half an hour	半个小时 バング シアオシー	今日 today	今天 ジンティエン
1分 one minute	一分 イーフェン	今日の午後 this afternoon	今天下午 ジンティエンシアウー
5分 five minutes	五分 ウーフェン	今晩 this evening	今晚 ジンウン
午前 morning	上午 シャンウー	今夜 tonight	今夜 ジンイエ
正午 noon	中午 ジョンウー	昨日 yesterday	昨天 ズオティエン
午後 afternoon	下午 シアウー	おととい the day before yesterday	前天 チエンティエン
夕方 evening	傍晚 バンウン	明日 tomorrow	明天 ミンティエン

5 週・曜日

週 / week	周／星期 ジョウ シン チィ
日曜日 / Sunday	星期天／星期日 シン チィ ティエン シン チィ リー
月曜日 / Monday	星期一 シン チィ イー
火曜日 / Tuesday	星期二 シン チィ アル
水曜日 / Wednesday	星期三 シン チィ サン
木曜日 / Thursday	星期四 シン チィ スー
金曜日 / Friday	星期五 シン チィ ウー
土曜日 / Saturday	星期六 シン チィ リィゥ
今週 / this week	这个星期 ジョーグ シン チィ
先週 / last week	上个星期 シャング シン チィ
来週 / next week	下个星期 シアグ シン チィ
平日 / weekday	平日 ピン リー
週末 / weekend	周末 ジョウ モー
祝日 / holiday	节日 ジェ リー
記念日 / anniversary	纪念日 ジィ ニエン リー
誕生日 / birthday	生日 ション リ

6 月・年・季節

1月 / January	1月 イー ユエ
2月 / February	2月 アル ユエ
3月 / March	3月 サン ユエ
4月 / April	4月 スー ユエ
5月 / May	5月 ウー ユエ
6月 / June	6月 リィゥ ユエ
7月 / July	7月 チィ ユエ
8月 / August	8月 バー ユエ
9月 / September	9月 ジウ ユエ
10月 / October	10月 シー ユエ
11月 / November	11月 シー イー ユエ
12月 / December	12月 シー アル ユエ
新年 / new year	新年 シン ニエン
旧正月 / lunar new year	春节 チュン ジエ
今月 / this month	这个月 ジョーグ ユエ
先月 / last month	上个月 シャング ユエ
来月 / next month	下个月 シアグ ユエ
今年 / this year	今年 ジン ニエン
去年 / last year	去年 チュー ニエン
来年 / next year	明年 ミン ニエン
春 / spring	春天 チュン ティエン
夏 / summer	夏天 シア ティエン
秋 / autumn/fall	秋天 チウ ティエン
冬 / winter	冬天 ドン ティエン

7 数字／序数

0 zero	零 リン	21 twenty-one/twenty-first	二十一／第二十一个 アル シー イー ディ アル シー イー グ
1 one/first	一／第 一 个 イー ディ イー グ	30 thirty/thirtieth	三十／第三十个 サン シー ディ サン シー グ
2 two/second	二／第 二 个 アル ディ アル グ	40 forty/fortieth	四十／第四十个 スー シー ディ スー シー グ
3 three/third	三／第 三 个 サン ディ サン グ	50 fifty/fiftieth	五十／第五十个 ウー シー ディ ウー シー グ
4 four/fourth	四／第 四 个 スー ディ スー グ	60 sixty/sixtieth	六十／第六十个 リィウ シー ディ リィウ シー グ
5 five/fifth	五／第 五 个 ウー ディ ウー グ	70 seventy/seventieth	七十／第七十个 チィ シー ディ チィ シー グ
6 six/sixth	六／第 六 个 リィウ ディ リィウ グ	80 eighty/eightieth	八十／第八十个 バー シー ディ バー シー グ
7 seven/seventh	七／第 七 个 チィ ディ チィ グ	90 ninety/ninetieth	九十／第九十个 ジウ シー ディ ジウ シー グ
8 eight/eighth	八／第 八 个 バー ディ バー グ	100 hundred/hundredth	一百／第一百个 イー バイ ディー バイ グ
9 nine/ninth	九／第 九 个 ジウ ディ ジウ グ	200 two hundred/two hundredth	两百／第两百个 リエン バイ ディ リエン バイ グ
10 ten/tenth	十／第 十 个 シー ディ シー グ	数百の hundreds of~	几 百 ジィ バイ
11 eleven/eleventh	十一／第十一个 シー イー ディ シー イー グ	1000 thousand/thousandth	一千／第一千个 イー チエン ディ イー チエン グ
12 twelve/twelfth	十二／第十二个 シー アル ディ シー アル グ	10000 ten thousand	一万 イ ウン
13 thirteen/thirteenth	十三／第十三个 シー サン ディ シー サン グ	20000 twenty thousand	两万 リエン ウン
14 fourteen/fourteenth	十四／第十四个 シー スー ディ シー スー グ	100000 one hundred thousand	十万 シー ウン
15 fifteen/fifteenth	十五／第十五个 シー ウー ディ シー ウー グ	1000000 one million	一百万 イー バイ ウン
16 sixteen/sixteenth	十六／第十六个 シー リィウ ディ シー リィウ グ	2倍 twice/two times	两倍／増加一倍 リエン ベイ ゾン ジア イー ベイ
17 seventeen/seventeenth	十七／第十七个 シー チィ ディ シー チィ グ	3倍 triple/three times	三倍／増加两倍 サン ベイ ゾン ジア リエン ベイ
18 eighteen/eighteenth	十八／第十八个 シー バー ディ シー バー グ	1/2 a half	二分之一 アル フェン ジー イー
19 nineteen/nineteenth	十九／第十九个 シー ジウ ディ シー ジウ グ	1パーセント 1%	百分之一 バイ フェン ジー イー
20 twenty/twentieth	二十／第二十个 アル シー ディ アル シー グ		

*"1" が電話番号、ルームナンバーなどに用いられるとき、"7"との混同を避けるため「ヤオ」と発音されます。

8 反意語

高い ↔ 安い expensive↔inexpensive	贵 ↔ 便宜 グイ ピエン イ
厚い ↔ 薄い thick↔thin	厚 ↔ 薄 ホウ バオ
よい ↔ 悪い good↔bad	好 ↔ 坏 ハオ ホアイ
大きい ↔ 小さい big, large↔small	大 ↔ 小 ダー シアオ
[幅が]広い ↔ 狭い wide↔narrow	宽 ↔ 窄 クアン ジャイ
高い ↔ 低い high↔low	高 ↔ 低 ガオ ディ
[背が]高い ↔ 低い tall↔short	高 ↔ 矮 ガオ アイ
長い ↔ 短い long↔short	长 ↔ 短 チャン ドゥアン
楽しい ↔ 悲しい happy↔sad	高兴 ↔ 悲伤 ガオシン ベイシャン
速い ↔ 遅い fast ↔ slow	快 ↔ 慢 クアイ マン
[時間が]早い ↔ 遅い early↔late	早 ↔ 晚 ザオ ウン
正しい ↔ 間違っている right↔wrong	对 ↔ 错 ドゥイ ツオ
便利な ↔ 不便な convenient↔inconvenient	方便 ↔ 麻烦 ファン ビエン マー ファン
静かな ↔ うるさい quiet ↔ noisy	安静 ↔ 吵闹 アン ジン チャオ ナオ
暇な ↔ 忙しい free↔busy	空 ↔ 忙 コン マン
新しい ↔ 古い new↔old	新 ↔ 旧 シン ジウ
堅い ↔ 柔らかい hard↔soft	硬 ↔ 软 イン ルゥアン
太い ↔ 細い thick↔thin	粗 ↔ 细 ツゥ シー
ゆるい↔きつい loose↔tight	松 ↔ 紧 ソン ジン
深い ↔ 浅い deep↔ shallow	深 ↔ 浅 シェン チエン
重い ↔ 軽い heavy↔light	重 ↔ 轻 ジョン チン
熱い(暑い)冷たい(寒い)↔ hot↔ cold	热 ↔ 冷 ロー ロン
暖かい ↔ 涼しい warm↔cool	暖 ↔ 凉 ヌアン リアン
若い ↔ 年配の young↔old	年轻 ↔ 年长 ニエン チン ニエン ジャン
湿った ↔ 乾いた wet↔dry	湿 ↔ 干 シー ガン
快適な ↔ 不快な comfortable↔uncomfortable	舒服 ↔ 难受 シューフ ナン ショウ
明るい ↔ 暗い light↔dark	亮 ↔ 暗 リアン アン
充分な ↔ 不充分な enough↔not enough	充足 ↔ 不足 チョンズゥ ブーズゥ
[数量が] たくさん ↔ 少し many↔a few much↔a little	多 ↔ 少 ドゥオ シャオ
上の ↔ 下の upper↔lower	上 ↔ 下 シャン シア
強い ↔ 弱い strong↔weak	强 ↔ 弱 チアン ルゥオ
本物の ↔ にせものの real↔fake	真 ↔ 假 ジェン ジア
清潔な↔汚れた clean↔dirty	干净 ↔ 脏 ガンジン ザン
たびたび↔まれに often↔rarely	经常 ↔ 偶尔 ジンチャン オウアル
遠い ↔ 近い far↔ near	远 ↔ 近 ユアン ジン
滑らかな↔粗い smooth↔ rough	平滑 ↔ 粗糙 ピン ホア ツゥ ツアオ

9 国/国民

アイルランド Ireland/ Irish	爱尔兰/爱尔兰人 アイアルラン アイアルランレン	スペイン Spain/Spaniard	西班牙/ シーバンヤー 西班牙人 シーバンヤーレン
アメリカ合衆国 the United States of America/American	美国/美国人 メイグオ メイグオレン	タイ Thailand/Thai	泰国/泰国人 タイグオ タイグオレン
イギリス Great Britain, the United Kingdom/English	英国/英国人 イングオ イングオレン	中国 China/Chinese	中国/中国人 ジョングオ ジョングオレン
		デンマーク Denmark/Dane	丹麦/丹麦人 ダンマイ ダンマイレン
イスラエル Israel/Israeli	以色列/以色列人 イーソーリエ イーソーリエレン	ドイツ Germany/German	徳国/徳国人 ドゥグオ ドゥグオレン
イタリア Italy/Italian	意大利/意大利人 イーダーリー イーダーリーレン	トルコ Turkey/Turk	土耳其/土耳其人 トゥアルチ トゥアルチレン
イラン Iranian	伊朗/伊朗人 イーラン イーランレン	日本 Japan/Japanese	日本/日本人 リーベン リーベンレン
インド India/Indian	印度/印度人 インドゥ インドゥレン	ニュージーランド New Zealand/New Zealander	新西兰/ シンシーラン 新西兰人 シンシーランレン
オーストラリア Australia/Australian	澳大利亚/ アオダーリーヤー 澳大利亚人 アオダーリーヤーレン	ノルウェー Norway/Norwegian	挪威/挪威人 ヌオウェイ ヌオウェイレン
オーストリア Austria /Austrian	奥地利/奥地利人 アオディリー アオディリーレン	ハンガリー Hungary/Hungarian	匈牙利/ ションヤーリー 匈牙利人 ションヤーリーレン
オランダ the Netherlands/Dutchman (Dutchwoman)	荷兰/荷兰人 ホーラン ホーランレン	フィンランド Finland/Finn	芬兰/芬兰人 フェンラン フェンランレン
カナダ Canada/Canadian	加拿大/加拿大人 ジアナーダー ジアナーダーレン	フランス France/Frenchman (Frenchwoman)	法国/法国人 ファグオ ファグオレン
韓国 Korea/Korean	韓国/韓国人 ハングオ ハングオレン	ベルギー Belgium/Belgian	比利时/比利时人 ビーリーシー ビーリーシーレン
ギリシア Greece/Greek	希腊/希腊人 シーラー シーラーレン	ポーランド Poland/Pole	波兰/波兰人 ボーラン ボーランレン
サウジアラビア Saudi Arabia/Saudi Arabian	沙特阿拉伯/ シャーテーアラーボー 沙特阿拉伯人 シャーテーアラーボーレン	ポルトガル Portugal/Portuguese	葡萄牙/葡萄牙人 ブウタオヤー ブウタオヤーレン
スイス Switzerland/Swiss	瑞士/瑞士人 ルゥイシー ルゥイシーレン	ルーマニア Rumania /Rumanian	罗马尼亚/ ルオマーニーヤー 罗马尼亚人 ルオマーニーヤーレン
スウェーデン Sweden /Swede	瑞典/ ルゥイティエン 瑞典人 ルゥイティエンレン	ロシア連邦 the Russian Federation/Russian	俄罗斯/俄罗斯人 オールオスー オールオスーレン

資料・実用編

1 度量衡換算表

長さ

メートル法		中国市用制		日本旧制尺貫法		
m(米)	km(公里)	市里	市尺	寸	尺	間
1	0.001	0.002	3	33.00	3.300	0.550
1000	1	2	3000	33000	3300	550
500	0.5	1	1500	16500	1650	275
0.33	—	0.00067	1	11	1.1	0.18425
0.030	—	—	0.09	1	0.11	0.017
0.303	0.0003	—	0.909	10	1	0.167
1.818	0.002	—	5.454	60	6	1
3927	3.927	7.855		1里		

重さ

メートル法			中国市用制		日本旧制尺貫法		
g(克)	kg(公斤)	t(吨)	市斤(斤)	市両(两)	匁	貫	斤
1	0.001	—	0.002	0.02	0.267	0.0003	0.002
1000	1	0.001	2	20	266.667	0.267	1.667
—	1000	1	2000	20000	266667	266.67	1666.66
500	0.5	0.0005	1	10	133.3	0.133	0.8335
50	0.05	—	0.1	1	13.3	0.013	0.0833
3.750	0.004	—	0.0075	0.075	1	0.001	0.006
3750	3.750	0.004	7.5	75	1000	1	6.250
600	0.600	0.0006	1.2	12	160.0	0.160	1
5	—	—	1钱=	0.1両	1.335	0.0015	0.01

面積

メートル法				中国市用制		日本旧制尺貫法		
m²	km²	a	ha	市顷	市亩	坪	反	町
1	0.00001	0.01	0.0001		0.0015	0.3025	0.01	0.001
100000	1	10000	100			302500	1008.3	100.83
100	0.0001	1	0.01	0.0015	0.15	30.250	0.1008	0.010
10000	0.01	100	1		15	1500	302500	10.083	1.0083
66667	0.66667	666.7	6.667	1	100	20166	0.6722	0.0672
666.7	—	6.667	0.06667	0.01	1	201.66	0.0067	0.00067
3.3		0.033	0.00033	—	0.005	1	0.003	0.0003
0.09917		9.917	0.09917	0.0149	1.49	300	1	0.1
0.9917		99.17	0.9917	0.149	14.9	3000	10	1

体積

メートル法			中国市用制		日本旧制尺貫法		
cm³(cc)	ℓ(公升)	m³	市升	合	升	斗
1	0.001	0.000001	0.001	0.005	0.0005	0.00005
1000	1	0.001	1	5.543	0.554	0.055
—	1000	1	1000	5543.5	554.35	55.435
1000	1	0.001	1	5.543	0.554	0.0554
180.39	0.180	0.0001	0.180	1	0.100	0.010
1803.9	1.804	0.0018	1.804	10.00	1	0.100
18039	18.04	0.018	18.04	100.00	10.00	1

●市用制はメートル法をもとに1928年に制定されたもので、香港、台湾でもよく使用されている。

2 温度比較

温度表示の算出の仕方　°C = (°F − 32) ÷ 1.8　　°F = 1.8 × °C + 32

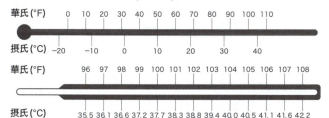

3 さまざまな形

円
圓
ユアン

三角
三 角 形
サン ジアオ シン

四角
四 角 形
スー ジアオ シン

五角形
五 角 形
ウー ジアオ シン

六角形
六 角 形
リィウ ジアオ シン

四角すい
四 面 錐
スー ミエン ジュイ

円すい
圓 錐
ユアン ジュイ

円柱
圓 柱
ユアン ジュー

四角柱
方 柱 体
ファン ジュー ティ

4 レシートの書き数字

　ショップやレストランで受け取るレシートの金額欄には、大写とよばれる数字がよく使われます。特に手書きのレシートに多いので、くずした文字が解読できなくてひと苦労、などということがないようあらかじめ覚えておきましょう。

零	壹	貳(貮)	叄	肆	伍
0 零	1 壹	2 貳	3 叄	4 肆	5 伍

陸	柒	捌	玖	拾	佰	仟
6 陸	7 柒	8 捌	9 玖	10 拾	100 佰	1000 仟

5 エコ用語

アイドリングストップ	怠速停止 ダイスウ テイン ジー
エコカー	生态汽车 ションタイ チイ チョ
エコマーク	生态标志 ションタイ ビアオ ジー
エコロジカル・デザイン	生态设计 ションタイ ショージィ
エルニーニョ現象	厄尔尼诺现象 オー アル ニー ヌォ シエン シアン
オーガニック	有机 ヨウ ジー
オゾン層ホール	臭氧(层空)洞 チョウヤン (ツォン コン) ドン
オゾン層破壊	臭氧层损耗 チョウヤン ツゥン スン ハオ
温室効果ガス	温室气体 ウェンシー チィ ティ
海洋汚染	海洋污染 ハイ ヤン ウー ラン
京都議定書	京都议定书 ジン ドゥイー ディン シュー
グリーンエネルギー	绿能 リュ ノン
ケナフ	洋麻 ヤン マー
コンポスト	堆肥箱 ドゥイ フェイ シアン
砂漠化	沙漠化 シャー モー ホア
酸性雨	酸雨 スワン ユイ
紫外線	紫外线 ズー ウイ シエン
資源ごみ	可回收废物 コォ ホイシウ フェイウー
自然破壊	自然破坏 ズー ラン ポー ホアイ
省エネルギー	节能 ジェ ノン
食物連鎖	食物链 シー ウー リエン
食料自給率	食物自给率 シー ウー ズー ジィ リュ
森林破壊	森林破坏 セン リン ポー ホアイ
森林浴	森林浴 セン リン ユイ
スローフード	慢餐 マン ツァン
スローライフ	慢生活 マン ションフォ
絶滅危惧種	濒临灭绝物种 ビン リン ミエ ジュエ ウー ジョン
大気汚染	大气污染 ダー チイ ウー ラン
太陽光発電	太阳能发电 タイヤン ノン ファ ディエン
地球温暖化	全球变暖 チュエン チウ ビエン ヌアン
地産地消	地产地消 ディ チャン ディ シアオ
電気自動車	电动汽车 ディエンドン チイ チョ
土壌汚染	土壤污染 トゥ ラン ウー ラン
トレーサビリティ	可追溯性 コォ ジュイスゥ シン
二酸化炭素	二氧化碳 アル ヤン ホア タン
熱帯雨林	热带雨林 ロー ダイ ユイ リン
バイオエタノール	生物乙醇 ションウー イー チュン
ハイブリットカー	混合动力汽车 フンホー ドン リー チイ チョ
ヒート・アイランド現象	热岛现象 ロー ダオ シエン シアン
フード・マイレージ	食物里程 シー ウー リ チョン
フロンガス	氟利昂气 フー リー アン チィ
ペットボトルリサイクル	塑料瓶回收 スゥ リアオ ピン ホォイ シウ
マイバッグ運動	环保购物袋运动 ホゥン バオ ゴウ ウー ダイ ユン ドン
マクロビオティック	长寿饮食法 チャン ショウ イン シー ファ
ラニーニャ現象	拉尼娜现象 ラー ニー ナー シエン シアン
リサイクルマーク	回收标志 ホォイ シウ ビアオ ジー
ロハス	乐活 ロー フォ

ひとり歩きの会話集 ⑤
中国語

初版印刷	**2024年9月15日**
初版発行	**2024年10月1日**
編 集 人	**青木順子**
発 行 人	**盛崎宏行**
発 行 所	**JTBパブリッシング**
	〒135-8165
	東京都江東区豊洲5-6-36
	豊洲プライムスクエア11階
印 刷 所	**佐川印刷**

●企画／編集
情報メディア編集部

●編集協力
**イデア・インスティテュート(松室美穂)、ウォーク
露満堂(遠藤裕子)、三冬社(中古苑生)、飯田美恵子**

●表紙／本文デザイン
ローグ クリエイティブ(馬場貴裕／西浦隆大)　福岡浩二

●翻訳／組版
イデア・インスティテュート

●イラスト
**ローグ クリエイティブ　高橋加菜子(表紙)
木内麗子(イラスト基本会話、イラスト早わかり)
笠由記子(人物)
宮内裕香(料理)
ローグ クリエイティブ(図解)**

●写真協力
123RF

編集内容や、乱丁、落丁のお問合せはこちら
JTBパブリッシング　お問合せ
https://jtbpublishing.co.jp/contact/service/

●おでかけ情報満載
https://rurubu.jp/andmore/

禁無断転載・複製
⊙JTB Publishing 2024 Printed in Japan
244302　756383　ISBN978-4-533-16161-2　C2087

※本書は2009年に発行された版を改編したものです。

❶ひとり歩きの会話集 **英語**
❷ひとり歩きの会話集 **ドイツ語**
❸ひとり歩きの会話集 **フランス語**
❹ひとり歩きの会話集 **スペイン語**
❺ひとり歩きの会話集 **中国語**
❻ひとり歩きの会話集 **韓国語**
❼ひとり歩きの会話集 **インドネシア語**
❽ひとり歩きの会話集 **イタリア語**
❾ひとり歩きの会話集 **ブラジル・ポルトガル語**
❿ひとり歩きの会話集 **ビジネス英語**
⓫ひとり歩きの会話集 **ホームステイ・留学英語**
⓬ひとり歩きの会話集 **香港・マカオ編 広東語**
⓭ひとり歩きの会話集 **タイ語**
⓮ひとり歩きの会話集 **フィリピン語**
⓯ひとり歩きの会話集 **困ったときのお助け英語**
⓰ひとり歩きの会話集 **ロシア語**
⓱ひとり歩きの会話集 **台湾編**
⓲ひとり歩きの会話集 **アラビア語**
⓳ひとり歩きの会話集 **4ヵ国語会話 ヨーロッパ編1**
⓴ひとり歩きの会話集 **ミャンマー語**
㉑ひとり歩きの会話集 **チェコ語・ハンガリー語・ポーランド語**
㉒ひとり歩きの会話集 **ベトナム語**
㉓ひとり歩きの会話集 **トルコ語**
㉔ひとり歩きの会話集 **ヒンディー語**
㉕ひとり歩きの会話集 **ギリシア語**
㉖ひとり歩きの会話集 **マレーシア語**
㉗ひとり歩きの会話集 **カンボジア語**

出発前に覚えておきたい 旅の30フレーズ

おはよう	你早！／您早！ ニーザオ／ニンザオ
こんにちは	你好！／您好！ ニーハオ／ニンハオ
こんばんは	晚上好！ ワンシャンハオ
おやすみなさい	晚安！ ワンアン
ごきげんいかが	你身体好吗？ ニーシェンティハオマ
とても元気です。ありがとう	很好。谢谢。 ヘンハオ。シエシエ
さようなら	再见！ サイジエン
はじめまして	初次见面 チューツージエンミエン
(こちらこそ)はじめまして	我也初次见面。 ウオイエチューツージエンミエン
私の名前は～です	我叫～。 ウオジアオ
お目にかかれてうれしいです	见到你，我很高兴。 ジエンダオニーウオヘンガオシン
またお会いしましょう	希望我们能再见面。 シーワンウオメンノンザイジエンミエン
ありがとう	谢谢 シエシエ
どういたしまして	不客气 ブーコォチイ
ごめんなさい	抱歉／对不起 バオチエン／ドイブーチー
気にしないでください	没什么。／没事儿。 メイシェンモ／メイシアル
すみません(呼びかけ)	劳驾。 ラオジア
はい／いいえ	是。／不是。对。／不对。 シー／ブーシー／ドゥイ／ブードゥイ
いいえ、結構です	不用，谢谢。 ブーヨンシエシエ
いいえ、違います	不对。 ブードゥイ
分かりません	不懂／不明白 ブードン／ブーミンバイ
いやです	别这样 ビエジョーヤン
知りません	不知道。 ブージーダオ
～はありますか	有～吗？／有没有～？ ヨウマ／ヨウメイヨウ
～してもいいですか	可以（～）吗？ コォイーマ
急いでいます	我没有时间。 ウオメイヨウシージエン
助けて！	救人啊！／救命啊！ ジウレンア！／ジウミンア！
やめて！	住手 ジューショウ
出ていけ！	出去！ チュチュイ
泥棒！	小偷儿！ シアオトウル！